中国审计评论

第 15 辑

AUDITING REVIEW
OF CHINA

晏维龙 主编

中国财经出版传媒集团

经济科学出版社
Economic Science Press

图书在版编目（CIP）数据

中国审计评论. 第 15 辑／晏维龙主编. —北京：
经济科学出版社，2021.10
ISBN 978 - 7 - 5218 - 2917 - 4

Ⅰ.①中… Ⅱ.①晏… Ⅲ.①审计 - 评论 - 中国
Ⅳ.①F239.22

中国版本图书馆 CIP 数据核字（2021）第 198455 号

责任编辑：殷亚红　赵婵婷
责任校对：蒋子明
责任印制：王世伟

中国审计评论

第 15 辑

晏维龙　主编

经济科学出版社出版、发行　新华书店经销
社址：北京市海淀区阜成路甲 28 号　邮编：100142
总编部电话：010 - 88191217　发行部电话：010 - 88191522
网址：www. esp. com. cn
电子邮件：esp@ esp. com. cn
天猫网店：经济科学出版社旗舰店
网址：http：//jjkxcbs. tmall. com
北京季蜂印刷有限公司印装
880 × 1230　16 开　11 印张　220000 字
2021 年 11 月第 1 版　2021 年 11 月第 1 次印刷
ISBN 978 - 7 - 5218 - 2917 - 4　定价：38.00 元
（图书出现印装问题，本社负责调换。电话：010 - 88191510）
（版权所有　侵权必究　打击盗版　举报热线：010 - 88191661
QQ：2242791300　营销中心电话：010 - 88191537
电子邮箱：dbts@ esp. com. cn）

目　　录

国家审计治理指数：理论模型、数学模型及其运用[*]

郑石桥　郑羽飞[**]

摘　要　国家审计治理有两个逻辑过程，一是生产审计结果，二是运用审计结果。审计结果生产表明审计直接目标的实现程度，审计结果运用体现审计终极目标的实现程度。国家审计结果生产指数刻画国家审计直接目标实现程度，国家审计结果运用指数从审计结果运用程度的角度来量化国家审计结果运用效果，体现了国家审计终极目标实现程度，国家审计治理综合指数将上述两个指数综合起来，刻画国家审计治理全过程的状况。采用各省份政府审计机关 2008~2017 年的数据，以 2008 年为基准年，采用功效系数法，以该年度各省份的最优值为满意值，最差值为不允许值，定基进行无量纲化处理，采用 CRITIC 法确定权重各指标权重，2008~2017 年地方审计机关的审计治理指数表明，这个期间国家审计治理指数呈现稳中向好的基本态势。从查出突出问题整改情况向人大报告机制变化、区域文化价值和区域信息化水平这三个角度，检验这些因素对国家审计治理的影响，表明这些指数具有一定的合理性。

关键词　审计直接目标　审计终极目标　国家审计结果生产　国家审计结果运用　国家审计治理指数

---

　*　基金项目：2019 年度教育部哲学社会科学研究重大课题攻关项目"更好发挥审计在党和国家监督体系中的重要作用研究"（19JZD027）；2020 年国家社科基金后期资助项目"突发公共事件国家审计制度研究"（20FJYA001）。

　**　作者简介：郑石桥，男，湖南耒阳人，南京审计大学审计科学院教授、博士生导师，主要研究领域是审计理论与方法；郑羽飞，女，浙江金华人，南京审计大学政府审计学院硕士研究生，主要研究领域是审计理论与方法。

National Audit Governance Index: Theoretical Model, Mathematical Model and Its Application

Zheng Shiqiao[1] Zheng Yufei[2]

1. Institute of Auditing Science, Nanjing Audit University
2. School of Government Audit, Nanjing Audit University

Abstract: There are two logical processes in national audit governance: one is to produce audit results, and the other is to use audit results. The production of audit results indicates the degree of achievement of the direct audit objectives, and the application of audit results reflects the degree of achievement of the ultimate audit objectives. The national audit results production index characterizes the extent to which the direct goals of national audits are achieved, and the national audit results application index quantifies the application effects of national audit results from the perspective of the degree of use of audit results, reflecting the extent to which the ultimate goal of national auditing is achieved. The comprehensive national audit governance index combines the above two indexes, describing the whole process of national audit governance. Selecting the data from the audit institutions of various provincial administration from 2008 to 2017, this paper uses the efficiency coefficient method and fixed basis method for dimensionless processing, taking 2008 as the base year and regarding the optimal value of overall data on this year as a satisfactory value, the worst value and an impermissible value. This paper employs the CRITIC method to determine the weight of each indicator. The results show that the national audit governance index of local audit institutions from 2008 to 2017 had a basic trend of steady improvement. From the three perspectives of the report mechanism to the National People's Congress on rectification of outstanding problems, regional cultural value and regional informatization level, a brief test of the impact of these factors on national audit governance shows that these indexes are reasonable.

Key words: direct audit objectives; ultimate audit objectives; national audit results production; national audit results application; national audit governance index

一、引　　言

国家审计是党和国家监督体系的重要组成部分,那么,国家审计在党和国家监督体系中究竟发挥了什么作用? 目前,尚缺乏系统化的衡量指标,正是由于这种衡量指标的缺乏,使得人们不能对国家审计治理效果进行动态比较,也难以进行横向比较。

目前，只有个别文献专门研究国家审计治理指数，但选取的指标过于简单，且是主观确定各指标的权重；其他涉及国家审计治理指数的文献，并未建构真正意义上的国家审计治理指数；民间审计治理指数相关研究及衡量国家治理效果的各种指数，对国家审计治理指数的建构有借鉴价值，但毕竟没有直接建构国家审计治理指数。总体来说，现有文献尚未提出国家审计治理指数的建构理论及方法。本文以国家审计目标理论为基础，认为国家审计治理过程就是国家审计目标实现过程，也就是国家审计结果生产及其运用过程，在此基础上，提出国家审计治理指数理论模型和数学模型，并用地方审计机关的数据来运用和简约地检验这个模型，提出了国家审计治理指数的建构理论及方法。

本文的贡献主要有两个方面。第一，以国家审计目标理论为基础，提出了国家审计治理指数的理论模型，认为国家审计治理过程也就是国家审计结果生产及其运用过程，将国家审计治理指数区分为审计结果生产指数和审计结果运用指数，并将二者合并成综合指数。第二，以国家审计治理指数理论模型为基础，提出了国家审计治理指数的数学模型。一方面，确定了审计结果生产指数的三个指标和审计结果运用指数的六个指标；另一方面，在无量纲化处理中，对满意值和不允许值采取了定基处理，使国家审计治理指标具有纵向和横向可比性，在客观权重确定方法中，同时考虑了各具体指标的相关性和变异性，选择 CRITIC 法，这种方法更加符合国家审计治理指数各具体指标的性态。

本文内容安排如下：文献综述，第一，梳理了国家审计治理指数的相关文献；第二，基于国家审计目标理论，提出国家审计治理指数的理论模型；第三，基于这个理论框架，提出国家审计治理指数的数学框架，包括指标体系、无量纲化处理和综合合成；第四，运用地方审计机关的数据，使用上述数学模型来计算国家审计治理指数；第五，使用一些方法来简约地验证上述指数；第六，结论和启示。

二、文献综述

研究审计相关指数的文献很少，现有文献涉及政府审计治理指数和民间审计治理指数。

政府审计治理指数相关研究中，郑石桥、徐孝轩、宋皓杰（2014）将国家审计在国家治理中的作用分为批判性作用和建设性作用，用"审计发现问题金额率"和"移送处理人数率"衡量批判性作用，用"审计整改金额率"和"审计结果利用率"衡量建设性作用，用功效系数法进行无量纲化处理，采用主观判断确定权重，在此基础上，根据 2007~2008 年的地方审计机关数据，建构国家审计治理指数。此外，马东山、叶子荣、胡建中（2013）通过格兰杰因果检验构建财政审计预警指标体系，运用主成分分析法确定财政审计预警指标权重，合成财政审计预警指数；赵昊东、赵景涛（2016）选取相关数据构建了公平正义综合指数，在此基础上，研究国家审计如何"改进和完善社会基础制度、增强收入分配的公平性和有效性、建立公平正义政府"；贺宝成、王家伟（2019）从国家审计投入和产出的角度构建 Malmquist 指数来量度国家审计效率；林进添（2016）

以自然资源资产离任审计项目组为对象，建立了由独立性、专业性和凝聚力组成的胜任力指数。

民间审计治理指数相关研究中，叶陈云、杨克智（2011）认为，独立审计天然是为保护投资者利益而生的有效的监控工具，投资者利益能否得到保护是注册会计师审计是否能够充分发挥其应有社会职能的重要表现。他们构建了由审计独立性、审计师专业胜任能力和独立审计保障能力组成的独立审计投资者保护指数。王杏芬（2013）认为，注册会计师审计是保护中小投资者的重要措施，因此，从审计稳健性主要影响因素的角度构建审计稳健指数，并且主张将审计稳健指数嵌入公司治理指数、投资者保护指数和利益相关者保护指数中。段丽娜（2015）从事务所与注册会计师、事务所与被审计单位关系以及外部因素三个层面分析了独立性指数的影响因素，并基于上述三个维度建构了注册会计师审计独立性指数。

此外，从一定视角衡量国家治理效果的指数较多，例如，全球治理指数、法治指数、民主指数、清廉指数、城市文明指数都属于这种情形（唐钧，2002；郭正义和宇杰，2004；李玉华和杜晓燕，2009；占红沣和李蕾，2010），尽管各类指数还存在各种各样的问题，但是，这些指数对国家审计治理指数建构有两点重要启示，一是理论模型是数学模型的基础，二是指数建构方法方面的启示。

上述文献中，只有郑石桥、徐孝轩、宋皓杰（2014）的文献专门研究国家审计治理指数，但是，选取的指标过于简单，且只是通过主观赋权法确定各指标的权重。其他涉及国家审计治理指数的文献，并未建构真正意义上的国家审计治理指数。民间审计治理指数相关研究更不能替代国家审计治理指数。衡量国家治理效果的各种指数，对国家审计治理指数的建构有借鉴价值，但毕竟没有直接建构国家审计治理指数。总体来说，现有文献尚未提出国家审计治理指数的建构理论及方法，本文拟致力于此。

三、理论模型

理论模型主要从理论逻辑上推导过程的机理，它是数学模型的建构基础。就国家审计治理来说，它应该是以国家审计终极目标为起点，通过一个过程来实现终极目标。终极目标实现程度也就是国家审计治理作用发挥的程度，终极目标实现程度越高，则国家审计治理作用的发挥也就越大。通常认为，国家审计是以系统方法对财政财务收支及相关经济活动的独立鉴证、评价和责任追究，其终极目标是抑制财政财务收支及相关经济活动中的真实性、合法性、效益性和健全性等方面的问题，而直接目标是寻找财政财务收支及相关经济活动中的真实性、合法性、效益性和健全性等方面的问题，实现直接目标的审计发现也就是审计结果，在直接目标的基础上，通过对审计结果的运用实现终极目标（郑石桥，2015；李宇立和郑石桥，2015）。所以，总体来说，国家审计治理有两个逻辑过程：一是生产审计结果，二是运用审计结果。这两个逻辑过程，也就是国家审计终极目标的实现过程，基本情况如图1所示。

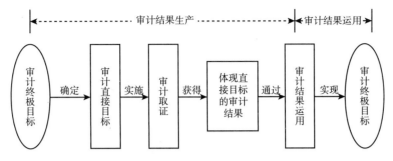

图1 国家审计治理过程

（一）国家审计结果生产过程

国家审计源于国有资源委托代理关系，其终极目标是国有资源委托人希望通过国家审计得到的结果，通常表述为财政财务收支及相关经济活动的真实性、合法性、效益性和健全性（郑石桥，2015；李宇立和郑石桥，2015）。这里的真实性是指财政财务收支及相关经济活动的相关数据是真实的，这里的合法性是指财政财务收支及相关经济活动本身是符合相关法律法规的，这里的效益性是指财政财务收支及相关经济活动的经济性、效率性和效果性、环境性及公平性水平是达到要求的，这里的健全性是指财政财务收支及相关经济活动的相关制度是健全的。国有资源委托人的审计目标是国家审计机关开始审计工作的出发点，在国有资源委托代理关系中，由于人性自利和有限理性，在激励不相容、信息不对称、环境不确定这些条件下，国有资源代理人在履行其国有资源经管责任时，也就是从事财政财务收支及相关经济活动时，可能出现一些真实性、合法性、效益性和健全性等方面的问题。这些问题的出现将妨碍国有资源代理人最大善意地履行其国有资源经管责任，进而可能损害国有资源委托人的利益。为此，国有资源委托人会推动建立针对这些问题的治理机制，通过这些治理机制来抑制真实性、合法性、效益性和健全性等方面的问题。国家审计是这个治理机制的重要成员，因此，国家审计要以国有资源委托人的期望（也就是终极审计目标）为起点来开始审计工作，国有资源委托人的终极审计目标是国家审计工作的逻辑起点（郑石桥，2016）。

为了实现国家审计终极目标，审计机关的一切工作必须服务于这个目标。直接目标是审计机关为了实现国有资源委托人的审计目标而确定的审计机关的审计目标，通常来说，这个目标就是寻找国有资源代理人开展财政财务收支及相关经济活动中的真实性、合法性、效益性和健全性等方面的问题。只有找出了这些问题，才有可能抑制这些问题，如果不能找出这些问题，则抑制这些问题就没有基础。所以，从服务审计终极目标出发，审计机关的直接目标是找出财政财务收支及相关经济活动中的真实性、合法性、效益性和健全性等方面的问题。

那么，怎么才能找出财政财务收支及相关经济活动中的真实性、合法性、效益性和健全性等方面的问题呢？基本的路径是采用系统方法获取审计证据，以形成审计发现。这里的系统方法有多个方面的含义。首先，审计取证模式是系统的，通常包括命题论证型取证模式和事实发现型取证模式。其次，审计方案是系统的，是以审计取证模式为基础，基于审计载体的电子化程度，评估不同审计主题及其分解的审计风险，在此基础上，设计进一步的审计程序。最后，审计方案的实施是系统的，认真实施既定审计方案，并且在实施过程中保持警觉以适时修改审计方案，使得审计方案符合审计客体及其审计风险的实际情况。

通过上述系统方法获取审计证据，就能形成审计发现。这些审计发现通常包括两个方面，一是发现财政财务收支及相关经济活动中的真实性、合法性、效益性和健全性等方面的问题（以下简称审计发现问题），发现这些问题，是抑制这些问题的基础。二是针对上述所发现问题的审计建议，通常是在发现问题的基础上，再追踪这些问题的产生原因。在此基础上，针对这些原因，提出针对性的审计建议。这些建议区分为两种类型：一种类型是给审计客体的审计建议，这通常是针对审计客体的微观问题提出的建议；另外一种类型是给相关主管部门的审计建议，这通常是针对体制机制制度完善方面的建议。审计发现问题和审计建议是密切相关的，审计建议是针对审计发现问题的，所以，也可以将审计发现问题作为消极审计结果，将审计建议作为积极审计结果。审计发现问题和审计建议作为审计结果，都体现了审计机关的审计目标，对于已经存在的各类问题来说，审计机关发现的问题越多，表明审计机关直接目标的实现程度越高。由于审计机关的审计目标要服务于国有资源委托人的终极审计目标。因此，审计建议提出越多，也就越可能更好地服务于终极审计目标。因此，从某种意义上来说，其直接目标的实现程度也就越高。所以，综合起来，审计发现问题及提出审计建议这两个维度表征了审计直接目标的实现程度。

（二）国家审计结果运用过程

人们不是为审计而审计，审计机关的审计目标要服务于国有资源委托人的终极审计目标，而这个终极目标就是抑制财政财务收支及相关经济活动中的真实性、合法性、效益性和健全性等方面的问题。如何抑制呢？首先是审计机关通过系统方法找出财政财务收支及相关经济活动中的真实性、合法性、效益性和健全性等方面的问题并提出审计建议。在此基础上，运用这些审计结果，以实现抑制这些问题的目的。所以，审计结果运用是从审计直接目标过渡到审计终极目标的关键环节。那么，审计结果如何运用呢？通常来说，审计结果运用有三种情形：一是审计机关直接运用审计结果，例如，公告审计结果，对所发现问题的责任单位及责任人进行责任追究；二是审计客体运用审计结果，这包括审计客体采纳审计建议、执行审计决定及整改审计发现问题等；三是相关部门运用审计结果，这里的相关部门包括纪检监察机关、司法机关和相关事项的主管部门，这些部门在各自的职责范围内运用审计结果。通过上述审计结果的运用，国有资源委托人希望通过审计来抑制财政财务收支及相关经济活动中的真实性、合法性、效益性和健全性等方面的问题（或者说，提升财政财务收支及相关经济活动中的真实性、合法性、效益性和健全性水平）的目标从某种程度上得到实现。通常来说，审计结果运用程度越高，审计终极目标的实现程度也就越高。

（三）国家审计治理指数的建构思路

国家审计治理指数定量刻画国家审计终极目标及直接目标的实现程度，事实上，也就是刻画国家审计治理状况。而国家审计治理过程实质上就是国家审计结果的生产和运用过程，因此，国家审计治理指数有三个。一是国家审计结果生产指数，它刻画国家审计直接目标实现程度，从审计发现问题和提出审计建议两个维度建构指标来量化国家审计结果生产状况。这个指数越大，表明国家审计生产的审计结果越多，同时也表明国家审计直接目标实现程度越高。二是国家审计结果运用指数，它刻画国家审计终极目标实现程度，从审计结果运用程度的角度来量化国家审计结果运用效果。这个指数越大，表明国家审计结果运用程度越高，同时也表明国家审计终极目标实现程度也越高。三是国家审计治理综合指数，这个指数将国家审计结果生产指数和国家审计结果运用指数综合起来，它刻画国家审计治理全过程的状况，既包括国家审计结果生产状况，也包括国家审计结果运用状况。

四、数学模型

前文从理论上分析了国家审计治理指数，提出了国家审计治理指数的理论模型。接下来，以此为基础，分析国家审计治理指数的数学模型，即具体的计算模型，包括指标体系、无量纲化处理技术和指数合成技术。

（一）指标体系

国家审计治理指数包括国家审计结果生产指数、国家审计结果运用指数和国家审计治理综合指数，综合指数是由前两个指数合成的，所以，指标体系选择只限于前两个指数。

1. 构成国家审计结果生产指数的指标体系

国家审计结果生产指数刻画国家审计结果生产状况，由于审计结果生产过程的主要目标是找出财政财务收支及相关经济活动中的真实性、合法性、效益性和健全性等方面的问题，因此，从理论逻辑来说，国家审计结果生产指数应该有以下三个公式：

国家审计结果生产指数 = 审计覆盖率 × 发现并报告问题的可能性

发现并报告问题的可能性 = 发现并报告的问题 ÷ 审计客体存在的问题

发现并报告的问题 = 审计发现问题数量 − 审计发现但未报告问题数量

但是，由于审计客体存在的问题、审计发现但未报告问题数量这两个指标难以获得，所以，必须基于数据的可获得性对上述思路进行更换，从审计发现问题和提出审计建议两个维度建构指标来量化国家审计结果生产状况。根据各年度《中国审计年鉴》披露的数据，构成国家审计结果生产指数的指标体系，具体包括以下三个指标。

（1）年度审计覆盖率。《中国审计年鉴》中的"审计（调查）单位数"这个指标表明每个年度完成的审计项目和审计调查项目数量，由于不同审计机关的管辖范围存在较大的差异，因此，实际完成的审计（调查）单位数可能受到管辖范围内国有单位数量的影响。为了消除这个因素的影响，用年度审计覆盖率取代审计（调查）单位数。一定的审计覆盖率是审计发现问题的基础，缺乏审计覆盖率，审计直接目标的实现缺乏应有的基础。计算公式如下：

$$年度审计覆盖 = 审计(调查)单位数 \div 管辖范围内机关法人、事业法人和国有企业单位数$$

（2）平均每个单位发现问题金额。《中国审计年鉴》中的"审计发现问题金额"包括三部分：一是发现的违规金额，二是发现的损失浪费金额，三是发现的管理不规范金额。但是，"审计发现问题金额"受到审计（调查）单位数的影响，审计（调查）单位数越多，可能导致"审计发现问题金额"越大。为了消除这个因素的影响，用平均每个单位发现问题金额来替代"审计发现问题金额"，具体计算公式如下：

$$平均每个单位发现问题金额 = 审计发现问题金额 \div 审计(调查)单位数$$

（3）平均每个审计项目审计建议及信息提出数。审计建议及信息的提出是审计结果生产的另外一种量度，通常来说，审计建议及信息是针对审计发现问题的，所以，提出的审计建议及信息数量越多，表明审计促进问题解决的投入也越多。《中国审计年鉴》中的"审计建议及信息提出数"包括三部分：一是审计提出建议数，二是专题或综合性报告上交数，三是信息简报上交数。由于"审计建议及信息提出数"受到审计（调查）单位数的影响，为了消除这个因素的影响，用平均每个审计项目审计建议及信息提出数来替代，计算公式如下：

$$平均每个审计项目审计建议及信息提出数 = 审计建议及信息提出数 \div 审计(调查)单位数$$

需要说明的是，《中国审计年鉴》中还提供了"出具审计报告和报送审计调查报告数"这个指标，它也刻画审计产出，但是，这个指标很大程度上与"审计（调查）单位数"信息含量交叉，因此，我们认为，国家审计结果生产指数的指标体系中，不应该再包括这个指标。

2. 构成国家审计结果运用指数的指标体系

国家审计结果运用指数刻画国家审计终极目标实现程度。由于审计终极目标是通过审计工作提升财政财务收支及有关经济活动的真实性、合法性、效益性和健全性水平，所以，从理想状态来说，国家审计结果运用效果应该通过真实性、合法性、效益性和健全性水平提升程度来衡量，理想状态下的计算公式如下：

$$国家审计结果运用指数 = (审计客体真实性、合法性、效益性和健全性的本期水平 - 上期水平) \div 审计客体真实性、合法性、效益性和健全性的上期水平$$

上述审计客体真实性、合法性、效益性和健全性本期水平及上期水平，都是由审计所带来的，不能考虑非审计因素。但是，由于审计客体真实性、合法性、效益性和健全性的本期水平及上期水平的数据都难以获得，更难以区分由审计带来的上述各方面的贡献，所以，无法根据理想状态来计算国家审计结果运用指数，而需要转换思路。这个思路就是从国家审计结果运用产生效果转向国家审计结果运用程度。通常来说，国家审计结果运用程度与国家审计结果运用产生效果具有高度的正相关，国家审计结果运用程度越高，国家审计结果运用产生的效果也就会越明显，因此，可以用国家审计结果运用程度来表示国家审计结果运用产生效果。虽然二者具有高度的正相关，但并不能画等号，毕竟国家审计结果运用产生效果除了受到国家审计结果运用程度的影响外，还受到其他一些非审计因素的影响，而这些因素是审计所控制不了的。

基于以上分析，国家审计结果运用指数需要从审计结果运用程度（尽可能兼顾审计结果运用产生的效果）的角度来量化国家审计治理效果，这个指数越大，表明国家审计结果运用程度越高，同时也表明国家审计终极目标实现程度也越高。基于上述思路，国家审计结果运用指数由以下六个指标构成。

（1）审计决定处理处罚力度。《中国审计年鉴》中有"审计决定处理处罚金额"，它包括四部分：一是应上缴财政；二是应减少财政拨款或补贴；三是应归还原渠道资金；四是应调账处理。由于审计处理处罚是针对审计发现问题金额的，所以，"审计决定处理处罚金额"受到"审计发现问题金额"的影响，并不完全表明审计决定处理处罚力度，因此，需要将"审计决定处理处罚金额"变换成"审计决定处理处罚力度"，计算公式如下：

$$审计决定处理处罚力度 = 审计决定处理处罚金额 \div 审计发现问题金额$$

（2）审计决定处理处罚执行力度。审计处理处罚只是做出审计决定，而审计结果运用的关键是执行审计决定，所以，还需要衡量审计处理处罚决定执行力度。《中国审计年鉴》中的"已执行审计决定处理处罚金额"包括三部分内容：一是已上缴财政加已减少财政拨款或补贴；二是已归还原渠道资金；三是已调账处理。将已执行金额与审计决定处理处罚金额对应起来，就是审计决定处理处罚执行力度，计算公式如下：

$$审计处理处罚决定执行力度 = 已执行审计决定处理处罚金额$$
$$\div 审计决定处理处罚金额$$

（3）审计移送处理人员力度。《中国审计年鉴》中有"审计移送处理人数"，它由三部分组成：一是移送司法机关涉案人员；二是移送纪检监察部门涉及人员；三是移送有关部门涉及人员。上述移送处理人数可能受到审计（调查）单位数的影响，因此，审计移送处理人员力度应该消除这个因素的影响，计算公式如下：

$$审计移送处理人员力度 = 审计移送处理人数 \div 审计(调查)单位数$$

（4）审计移送处理人员责任追究力度。当然，审计移送处理人员力度一定程度上表明了对相关人员的责任追究力度，但是，能否最终对这些移送人员做出责任追究，还具有不确定性，因此，需要单独衡量审计移送处理人员责任追究力度，计算公式如下：

$$审计移送处理人员责任追究力度 = (司法机关已追究刑事责任人数$$
$$+ 纪检监察部门已给予党政纪处分人数$$
$$+ 有关部门已处理人员数量) \div 审计移送处理人数$$

（5）审计建议及信息运用程度。审计建议及信息是重要的审计结果，这些审计结果的运用也是解决审计所发现问题以实现审计终极目标的重要方面，所以，国家审计结果运用指数需要包括审计建议及信息运用力度，计算公式如下：

$$审计建议及信息运用力度 = 审计建议及信息运用数量 \div 审计建议及信息提出数$$
$$审计建议及信息运用数量 = 被采纳的审计建议(条) + 被批示、采纳的专题$$
$$或综合性报告 + 被批示、采纳的信息简报$$

（6）平均每个审计项目挽回或避免经济损失金额。本文提出的国家审计结果运用指数主要是从国家审计结果运用程度这个视角来选择指标，但是，《中国审计年鉴》中有"审计挽回或避免经济损失金额"，这个指标不属于审计结果运用程度，而属于审计结果运用产生的效果，将这个指标纳入国家审计结果运用指数一定程度上兼顾了国家审计结果运用产生的效果。但是，这个指标可能受到审计（调查）单位数的影响，为了消除这个因素的影响，用平均每个审计项目挽回或避免经济损失金额来替代，计算公式如下：

$$平均每个审计项目挽回或避免经济损失金额 = 审计挽回或避免经济损失金额$$
$$\div 审计(调查)单位数$$

（二）无量纲化处理技术

在分析了国家审计结果生产指数和国家审计结果运用指数各自的指标体系，很显然，这些指标有多种计量属性，为了综合成一个指数，必须进行无量纲化处理，并且，由于国家审计治理指数必须进行横向比较和纵向比较，因此，各具体指标的无量纲化处理也必须保障处理后的数据具有横向可比性和纵向可比性。基于这些要求，功效系数法是较合适的方法，从实质上来说，功效系数法首先选定各项指标的满意值与不允许值，在此基础上，计算各项指标接近、达到或超过满意值的程度。因此，满意值与不允许值的选择最为关键，通常是取自行业本期的最优值与最差值。按这样方法计算出来的同一时期的各个单位的同一指标之间具有可比性。但是，同一指标在不同时期由于满意值与不允许值不同，因此不具有可比性。而国家审计结果生产指数和国家审计结果运用指数的各个指标要求同时具有横向可比性和纵向可比性，因此，本文采用固定基期的方法，选定某个年度为基期，每个指标都以这个年度的最优值与最差值为满意值与不允许值，这样计算出来的功效系数，就保障了横向可比性和纵向可比性。

以满意值与不允许值为基础计算出来的功效系数是一个比率，为了直观，需要将比率转化为分数，一般的方法是将每个指标的最高分确定为 100 分，首先将功效系数放大40 倍，再平移 60。当然，由于采用固定基期的方法，后续年份中可能出现比不允许值还差的数值，也可能出现比满意值还好的数值，因此，功效分数可能大于 100 分，这并不影响计算结果的横向可比性和纵向可比性。单个指标的功效分数计算方法如下：

$$d_{ij} = \frac{x_{ij} - x_i^{(s)}}{x_i^{(h)} - x_i^{(s)}} \times 40 + 60 \tag{1}$$

式中：d_{ij} 为第 j 主体 i 指标的功效分数；x_{ij} 为 j 主体 i 指标的实际值；$x_i^{(s)}$ 为第 i 项指标的不允许值；$x_i^{(h)}$ 为第 i 项指标的满意值；j 为被评价主体的序号，$j=1, 2, \cdots, m$；i 为评价指标的项号，$i=1, 2, \cdots, n$。

（三）指数合成技术

各项指标都进行无量纲化处理之后，要将这些指标合成指数，还必须确定各个指标的权重。国家审计治理指数有两个层级的合成：一是子指数的合成，包括国家审计结果生产指数的合成和国家审计结果运用指数的合成；二是综合指数的合成，也就是如何由国家审计结果生产指数和国家审计结果运用指数这两个子指数合成国家审计治理综合指数这个综合指数。

指数合成技术的关键是确定各个指标的权重。通常来说，确定权重有两类方法：一是主观赋权法；二是客观赋权法。主观赋权法由于主要依赖赋权者的经验，经常受到一些质疑。客观赋权法由于受人的主观影响少，因此得到较普遍的认可。当然，客观赋权法的运用受到一些条件的限制，在某些情形下难以运用。客观赋权法有多种类型，运用较多的是熵权法、标准离差法和 CRITIC 法。熵权法和标准离差法都是根据指标变异性来衡量指标的权重，熵权法用信息熵值来衡量指标的变异性，标准离差法用标准差衡量指标的变异性，指标变异性越大，该指标的权重也就越大。CRITIC 法在确定权重时考虑的因素更多，一方面考虑了各个指标本身的变异性，用标准差来衡量各个指标的变异性；另一方面还考虑了各个指标之间的相关性（也称为冲突性），用相关系数来衡量，两个指标之间的相关性越强，说明它们之间的信息含量重复越多，因此，该指标的权重会越低（Diakoulaki，1995；王瑛、蒋晓东和张璐，2014；许涤龙和陈双莲，2015）。

就国家审计治理指数各层级的指数合成来说，应该选择 CRITIC 法，其原因是组成国家审计结果生产指数的三个指标之间具有较强的相关性，组成国家审计结果运用指数的六个指标之间具有较强的相关性。同时，国家审计结果生产指数和国家审计结果运用指数之间也具有相关性，因此，这些指标之间的信息含量有较多的重复，所以，在合成指数时，不能只考虑指标本身的变异性，还必须考虑这些指标之间的相关性，而 CRITIC 法恰恰满足了这种要求，因此，本文选择 CRITIC 法来确定指标权重。

五、模型运用

基于上述数学模型，采用政府审计机关 2008～2017 年的数据①，以 2008 年为基准年，

---

① 本文分析不包括中国港澳台地区的数据。

采用功效系数法，对于各个具体指标以该年度各省份的最优值为满意值，最差值为不允许值，定基进行无量纲化处理。根据 2008～2017 年的数据，按 CRITIC 法分别确定审计结果生产指数的三个指标权重（见表 1）、审计结果运用指数的六个指标权重（见表 2），也用同样方法确定审计结果生产指数和审计结果运用指数在审计治理综合指数中的权重（见表 3）。31 个省份的国家审计结果生产指数、审计结果运用指数和审计治理综合指数如图 2 所示。

表 1　　　　　　　　　　　　审计结果生产指数各指标权重

项目	审计（调查）单位数	发现问题金额	审计建议及信息提出数
权重	0.268	0.441	0.291

表 2　　　　　　　　　　　　审计结果运用指数各指标权重

项目	审计决定处理处罚金额	已执行审计决定处理处罚金额	审计移送处理人数	审计移送处理人员责任追究人数	审计建议及信息运用	审计挽回/避免经济损失金额
权重	0.148	0.086	0.446	0.096	0.095	0.128

表 3　　　　　　　　　　　　审计治理综合指数各指标权重

指标	审计结果生产指数	审计结果运用指数
权重	0.362	0.638

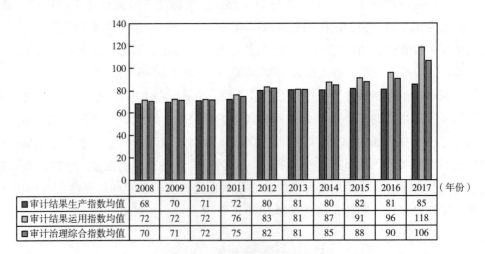

	2008	2009	2010	2011	2012	2013	2014	2015	2016	2017	(年份)
审计结果生产指数均值	68	70	71	72	80	81	80	82	81	85	
审计结果运用指数均值	72	72	72	76	83	81	87	91	96	118	
审计治理综合指数均值	70	71	72	75	82	81	85	88	90	106	

图 2　2008～2017 年国家审计治理指数

图 2 显示，从基期 2008 年开始，三个指数均显现稳中向好的基本态势，特别是党的十八大以来（2012 年），各个指数均显示明显的增长态势，特别是审计结果运用指数的增长态势更加显著。

表 4 显示，总体来说，国家审计结果生产指数呈现稳中向好的基本态势，全国平均数从 2008 年的 68 分，不断升高，2012 年快速升高，到 2017 年，达到 85 分。但是，各省份有较大的差异，以 2017 年为例，最高分是 150 分，最低分是 71 分，超过 100 分的有 4 个省份，而低于 80 分的有 8 个省份。

表 5 显示了国家审计结果运用指数的变化情况，就全国平均数来说，从 2008 年开始，呈现稳中向好的基本态势，2012 年开始，增长速度加快，到 2017 年达到 118 分。从各省份情况来看，呈现较大的差异，以 2017 年为例，12 个省份得分超过 100 分，而低于 80 分的也有 8 个省份。

表 6 显示了国家审计治理综合指数的基本情况，就全国平均数来说，从 2008 年开始，逐年增长，呈现稳中向好的基本态势，从 2008 年的 70 分增长到 2017 年的 106 分，并且 2012 年开始快速增长。但是，就各省份的情况来说，则呈现较大的差异，以 2017 年为例，超过 100 分的有 11 个省份，而低于 80 分的也有 6 个省份。

六、模型的简约验证

本文构建了国家审计治理指数的理论模型、数学模型，并用地方审计机关 2008 ~ 2017 年的数据计算了国家审计结果生产指数、国家审计结果运用指数和国家审计治理综合指数，那么，这些指数是否真能表征国家审计治理状况呢？从几个角度做简约的检验，以在一定程度上验证这些指数的合理性。

（一）查出突出问题整改情况向人大报告机制变化对国家审计治理的影响研究

2015 年，中央全面深化改革领导小组通过《关于改进审计查出突出问题整改情况向全国人大常委会报告机制的意见》，要求在全国人大常委会听取和审议审计工作报告后的 6 个月内，国务院要向全国人大常委会作审计查出突出问题整改情况的报告，并对落实整改责任、改进报告方式、完善报告内容、做好审议保障、增强监督实效、加强督促办理等提出了要求。后来，地方审计机关也按此办法改进审计查出突出问题整改情况向同级人大常委会报告。这种制度变革加强了人大对审计整改的监督，应该有利于提升审计结果运用并进而提升审计整体治理效果。以 2014 ~ 2017 年大陆 30 个省区市地方审计机关数据为样本（西藏自治区部分变量数据存在缺失），采用双重差分法，审计结果运用指数用 AUI 表示，审计治理综合指数用 ACI 表示；GDP、Labor、Edu、OPEN 分别代表地区经济发展水平、就业水平、教育水平和开放水平，数据均来源中国统计局官方网站，除开放水平（OPEN）为地区进出口总额与 GDP 比值外，其他变量均取自然对数，以使序列平稳。简要的统计分析结果如表 7 所示，交乘项（$du * dt$）与审计结果运用指数和审计综合治理指数呈正相关关系，在 1% 的水平上显著，说明审计查出突出问题向人大报告机制的变化显著增强了审计结果运用程度和审计综合治理效果。

表4　2008～2017 年国家审计结果生产指数

省份	2008 年 得分（分）	2008 年 排名（位）	2009 年 得分（分）	2009 年 排名（位）	2010 年 得分（分）	2010 年 排名（位）	2011 年 得分（分）	2011 年 排名（位）	2012 年 得分（分）	2012 年 排名（位）	2013 年 得分（分）	2013 年 排名（位）	2014 年 得分（分）	2014 年 排名（位）	2015 年 得分（分）	2015 年 排名（位）	2016 年 得分（分）	2016 年 排名（位）	2017 年 得分（分）	2017 年 排名（位）
合计	68		70		71		72		80		81		80		82		81		85	
北京	67	21	75	3	96	2	84	2	97	3	204	1	89	8	119	1	114	2	109	4
天津	82	2	71	12	69	23	81	3	94	4	96	2	101	3	93	7	103	3	146	2
河北	66	28	67	24	68	25	73	17	86	7	87	8	83	15	88	11	85	15	84	21
山西	67	23	68	23	69	24	71	21	86	8	85	11	85	13	80	20	86	13	91	15
内蒙古	66	29	66	28	67	30	67	30	76	25	74	27	73	26	76	26	76	25	74	26
辽宁	66	27	66	29	70	20	69	25	73	30	75	26	78	21	80	21	81	20	96	8
吉林	67	22	67	25	68	26	68	26	75	26	76	23	71	30	72	30	69	31	73	29
黑龙江	66	26	67	27	67	28	68	27	77	23	73	29	73	27	77	24	71	29	71	31
上海	86	1	89	1	103	1	121	1	109	1	94	3	99	4	102	3	101	4	94	11
江苏	68	17	71	13	73	8	75	9	100	2	89	6	93	5	96	6	99	5	113	3
浙江	72	7	73	6	75	6	78	5	91	5	91	5	90	7	89	10	91	7	96	9
安徽	69	16	75	4	75	5	77	8	83	15	82	16	80	19	82	19	85	14	91	16
福建	71	10	72	11	72	11	73	15	86	9	83	12	92	6	92	8	87	10	93	12
江西	70	13	70	14	71	17	73	18	74	28	75	25	72	28	74	28	76	26	74	28
山东	72	6	74	5	77	4	77	6	84	12	87	9	87	10	91	9	87	9	99	5

续表

省份	2008年 得分（分）	2008年 排名（位）	2009年 得分（分）	2009年 排名（位）	2010年 得分（分）	2010年 排名（位）	2011年 得分（分）	2011年 排名（位）	2012年 得分（分）	2012年 排名（位）	2013年 得分（分）	2013年 排名（位）	2014年 得分（分）	2014年 排名（位）	2015年 得分（分）	2015年 排名（位）	2016年 得分（分）	2016年 排名（位）	2017年 得分（分）	2017年 排名（位）
河南	69	15	72	9	73	9	74	11	82	16	78	20	78	22	83	16	81	19	80	22
湖北	67	25	70	17	69	22	70	24	84	14	87	10	88	9	82	18	85	16	96	7
湖南	69	14	69	21	70	18	71	22	80	20	82	15	81	18	84	14	81	18	97	6
广东	70	12	70	15	70	19	72	19	73	29	81	18	70	31	97	4	94	6	95	10
广西	64	31	65	30	67	29	68	29	69	31	70	30	77	23	71	31	70	30	73	30
海南	71	9	70	16	71	15	73	16	81	19	82	14	121	2	78	23	87	12	85	19
重庆	74	3	75	2	77	3	81	4	89	6	93	4	74	25	86	12	87	11	87	17
四川	68	20	69	22	69	21	70	23	77	22	78	21	86	11	79	22	77	23	78	24
贵州	70	11	70	18	72	13	72	20	85	11	88	7	83	14	84	15	89	8	91	14
云南	72	5	73	7	74	7	77	7	82	17	80	19	85	12	84	13	82	17	84	20
西藏	64	30	64	31	65	31	65	31	81	18	56	31	82	17	111	2	143	1	150	1
陕西	68	18	69	20	71	16	73	14	76	24	76	24	76	24	77	25	73	28	74	27
甘肃	68	19	69	19	72	12	74	12	77	21	78	22	78	20	75	27	75	27	75	25
青海	67	24	67	26	68	27	68	28	75	27	74	28	72	29	73	29	76	24	92	13
宁夏	72	4	72	8	73	10	75	10	85	10	83	13	151	1	96	5	80	22	85	18
新疆	71	8	72	10	72	14	73	13	84	13	82	17	83	16	83	17	80	21	78	23

表5　2008～2017 年国家审计结果运用指数

省份	2008 年 得分(分)	2008 年 排名(位)	2009 年 得分(分)	2009 年 排名(位)	2010 年 得分(分)	2010 年 排名(位)	2011 年 得分(分)	2011 年 排名(位)	2012 年 得分(分)	2012 年 排名(位)	2013 年 得分(分)	2013 年 排名(位)	2014 年 得分(分)	2014 年 排名(位)	2015 年 得分(分)	2015 年 排名(位)	2016 年 得分(分)	2016 年 排名(位)	2017 年 得分(分)	2017 年 排名(位)
合计	72		72		72		76		83		81		87		91		96		118	
北京	71	17	64	31	68	24	115	2	73	15	69	29	73	18	149	2	72	28	127	7
天津	64	30	66	29	65	30	64	31	66	30	65	30	69	27	82	15	90	10	90	17
河北	71	19	74	13	79	5	73	11	77	7	73	14	76	15	92	11	80	21	86	18
山西	78	3	84	2	85	4	78	6	139	2	80	7	130	3	90	12	75	26	84	19
内蒙古	73	12	69	25	70	17	71	17	69	27	73	15	74	17	76	21	77	23	72	29
辽宁	69	25	81	4	67	27	68	26	71	19	71	23	72	19	77	20	90	9	75	26
吉林	69	24	73	15	69	19	71	15	69	25	73	16	70	26	74	23	77	24	83	20
黑龙江	70	21	68	26	73	10	69	22	73	16	70	27	72	21	74	24	84	16	141	6
上海	73	10	67	28	89	3	72	14	71	21	80	6	72	20	70	31	68	30	73	28
江苏	77	4	73	14	76	7	75	9	78	6	89	4	91	7	79	16	84	17	91	15
浙江	74	8	75	9	75	8	72	12	79	5	82	5	120	4	100	7	141	2	119	9
安徽	68	26	70	20	69	23	68	25	73	14	71	22	83	12	75	22	80	20	78	23
福建	77	5	75	8	72	12	76	8	75	9	72	21	76	16	101	6	89	11	98	12
江西	76	6	75	7	72	13	69	23	71	18	72	20	70	25	72	27	73	27	407	1
山东	72	16	71	17	69	20	74	10	76	8	77	8	87	9	110	5	97	8	160	3

续表

省份	2008年 得分（分）	2008年 排名（位）	2009年 得分（分）	2009年 排名（位）	2010年 得分（分）	2010年 排名（位）	2011年 得分（分）	2011年 排名（位）	2012年 得分（分）	2012年 排名（位）	2013年 得分（分）	2013年 排名（位）	2014年 得分（分）	2014年 排名（位）	2015年 得分（分）	2015年 排名（位）	2016年 得分（分）	2016年 排名（位）	2017年 得分（分）	2017年 排名（位）
河南	71	18	71	18	71	14	78	7	186	1	189	1	180	1	165	1	197	1	146	5
湖北	72	15	74	10	70	18	101	3	94	4	101	2	134	2	131	4	141	3	168	2
湖南	70	22	71	19	69	22	70	21	73	12	77	10	87	11	98	9	102	6	124	8
广东	72	14	69	22	71	15	69	24	71	20	70	25	71	23	73	25	80	19	90	16
广西	70	23	69	21	69	21	72	13	70	23	72	19	89	8	87	13	123	5	79	22
海南	65	29	84	3	66	28	65	29	69	24	77	9	76	14	97	10	87	14	76	25
重庆	93	1	95	1	102	1	282	1	102	3	98	3	102	5	136	3	124	4	106	11
四川	73	9	75	6	73	9	71	16	74	10	76	12	96	6	83	14	89	12	98	13
贵州	73	11	77	5	70	16	71	19	73	11	72	17	80	13	99	8	97	7	93	14
云南	70	20	74	12	76	6	80	5	73	13	76	11	87	10	78	18	76	25	76	24
西藏	75	7	74	11	68	26	71	18	68	28	58	31	71	31	77	19	82	18	81	21
陕西	68	28	68	27	68	25	71	20	72	17	71	24	71	22	78	17	86	15	151	4
甘肃	68	27	69	23	65	29	68	27	69	26	74	13	68	29	73	26	78	22	70	31
青海	63	31	65	30	63	31	66	28	65	31	70	26	66	30	72	28	66	31	71	30
宁夏	78	2	69	24	73	11	65	30	66	29	69	28	62	31	71	29	70	29	74	27
新疆	72	13	72	16	95	2	88	4	70	22	72	18	69	28	70	30	88	13	112	10

表6

2008~2017年国家审计治治理综合指数

省份	2008年 得分(分)	2008年 排名(位)	2009年 得分(分)	2009年 排名(位)	2010年 得分(分)	2010年 排名(位)	2011年 得分(分)	2011年 排名(位)	2012年 得分(分)	2012年 排名(位)	2013年 得分(分)	2013年 排名(位)	2014年 得分(分)	2014年 排名(位)	2015年 得分(分)	2015年 排名(位)	2016年 得分(分)	2016年 排名(位)	2017年 得分(分)	2017年 排名(位)
合计	70		71		72		75		82		81		85		88		90		106	
北京	70	19	68	26	79	5	104	2	81	8	118	2	79	19	138	1	87	13	120	6
天津	71	16	68	27	66	30	70	22	76	16	76	16	81	17	86	14	94	8	110	10
河北	69	22	71	18	75	8	73	13	80	9	78	12	79	20	90	10	81	20	85	20
山西	74	7	78	3	79	4	76	8	120	2	82	8	114	3	87	13	79	24	86	19
内蒙古	70	18	68	28	69	23	69	25	71	29	73	24	74	23	76	25	77	27	73	30
辽宁	68	28	76	4	68	26	68	29	72	26	72	27	74	22	78	23	87	14	83	21
吉林	68	25	71	19	69	24	70	18	71	28	74	22	71	30	73	29	74	28	79	24
黑龙江	69	23	68	30	71	16	69	27	74	19	71	30	72	26	75	26	79	23	115	7
上海	78	2	75	5	94	1	90	4	84	6	85	7	81	16	81	18	80	22	80	23
江苏	74	5	73	12	75	7	75	9	86	5	89	5	91	9	85	15	89	11	99	14
浙江	73	8	74	7	75	9	74	12	83	7	86	6	109	4	96	7	123	2	111	9
安徽	68	24	72	16	71	18	71	15	77	13	75	19	82	14	78	24	82	19	82	22
福建	74	4	74	8	72	11	75	11	79	11	76	17	82	15	98	6	88	12	96	15
江西	74	6	73	10	72	15	70	21	72	24	73	25	71	28	73	30	74	29	287	1
山东	72	11	72	15	72	13	75	10	79	10	81	9	87	10	103	5	93	10	138	3

续表

省份	2008 年 得分(分)	2008 年 排名(位)	2009 年 得分(分)	2009 年 排名(位)	2010 年 得分(分)	2010 年 排名(位)	2011 年 得分(分)	2011 年 排名(位)	2012 年 得分(分)	2012 年 排名(位)	2013 年 得分(分)	2013 年 排名(位)	2014 年 得分(分)	2014 年 排名(位)	2015 年 得分(分)	2015 年 排名(位)	2016 年 得分(分)	2016 年 排名(位)	2017 年 得分(分)	2017 年 排名(位)
河南	70	17	71	17	72	14	76	7	148	1	149	1	143	1	135	2	155	1	122	5
湖北	70	20	72	13	70	20	90	3	90	4	96	4	117	2	113	4	120	3	142	2
湖南	70	21	70	21	69	22	70	20	76	15	79	11	85	12	93	9	95	7	114	8
广东	71	13	70	23	71	19	70	23	72	27	74	21	71	29	82	16	85	17	92	17
广西	67	29	68	29	69	25	70	19	70	30	71	28	85	13	81	19	104	6	76	29
海南	67	30	79	2	68	27	68	30	74	20	79	10	92	6	90	11	87	15	79	25
重庆	86	1	88	1	93	2	209	1	97	3	96	3	92	8	118	3	111	4	99	13
四川	71	12	73	11	72	12	71	17	75	18	77	15	92	7	82	17	85	18	90	18
贵州	72	9	75	6	71	17	71	16	78	12	78	13	81	18	93	8	94	9	92	16
云南	71	15	73	9	76	6	79	6	76	14	77	14	86	11	80	20	78	25	79	27
西藏	71	14	70	20	67	29	68	28	73	23	57	31	75	21	90	12	104	5	106	11
陕西	68	27	68	25	69	21	72	14	73	22	73	26	73	25	78	22	81	21	123	4
甘肃	68	26	69	24	68	28	70	24	72	25	75	20	72	27	74	28	77	26	72	31
青海	64	31	66	31	65	31	67	31	68	31	71	29	68	31	73	31	70	31	79	26
宁夏	76	3	70	22	73	10	69	26	73	21	74	23	94	5	80	21	74	30	78	28
新疆	72	10	72	14	87	3	82	5	75	17	76	18	74	24	75	27	85	16	100	12

表 7 查出突出问题整改情况向人大报告机制变化对国家审计治理的影响

变量	(1)	(2)
	lnAUI	lnACI
du * dt	0.940 *** (0.294)	0.057 *** (0.017)
lnGDP	0.252 *** (0.628)	0.270 *** (0.036)
lnLabor	0.086 *** (0.351)	0.067 *** (0.027)
lnEdu	0.107 *** (0.038)	0.073 *** (0.022)
OPEN	-0.104 (0.117)	-0.820 * (0.046)
Constant	0.909 (0.631)	0.939 (0.377)
N	300	300
省份数	30	30

注：括号内均为标准差，*** 、 * 分别表示在 1% 、10% 的显著性水平上显著。

（二）区域文化价值观对国家审计治理的影响

文化价值对人的行为会产生重要影响，我国各省、自治区、直辖市的文化价值观有差别，这些差别也应该会影响审计治理。以大陆 30 个省区市的文化价值观数据和 2008 ~ 2017 的地方审计机关的数据为样本（西藏自治区部分变量数据存在缺失），表 8 中，审计结果生产指数用 API 表示，审计结果运用指数用 AUI 表示，审计治理综合指数用 ACI 表示；绩效导向指社会鼓励自己的成员追求更卓越的业绩，用 PERFORNT 表示；人际关怀导向指社会鼓励和认可包括公平、利他、友善、慷慨、关心他人等行为，用 HUMANORNT 表示；自信性指个体在社会交往中表现出自信、直面冲突和进取性，用 ASSERT 表示；权力差距指社会对有权力的人的尊重和敬畏程度，用 PWRDIST 表示；控制变量"审计机关负责人政治动力（PWR）"通过"（审计机关负责人退休年龄 - 当年实际年龄）/5"计算，相关数据来自各省、自治区、直辖市审计厅/局官方网站，经收集并计算后得到；控制变量"市场干预程度（ITVN）"参考樊纲、王小鲁、朱恒鹏于 2010 年提出的市场化指数。结果显现，区域文化价值观对国家审计治理有显著影响。简要的统计分析结果如表 8 所示。结果显示，区域文化价值观对国家审计治理有显著影响。

表8　　　　　　　　　　　区域文化价值观对国家审计治理的影响

变量	(1) API	(1) AUI	(1) ACI
PERFORNT	16. 170 ** (6. 702)	46. 980 ** (19. 100)	35. 840 *** (12. 290)
HUMANORNT	− 41. 460 *** (8. 387)	11. 830 (23. 900)	− 7. 442 (15. 380)
ASSERT	26. 640 *** (6. 654)	− 14. 660 (18. 960)	0. 280 (12. 200)
PWRDIST	5. 610 (5. 252)	42. 950 *** (14. 960)	29. 450 *** (9. 630)
PWR	2. 616 ** (1. 078)	5. 512 * (3. 071)	4. 465 ** (1. 976)
ITVN	− 2. 259 *** (0. 609)	− 4. 806 *** (1. 736)	− 3. 885 *** (1. 117)
ln*GDP*	2. 375 (2. 550)	− 15. 490 ** (7. 267)	− 9. 031 * (4. 676)
OPEN	5. 971 * (3. 224)	− 4. 963 (9. 188)	− 1. 009 (5. 912)
Constant	27. 320 (56. 590)	− 143. 200 (161. 300)	− 81. 500 (103. 800)
N	275	275	275
省份数	30	30	30

注：括号内均为标准差，***、**、*分别表示在1%、5%、10%的显著性水平上显著。

（三）区域信息化水平对国家审计治理的影响

区域信息化水平对审计载体和审计机关取证方式有重要影响，也会影响审计结果的传播运用，因此，可能会影响国家审计治理效果，用人均互联网宽带接入端口数（个/人）表示区域信息化水平（*INF*），用 *API* 表示审计结果生产指数，用 *AUI* 表示审计结果运用指数，用 *ACI* 表示审计治理综合指数，审计机关规模（*AUD*）通过"审计机关人员数量"表示。根据大陆30个省区市2008～2017年的数据（西藏自治区部分变量数据存在缺失），统计分析结果如表9所示，结果表明，区域信息化水平对审计结果生产指数、审计结果运用指数和审计治理综合指数都有显著影响。

表 9　　　　　　　　　　区域信息化水平对国家审计治理的影响

变量	(1) API	(2) AUI	(3) ACI
INF	28.180 *** (4.390)	45.320 *** (11.320)	39.120 *** (7.370)
OPEN	-11.570 (8.021)	-3.004 (20.680)	-6.101 (13.460)
lnEdu	1.211 (5.832)	19.910 (15.040)	13.150 (9.790)
AUD	0.063 ** (0.032)	0.161 ** (0.081)	0.125 ** (0.053)
Constant	57.290 *** (18.910)	-31.470 (48.750)	0.635 (31.740)
N	300	300	300
省份数	30	30	30

注：括号内均为标准差，*** 、** 分别表示在 1%、5% 的显著性水平上显著。

以上分别从查出突出问题整改情况向人大报告机制变化、区域文化价值和区域信息化水平这三个不同的角度，简约检验了这些因素对国家审计治理的影响，结果表明，这些因素对国家审计治理都具有显著性影响，这也从一定程度上表明，本文提出的国家审计结果生产指数、国家审计结果运用指数和国家审计治理综合指数具有一定的合理性，表征了国家审计治理状况。

七、结　　论

国家审计是党和国家监督体系的重要组成部分，本文以国家审计目标理论为基础，提出国家审计治理指数理论模型和数学模型，并用地方审计机关的数据来简约地检验这个模型，提出了国家审计治理指数的建构理论及方法。

国家审计治理是以国家审计终极目标为起点，通过一个过程来实现终极目标，终极目标实现程度也就是国家审计治理作用发挥的程度，终极目标实现程度越高，则国家审计治理作用效果的发挥也就越大。国家审计治理有两个逻辑过程：一是生产审计结果，二是运用审计结果。这两个逻辑过程也就是国家审计终极目标的实现过程。审计发现问题及提出审计建议这两个维度表征了审计直接目标的实现程度，审计结果运用是从审计直接目标过渡到审计终极目标的关键环节，审计结果运用程度越高，审计终极目标的实现程度也就越高。

　　国家审计治理指数定量刻画国家审计终极目标及直接目标的实现程度，有三个指数：一是国家审计结果生产指数，它刻画国家审计直接目标实现程度，从审计发现问题和提出审计建议两个维度建构指标来量化国家审计结果生产状况，这个指数越大，表明国家审计生产的审计结果越多，同时也表明国家审计直接目标实现程度越高；二是国家审计结果运用指数，它刻画国家审计终极目标实现程度，从审计结果运用程度的角度来量化国家审计结果运用效果，这个指数越大，表明国家审计结果运用程度越高，同时也表明国家审计终极目标实现程度也越高；三是国家审计治理综合指数，这个指数将国家审计结果生产指数和国家审计结果运用指数综合起来，它刻画国家审计治理全过程的状况，既包括国家审计结果生产状况，也包括国家审计结果运用状况。

　　构成国家审计结果生产指数的指标体系包括年度审计覆盖率、平均每个单位发现问题金额和平均每个审计项目审计建议及信息提出数；构成国家审计结果运用指数的指标体系包括审计决定处理处罚力度、审计决定处理处罚执行力度、审计移送处理人员力度、审计移送处理人员责任追究力度、审计建议及信息运用程度和平均每个审计项目挽回或避免经济损失金额。

　　运用各省份政府审计机关 2008～2017 年的数据，以 2008 年为基准年，采用功效系数法，对于各个具体指标以该年度各省份的最优值为满意值，最差值为不允许值，定基进行无量纲化处理。基于各个具体指标的相关性和变异性，采用 CRITIC 法确定各指标权重。2008～2017 年地方审计机关的审计治理指数表明，2008～2017 年，国家审计治理指数呈现稳中向好的基本态势，特别是党的十八大以来（2012 年），各个指数均呈现明显的增长态势。但是，各省份之间则呈现较大的差异。

　　从查出突出问题整改情况向人大报告机制变化、区域文化价值和区域信息化水平这三个不同的角度，简约检验了这些因素对国家审计治理的影响，结果表明，这些因素对国家审计治理都具有显著性影响，这也从一定程度上表明，本文提出的国家审计结果生产指数、国家审计结果运用指数和国家审计治理综合指数具有一定的合理性，表征了国家审计治理状况。

参考文献

[1] 段丽娜. 探讨影响审计独立性指数的因素 [J]. 中国乡镇企业会计, 2015 (1)：122 - 123.

[2] 郭正义, 宇杰. 西方学者关于腐败及其评价指数的论述与研究 [J]. 理论与现代化, 2004 (1)：45 - 50.

[3] 贺宝成, 王家伟. 我国西部地区政府审计揭示效率实证分析——基于 DEA 和 Malmquist 指数模型的研究 [J]. 财政监督, 2018 (20)：69 - 74.

[4] 李宇立, 郑石桥. 政府审计目标：理论框架和例证分析 [J]. 会计之友, 2015 (14)：115 - 121.

[5] 李玉华, 杜晓燕. 全面剖析新加坡、中国公共治理现状：基于 1996～2007 年全球治理指数 [J]. 华东经济管理, 2009 (12)：30 - 35.

24 中国审计评论 第 15 辑

[6] 林进添. 自然资源资产离任审计胜任特征与胜任力指数研究 [J]. 福建农林大学学报（哲学社会科学版），2016（5）：88 –94.

[7] 马东山，叶子荣，胡建中. 我国财政审计预警指标体系及指数的构建 [J]. 现代财经，2013（1）：47 –59.

[8] 唐钧. 腐败：实证研究的国际经验——国际透明组织如何量化廉洁指数 [J]. 理论与改革，2002（1）：5 –8.

[9] 王杏芬. 审计稳健性指数构建研究——兼论中小投资者保护之路径创新 [J]. 中国注册会计师，2013（12）：43 –49.

[10] 王瑛，蒋晓东，张璐. 基于改进的 CRITIC 法和云模型的科技奖励评价研究 [J]. 湖南大学学报（自然科学版），2014（4）：118 –124.

[11] 许涤龙，陈双莲. 基于金融压力指数的系统性金融风险测度研究 [J]. 经济学动态，2015（4）：69 –78.

[12] 叶陈云，杨克智. 我国上市公司独立审计的投资者保护指数：价值与运用 [J]. 财务与会计，2011（11）：22 –24.

[13] 占红沣，李蕾. 初论构建中国的民主、法治指数 [J]. 法律科学（西北政法大学学报），2010（2）：47 –54.

[14] 赵昊东，赵景涛. 公平正义综合指数对国家审计的启示 [J]. 审计研究，2016（3）：71 –76.

[15] 郑石桥，徐孝轩，宋皓杰. 国家审计治理指数研究 [J]. 南京审计学院学报，2014（1）：89 –96.

[16] 郑石桥. 国有资源委托代理关系、审计目标和审计期望差 [J]. 会计之友，2015（15）：129 –136.

[17] 郑石桥. 审计理论研究：基础理论视角 [M]. 北京：中国人民大学出版社，2016.

[18] Diakoulaki, Mavrotasg, Papayannakisl. Determing objective weights in multiple criteria problems：the CRITIC method [J]. Computers & Operations Research, 1995, 22（7）：763 –770.

审计服务构建新发展格局：重点、导向和审计方式创新

吴晓玲　何国成[*]

摘　要　构建新发展格局是以习近平同志为核心的党中央根据我国发展阶段、环境、条件变化，统筹"两个大局"作出的重大战略部署。服务构建新发展格局是审计部门面临的重大课题。本文分析了审计服务构建新发展格局的重点内容、目标导向，提出了创新与服务构建新发展格局相匹配的审计方式。

关键词　新发展格局　战略部署　审计重点　目标导向　方式创新

Auditing Serves to Construct A New Pattern of Development: Focus, Orientation and Innovation of Audit Mode

Wu Xiaoling　He Guocheng

Shanghai Municipal Audit Bureau

Abstract: According to the changes in China's development stage, environment, conditions, and the planning of "two overall situations", the Central Committee of the Party with General Secretary Xi Jinping made a major strategic deployment. It is an important task for audit department to serve the construction of new development pattern. This paper analyzes the key content and target orientation of audit serving the new development pattern, puts forward the audit mode matching the innovation and service of new development pattern.

Key words: new pattern of development; strategic deployment; key content of audit; goal-directed; innovation of audit method

---

　* 作者简介：吴晓玲，女，辽宁庄河人，公共管理硕士，上海市审计局高级审计师；何国成，男，江苏溧阳人，文学硕士，上海市审计局审计师。

党的十九届五中全会对"加快构建以国内大循环为主体、国内国际双循环相互促进的新发展格局"作出重大部署。构建新发展格局是以习近平同志为核心的党中央根据我国发展阶段、环境、条件变化，统筹"两个大局"作出的重大战略部署，是事关全局的系统性深层次变革，对"十四五"时期我国经济发展具有极为重要的指导意义。当前，各地区各部门都围绕构建新发展格局作出系列部署。例如，《上海市国民经济和社会发展第十四个五年规划和二〇三五年远景目标纲要》强调：必须全力服务新发展格局，当好国内大循环的中心节点，助力国内经济循环更加畅通；当好国内国际双循环的战略链接，助力我国经济全面融入世界经济体系。所谓"中心节点"，最主要的是赋能，充分发挥上海市作为长三角一体化发展的龙头带动作用，助力我国生产、分配、流通、消费的国民经济循环更加畅通；所谓"战略链接"，最主要的是能量交换，发挥"五个中心"作用，做到要素链接、产能链接、市场链接、规则链接"四个链接"，进一步巩固对内对外开放枢纽地位，成为"走出去"的最好跳板、"引进来"的前沿阵地。在构建新发展格局过程中，如何发挥好服务促进作用，是审计部门面临的重大课题。本文着重阐述审计服务构建新发展格局的内在逻辑，即为什么要聚焦这些领域开展审计，这些领域与构建新发展格局之间存在什么内在关联；审计的重点内容，即审计什么，要实现什么目标；审计应当坚持的导向，即在具体审计项目中应长期坚守的目标；审计方式如何创新，即审计方式如何做到与服务构建新发展格局相匹配。

一、审计服务构建新发展格局的重点领域

《中共中央关于制定国民经济和社会发展第十四个五年规划和二〇三五年远景目标的建议》从扩大内需这个战略基点、供给侧结构性改革的战略方向、开放的国内国际双循环三个层面，对构建新发展格局作了阐述。审计服务构建新发展格局，必须围绕这三个层面的要求，立足审计监督的职责权限，找准审计的基本路径和切入点。

（一）抓住扩大内需这个战略基点强化审计，促进培育完整内需体系

消费是社会再生产的终点，也是新一轮再生产的起点。在当前全球市场萎缩的外部环境下，需要充分发挥国内超大规模市场优势，在需求侧激活国内消费潜力，增强消费对经济发展的基础性作用。审计工作要扭住扩大内需这个战略基点，持续强化审计监督，促进加快培育完整内需体系的各项政策部署落地见效，助力打通阻碍需求潜力激发的"痛点"和"堵点"。

（1）要着力促进优化营商环境。持续优化市场化、法治化、国际化营商环境，能够形成长期稳定发展预期，提高社会资本投资积极性，激发市场主体活力，形成市场主导的投资内生增长机制，带动国民经济畅通循环，并可以有效吸引境外投资，促进国内国际双循环。党的十九届五中全会对优化营商环境作出进一步重要部署，国务院出台了优化营商环境条例，部分地区如上海市、北京市等先后就优化营商环境出台了地方性法规

和配套措施。审计部门应聚焦"放管服"改革、中小投资者保护、贸易投资便利化等重点领域、关键环节，强化对优化营商环境政策落实情况的审计。审计中要树立平等保护市场主体的审计理念，尤其要避免在审计中给民营企业贴标签。通过审计，促进优化营商环境、加强投资，促进各项政策举措落地见效，更好地激发投资创业积极性。

（2）要着力促进发展新型城镇化。当前，我国正以新型城镇化带动投资和消费需求。党的十九届五中全会对加快发展以人为核心的新型城镇化，系统布局新型基础设施，加快第五代移动通信、工业互联网、大数据中心建设等，作了系列重大部署。上海市正大力实施新城发展战略，按照产城融合、功能完备、职住平衡、生态宜居、交通便利等要求，加快建设嘉定新城、青浦新城、松江新城、奉贤新城、南汇新城"五大新城"。审计部门要围绕这些重大部署，对新型城镇化建设涉及的重要政策、重点资金、重大项目，包括基础设施项目和市政工程、旧区改造、城市更新、乡村振兴等进行跟踪审计，促进项目按期建设、及时发挥效益、实现政策目标，既推动弥补民生短板，也推动优化基础设施，带动消费引擎长期回暖。要围绕党的十九届五中全会关于"推动数字经济和实体经济深度融合"等部署，加强对"新基建"项目推进实施情况的跟踪审计，促进"新基建"项目顺利实施，有效拉动投资，推动城市数字化转型，更好地赋能传统产业，提升产业链供应链现代化水平。

（3）要促进提升居民消费能力。随着居民收入水平和消费能力不断提升，居民对于高质量产品和服务的需求将大幅增加，特别是对医疗、教育、养老等服务供给的数量和质量都提出了更高要求。审计部门要坚持以人民为中心的发展思想，紧扣社会主要矛盾的转化，立足于让人们拥有更好的教育、工作、收入、社会保障、医疗服务、居住条件、生活生产环境，强化民生政策、民生项目、民生资金及全面促进消费政策的审计，促进优化基本公共服务供给，让人们有能力消费且敢于消费，从而更加普惠地、更多层次地释放消费潜力。此外，提升居民消费能力，还有一些更为宏大的课题，如完善收入分配制度、加大再分配力度、扩大中等收入群体等，审计部门需要加强相关政策的跟踪研究，适时组织开展审计。

（二）抓住供给侧结构性改革的战略方向强化审计，促进提升供给体系对国内需求的适配性

生产是经济循环的起点，也是整个经济运行的核心。畅通国民经济循环，关键要提升供给体系的质量与效率。党的十九届五中全会提出："把实施扩大内需战略同深化供给侧结构性改革有机结合起来，以高质量供给引领和创造新需求。"审计部门需要按照这一要求，强化供给侧结构性改革推进情况的审计，促进提升供给体系的适配性。

（1）要着力促进科技创新。党的十九届五中全会强调，坚持创新在现代化建设全局当中的核心地位，把科技自立自强作为国家发展的战略支撑。这是畅通国内循环、把握国际循环主动权的关键。目前，我国科技创新还存在一些薄弱环节，如基础研究投入不足，投入占比长期徘徊在5%，与世界主要创新型国家存在较大差距，特别是为核心电子器件、高端通用芯片及基础软件提供支撑的领域缺乏足够投入；释放科技人才活力的体制机制不够完善；科技发明成果转化为生产力的机制不健全、力度不够。审计部门要围绕科技创新的决策部署，加强对政策、项目、资金的全链条审计，促进科技创新相关政策落地见效、科技创新体制机制不断完善、科技创新资源科学合理配置、科技创新项目不断提高绩效，促进优化创新创业生态环境，疏通基础研究、应用研究和产业化双向链接的"快车道"。目前，国家在地方部署了诸多大科学装置或大科学装置集群，对我国提升国际科学技术竞争能力具有重大战略意义。这些大科学装置（集群）通常由国家主导、地方出资共建，条件成熟时可由审计署组织地方审计部门协同开展审计。

（2）要着力促进实体经济发展。保住市场主体，才能稳住经济基本盘，也才能形成宏大顺畅的国内经济循环，并进而更好地吸引全球资源要素，实现国内国际双循环。审计部门要坚持稳中求进工作总基调，加强对促进实体经济发展相关政策的审计。"稳"，就是围绕做好"六稳"工作、落实"六保"任务，加强对纾困惠企、优化营商环境等政策落实情况的审计，通过推动稳住市场主体这个"基本盘"，来稳定就业、收入和消费，形成国民经济运行的良性循环。"进"，就是在以"保"促"稳"的基础上，加强对发展战略性新兴产业、现代服务业、先进制造业等产业政策实施情况的审计，促进加快发展现代产业体系，推动经济体系优化升级。例如，上海市将以发展"五型经济"为切入点，探索服务新发展格局的有效路径。发展"五型经济"，即发展具有引领策源功能的创新型经济，发展具有品牌优势、辐射区域大、附加值高的服务型经济，发展具有全球影响力和控制力的总部型经济，发展融入全球产业链价值链中高端、体现高水平投资贸易便利化、自由化的开放型经济，发展传统线下流量和新型线上流量并重的流量型经济，这是上海市未来一个时期的主攻方向之一，对其扶持政策，审计部门要密切跟踪，促进"五型经济"做强做优，更好服务构建新发展格局。

（3）要着力促进金融供给侧改革。在国内大循环过程中，金融和实体经济之间的循环是基础性循环。从国际循环来看，我国实行高水平开放要求更多地参与国际优质金融资源配置。上海市国际金融中心建设的一项重要任务，就是要强化全球资源配置功能，更好地支撑上海市成为国内大循环的中心节点和国内国际双循环的战略链接。完成这一重大任务，要求上海市优化金融体系和结构，提升金融体系的效率。审计部门要围绕上海市国际金融中心能级提升，加强对相关政策措施落实情况的审计，在促进防范金融领域重大风险的同时，促进完善金融市场体系、产品体系、机构体系、基础设施体系，更好地服务和引领实体经济发展，成为全球产业链、供应链、价值链的重要枢纽。由于上海市国际金融中心建设既有中央事权，也有地方事权，尤其是金融监管事权主要在中央，因此，需要上下级审计部门加强审计的联动和协同。

（4）要探索推动区域协同发展战略稳步实施。构建新发展格局，需要以我国内部分工体系的完整畅通作为依托。推动区域协同发展承担着试验田任务。按照中央要求，长三角区域要率先形成新发展格局，以一体化的思路和举措打破行政壁垒、提高政策协同，让要素在更大范围畅通流动。上海市将以联动长三角循环为切入点，推动国内大循环，促进国内国际双循环。特别是在复杂国际形势下，稳定产业链、掌握产业链主导权占据重要地位，因此，需要长三角携手推进科技创新协同和产业链深度融合。审计部门要围绕"区域一体化"战略加强政策跟进研究，对《长江三角洲区域一体化发展规划纲要》及有关专项规划、配套政策、地方政府（部门）之间签署的重要合作文件落实情况适时开展审计。鉴于很多重点政策、重点项目、重点资金跨区域配置或实施，需要各地审计部门协同开展审计，才能打通审计线索链条，查清审计事项全貌。长三角区域审计部门在条件成熟时，可建立审计协同协作发展机制，坚持问题导向、由易到难，对基础设施互联互通和生态环境共保联治、长三角生态绿色一体化发展和基本公共服务便利共享、科技创新协同和产业链深度融合等重点内容，分步实施协同审计，助力长三角一体化战略的实施蹄疾步稳。

（三）抓住实行高水平对外开放这个重点强化审计，促进开拓合作共赢新局面

打通国内国际双循环，有利于引入先进的理念、技术、产品，对高质量发展具有巨大的助推作用。审计部门要围绕党的十九届五中全会关于"实行高水平对外开放，开拓合作共赢新局面"的部署，积极加强相关政策跟踪研究，适时开展审计工作。

（1）要围绕高水平对外开放的硬件建设，加强重大基础设施建设情况的审计。更好统筹国内国际两个市场两种资源，提高对资金、信息、技术、人才、货物等要素全球配置，应保证人流、物流、资金流、信息流、数据流的快捷畅通。这需要加强江、海、陆、空、铁"五位一体"协调联动的综合交通枢纽设施建设、金融基础设施建设和新一代信息基础设施建设。审计部门要结合法定职责和管辖范围，做好审计的监督和保障工作，促进项目加快落地、科学布局、尽早发挥效益，为实施更大范围、更宽领域、更深层次对外开放提供强有力的硬件支撑。

（2）要加强自贸区及其新片区相关政策的研究，适时组织开展审计。实施自由贸易区战略，是我国积极参与国际经贸规则制定、引领全球经济治理的重要平台。自 2013 年 9 月中国（上海）自由贸易试验区正式成立以来，我国已分 6 批设立 21 个自贸试验区和临港新片区、海南自由贸易港等。其中，上海自贸试验区在探索自主改革、负面清单管理模式、企业注册便利化、海关和检验检疫监管制度改革、国际贸易单一窗口、事中事后监管制度以及金融创新等方面取得了重要成果，形成了一批可复制推广的经验。按照中央要求，上海自贸试验区临港新片区要努力成为集聚海内外人才开展国际创新协同的重要基地、统筹发展在岸业务和离岸业务的重要枢纽、企业"走出去"发展壮大的重要跳板、更好利用两个市场两种资源的重要通道、参与国际经济治理的重要"试验田"。目前，上海市正按照"五个重要"要求，加快上海自贸试验区临港新片区建设，到 2022 年要初步形成"五个重要"基本框架，初步建立高标准的投资贸易自由化、便利化制度体系。对自贸试验区和临港新片区、海南自由贸易港等建设，审计部门要加强政策跟踪研究，找准审计的切入点，根据事权管辖范围适时组织开展审计，为建设更高水平开放型经济新体制、优化区域开放布局贡献审计力量。

二、审计工作应长期坚持的目标导向

构建新发展格局是长期战略，也是长期过程。审计服务构建新发展格局，一些审计目标也需要在审计过程中长期坚持。

（一）持续促进提升整个经济运行效率

经济循环的畅通有赖于市场体系的健全与运行效率的提升，而畅通国内大循环也能够推动整体经济发展提质增效。两者是相辅相成的关系。我国经济经过四十多年长期高速发展，已具备超大规模，但在提升效率方面仍有很大空间。在当前国际格局加速演变的形势下，美国对我国实体经济和高科技企业的极限打压，客观上也抬升了我国经济运行成本，导致企业利润、员工收入、政府税收减少等负面影响，并进而影响再发展的投入规模。可以说，提升整体经济运行效率具有相当的紧迫性、长期性。党的十八届三中全会作出全面深化改革的决定，强调要使市场在资源配置中起决定性作用；党的十九届五中全会强调，要破除妨碍生产要素市场化配置和商品服务流通的体制机制障碍，降低全社会交易成本。审计部门要把新发展理念贯穿审计工作全过程，在各项审计中都把促进提高全要素生产率和经济运行效率作为重要使命，为推动经济发展质量变革、效率变革、动力变革持续作出贡献。例如，在预算执行审计中，要致力于促进财政资金提质增效；在资源环境审计中，要致力于促进能源资源配置更加合理，提升土地效率、资源效率、环境效率；在国有企业审计中，要致力于促进企业提升运营绩效，提高资本和股本投入回报率；在科技创新相关审计中，要促进提升科技创新资源配置的科学性，提高科技进步贡献率。

（二）持续促进全面深化改革

构建新发展格局是发展问题，但本质上是改革问题。对内，需要破除影响国内大循环的体制机制障碍，排除循环不畅的"难点""痛点"和"堵点"；对外，需要推动由商品和要素流动型开放向规则、规制、管理、标准等制度型开放转变，提供高水平制度供给。2020 年以来，中共中央、国务院印发了《关于构建更加完善的要素市场化配置体制机制的意见》《关于新时代加快完善社会主义市场经济体制的意见》两个重要文件，明确了要素市场改革和经济体制改革一系列重大举措，对我国经济发展将释放强大的改革红利和发展动力，也将推动我国与世界更好地联动融合。两个文件部署的诸多改革领域，如各类要素的市场化改革、国资国企改革、构建现代财税制度、优化营商环境、完善产业政策、政府数据开放共享、民生保障、有为政府与有效市场有机统一等，与审计的重点内容都密切相关。审计部门要把促进深化改革作为长期追求目标，树立宏观思维、系统观念，把各领域的改革作为一个有机整体来进行把握，深刻理解其核心要义和实践要求，掌握其内在逻辑和相互关系，对审计揭示的体制机制制度性问题，善于以更宽视野进行"跨界"分析、整体研究。通过审计，既要推动各项改革举措落地见效，也要促进各项改革持续深化、衔接配套、系统集成。

（三）持续服务经济治理现代化

构建新发展格局的过程也是经济治理现代化的过程。对内，需要持续处理好供给与需求、消费与投资、收入与分配、当前与长远、深化改革和推动发展等诸多关系；对外，需要积极参与全球经济治理体系改革，与其他国家特别是主要发达经济体建立更加紧密的产业和市场循环关系。审计作为国家治理现代化的重要推动力量，要把促进经济治理现代化作为重要目标，充分利用经济数字化、治理数字化等发展机遇，围绕国家和地方发展规划的贯彻落实，加强对财税、就业、产业、投资、消费、环保、区域等政策的跟踪审计，分析其是否紧密配合、协同高效。例如，构建新发展格局追求的是整个国内大市场的联动畅通，是国内统一大市场基础上的大循环，不是各地各自为政的"小循环"，如何防止各地对热门产业一哄而上、盲目跟风、低水平重复建设，是审计需要关注的问题。审计部门要增强思想的敏锐性、工作的前瞻性，运用大数据开展跨地区的宏观分析，把握规律、把握趋势、提出建议，为完善目标优化、分工合理、高效协同的经济治理体系发挥建设性作用。

三、创新与服务构建新发展格局相适应的审计方式

构建新发展格局是一项具有战略性、全局性和长期性的重大任务，需要坚持系统观念，进行全局性谋划、战略性布局、整体性推进，使经济社会各领域的改革都朝着构建新发展格局聚焦发力。审计工作也要适应构建新发展格局的要求，转变审计方式、提升审计格局、放大审计效应，更好地发挥建设性作用。

（一）由侧重事后监督逐步向"全周期"审计转变

审计的时间跨度体现了审计穿透的力度。审计部门既要服务于构建新发展格局，也要增强敏锐性、前瞻性和时效性。这要求审计部门从事后审计逐步向全周期审计转变，实现对重大决策部署的提前介入、同步监督。要基于政策实施、资金运行、项目推进的周期变化特征，对政策出台的决策过程、政策实施过程、政策实施效果，对资金的筹集、管理、使用和绩效，对项目的规划、建设、管理和运营，在一个完整周期内实现系统审计，以"一竿子插到底"的力度，全程跟踪新情况、新问题，达到纠偏、清障、补漏、提升的审计效果。纠偏，就是及时发现执行过程中变形走样、偏离政策目标的行为，校准政策执行的航向；清障，就是及时发现政策执行过程中的障碍，突破"中梗阻"，打通"最后一公里"；补漏，就是及时发现工作中的漏洞和薄弱环节，确保有力有效推进；提升，就是推动各方面工作提质增效，促进各部门单位更好地贯彻新发展理念、构建新发展格局、推动高质量发展。

（二）由项目化审计逐步向"全领域"审计转变

审计的内容宽度体现了审计成果的深度。新发展格局既涉及加快供给侧结构性改革这个战略方向，也涉及扩大内需这个战略基点；既贯通生产、分配、流通、消费各环节，也衔接上下游、产供销各领域；既要以国内大循环为主体，也统筹国内国际两个大局。为在审计中既见树木也见森林，审计部门要由对某个项目、某个部门和行业的项目化审计逐步向"全领域"审计转变，对拟审计的重点领域，对涉及的政策链、资金流、项目群和部门单位，应尽可能一体纳入审计范围，以审计工作的系统性、宏观性、建设性，促进提升改革的系统性、整体性、协同性，使相关政策取向上相互配合、实施过程中相互促进、实际成效上相得益彰。

（三）由各自为战逐步向推进审计"一盘棋"转变

在构建新发展格局过程中，很多政策具有跨行政区域、跨行政层级的"双跨"特征，作为地方审计部门，独自开展审计往往只能看到全局之一隅。例如，中央要求长三角区域要率先形成新发展格局，而长三角区域一体化发展又与中央赋予上海市的重大战略任务紧密相关。其中，上海市建成国际经济、金融、贸易中心，要带动长三角区域和整个长江流域地区经济新飞跃；上海市建设国际航运中心，要与长三角区域共建辐射全球的航运枢纽；上海市建设科技创新中心，要与长三角区域加强创新协同，当好我国科技和产业创新的开路先锋。上海市"五个中心"建设中，很多政策既有中央事权，也有地方事权。这需要审计部门结合自身能力、资源和审计目标，加强上下级、跨区域审计协同联动，形成服务构建新发展格局的审计合力。

参考文献

［1］刘鹤. 加快构建以国内大循环为主体、国内国际双循环相互促进的新发展格局［N］. 人民日报，2020 – 11 – 25：6.
［2］刘昆. 积极发挥财政职能作用　推动加快构建新发展格局［N］. 学习时报，2020 – 12 – 11.
［3］林毅夫. 新发展格局是必然和共赢的战略选择［N］. 光明日报，2020 – 10 – 12：3.

国家审计促进权力规范运行研究[*]

吴传俭　陈　羽[**]

摘　要　社会主义国家的领导干部权力来源和运行都具有鲜明的人民性，国家审计促进权力规范运行也必须坚持以人民为中心，明确审计在党和国家监督体系中的定位，加大与其他监督力量的有机协同，充分发挥审计的及时、完整、准确信息披露机制和风险隐患揭示功能、绩效审计标杆的推拉作用，从完善国家审计监督体系和提升审计治理效能、健全促进权力规范运行容错纠错机制、形成并增强审计监督合力和加大审计信息化建设等方面，更好发挥促进权力规范运行的作用。

关键词　国家审计　权力　规范运行　人民性　国家治理

Research on the National Audit Promotes the Powers Operating Normally

Wu Chuanjian[1]　Chen Yu[2]

1. School of Finance, Nanjing Audit University
2. School of Government Audit, Nanjing Audit University

Abstract: The source and operation of power used by leading cadres in socialist countries have distinct character of affinity to the people. The national audit must adhere to the people as the center, clarify its position in the Party and national supervision system, increase the organic coordination with other supervisory forces, give full play to the mechanism which information disclosed timely, complete, accurately, and risk disclosure function, benchmark push and pull

---

* 基金项目：教育部哲学社会科学研究重大课题攻关项目"更好发挥审计在党和国家监督体系中的重要作用研究"（19JZD027）；江苏高校青蓝工程学术带头人项目。

** 作者简介：吴传俭（1974—），男，山东临沂人，医学博士，南京审计大学金融学院教授，主要研究方向是医药卫生审计；陈羽（1997—），女，江苏南京人，南京审计大学硕士研究生，主要研究方向是金融审计。

roles of performance audit. To better play the role of promoting the power operating normally we should improve the national audit supervision system and effectiveness of audit governance, improve the error correction mechanism for power operation, form and strengthen the combined force of audit supervision, increase the construction of audit information.

Key words: national audit; power; operating normally; affinity to the people; national governance

一、引　言

中国特色社会主义领导干部的权力具有鲜明的人民性,各级领导干部应该坚持人民主体地位,坚持立党为公、执政为民,充分践行全心全意为人民服务的根本宗旨。但由于在社会主义初级阶段,"在经济、道德和精神方面还带着它脱胎出来的那个旧社会的痕迹",人们尚未完全超出资产阶级权利的狭隘眼界(马克思,1875),甚至有些领导干部在权力运行上还存在"商品交换原则"观念,导致出现如贪污腐败、权力设租寻租等一些损害人民利益的权力失范问题。

国家审计是党和国家监督体系的重要组成部分,充分发挥审计监督作用,促进权力规范运行,是履行依法全面审计监督职责的重要内容。改革审计管理体制,组建中央审计委员会,是加强党对审计工作领导的重大举措,极大提升了审计监督的权威性、有效性和各类审计监督合力。国家审计机关要坚持以习近平新时代中国特色社会主义思想为指导,在中央审计委员会的统一领导下,坚持以人民利益为中心,加强全国审计工作统筹,坚持风险隐患排查和失范行为纠偏为导向,优化审计资源配置,做到应审必审、凡审必严、严肃问责,与各类审计力量协同构建起集中统一、全面覆盖、权威高效的国家审计监督体系,更好发挥审计在促进权力规范运行中的重要作用。

二、国家审计促进权力规范运行的人民性

(一) 中国特色社会主义权力运行的人民性

我国是工人阶级领导的、以工农联盟为基础的人民民主专政的社会主义国家,国家一切权力属于人民,人民当家作主是社会主义民主政治的本质特征。中国共产党是中国工人阶级同时也是中国人民和中华民族的先锋队,代表中国最广大人民的根本利益。中国共产党人除了法律和政策规定范围内的个人利益和工作职权以外,都不应谋求任何个人私利和特权。中国人民民主专政政权性质和中国共产党根本宗旨决定着党和人民赋予领导干部的权力必须始终用来为人民谋幸福。在权力运行的监督上必须健全依法决策机制,构建决策科学、执行坚决、监督有力的权力运行机制,使一切权力运行的相关工作都顺应时代潮流、符合发展规律、体现广大人民群众意愿并获得他们的衷心拥护。党和

国家领导干部权力运行必须坚持立党为公、执政为民,把充分尊重人民意志、汇集人民智慧、凝聚人民力量、改善人民生活贯穿于党治国理政的全部工作,不断巩固提升党执政的阶级基础和群众基础,通过完善权力运行规范制度,确保人民在权力运行监督中的主体地位,使制度和国家治理都能充分体现民意,更好地保障人民权益和激发人民创造力。

尽管社会主义制度下的所有权力都来自人民,由人民充分行使当家作主的权利,但具体到权力运行微观层面,不可能每个人都直接承担管理具体事务的权力,必须按照权责一致原则,由党和国家将权力赋予能胜任权力行使并承担相应责任的机构及领导干部,由此形成权力运行的委托赋权关系,更好地推进国家治理和提升治理效能。接受党和人民赋权的领导干部在权力运行上必须坚持人民主体地位、规范执政为民,全过程充分践行全心全意为人民服务的根本宗旨,始终把人民对美好生活的向往作为奋斗目标。党的无产阶级政党性质和国家政权的无产阶级专政属性决定着行使权力的领导干部在行使权力的利益诉求上,除了获得自己的合法利益以外,必须按照党的宗旨和人民意志规范行使权力,不能做出任何不利于甚至损害人民利益的行为,自觉接受党和人民的全面监督。

(二)国家审计依法全面促进权力规范运行的人民性

作为党和国家监督体系的重要组成部分,审计监督权来自人民,受党和人民委托对权力运行依法实施全面监督,审计监督与其所在监督体系性质一样具有人民性,即通过履行依法全面审计监督职责,按照人民监督意愿及时、准确、完整依法披露权力运行信息,充分维护广大人民群众的根本利益,并接受党的领导和人民的监督。国家审计行使审计监督职能本身也属于权力规范运行范畴,国家审计必须依法依规行使审计监督权,中央审计委员会成员单位和国家审计机关在行使审计监督权力时也必须规范运行。国家审计及审计工作人员除接受党的领导和人民监督外,审计监督工作不受任何外部干扰,独立公允地行使审计监督权,对党中央负责和接受本级党委领导,为人民群众根本利益独立、公允客观地依法展开审计监督工作(高圣元,2020)。在权力运行规范性监督上,确保并促进党和人民赋予的权力始终用来为人民谋幸福。在国家审计监督权性质上,依法全面促进权力规范运行同样具有人民性,委托代理关系是人民委托国家审计机关及工作人员,并通过购买社会审计服务和指导内部审计而形成强大的审计监督合力,促进权力始终按照党和人民意志规范运行。

为充分体现国家审计监督的人民性,国家审计监督至少在两个方面规范领导干部的权力运行:一是审计监督体系要充分体现人民性,审计监督内容将权力运行是否始终用来为人民谋幸福作为关键内容,并围绕着关键审计内容依法实现全面审计,推动延伸审计工作覆盖权力运行相关部门和市场主体,最大程度防范权力运行中的商品交换原则造成的权力侵蚀;二是在审计监督的职能层次上,既要从合规性审计方面坚决杜绝损害人民利益的贪污腐败问题,也要从绩效审计上提升权力运行效果,促进经济高质量发展和提高决策质量，推动各种权力支配公共资源实现更高水平配置，在使要素活力竞相迸发、创造集体财富源泉充分涌流基础上，更好地服务于广大人民群众对美好生活的向往，使各项权力始终为广大人民谋福利规范运行。在此基础上，不断优化审计监督体系和创新审计监督方式，推动提升审计监督效能。

（三）国家审计在促进权力规范运行监督体系中的职能定位

在规范权力运行的党统一领导、全面覆盖、权威高效的监督体系中，国家审计处于非常重要的监督作用地位。规范权力运行监督是一个动态发展的全方位复杂监督体系。在完善权力配置和运行制约的机制上，要秉持依法治国理念，坚持权责法定，明晰各级各类权力的边界，规范各项工作流程，强化权力运行制约。权力运行监督必须权责统一、公开透明，让权力在阳光下规范运行，实现权力运行全过程可查询和可追溯，盯紧权力运行的各个环节，及时发现问题、纠正偏差和精准问责，不断减压权力设租寻租空间。在监督和推动权力运行公开透明方面，国家审计必须加大促进权力规范运行监督体系和机制建设，既明确发挥审计监督的职能定位，也要协同其他监督力量，尤其是加强与统计监督的协同合作力量，推动提高权力运行规范性信息化、数字化监督力度，在党中央和中央审计委员会领导下，在与其他监督主体的相互有机协同中增强监督合力。

国家审计促进权力规范运行的职责体系和职能定位，首先是中央审计委员会负责强化顶层设计和统筹协调，从把方向、谋大局、定政策、促改革上为审计工作提供有力指导。审计机关充分履行依法全面审计监督职责，拓展审计监督广度和深度，消除权力运行监督盲区，加大权力失范运行风险隐患揭示力度，跟踪审计党中央重大政策措施贯彻落实情况，尤其是加大重点民生资金和项目的审计力度，全方位全周期规范权力运行。在审计监督体系上，要将权力规范、权力运行内容全面融入领导干部责任审计和离任审计等专项审计工作，以规范权力运行为基础，重点加大权力失范高风险领域的监督深度。在派驻监督协同机制上，国家审计机关充分发挥各地特派办和中央部门派出局组织架构优势，进一步完善审计派驻监督职责体制机制，依法全面实施促进权力规范运行现场审计监督职能，完善审计快报结果现场运用机制，在审计发现问题时实施边审计边整改措施，更好地促进权力规范运行，提升决策程序规范性。

三、国家审计促进权力规范运行的作用机制

（一）权力运行失范行为及形成机制

从确保党和人民赋予的权力始终用来为人民谋幸福、满足人民群众对美好生活向往角度，权力失范运行不只是贪污腐败、侵害人民利益等违法、违规问题，还应包括不作为、懒政、缺乏高水平决策能力和决策程序失范、公共资源配置质量较低和无助于化解社会经济发展不平衡不充分矛盾等深层次问题。与此相对应，领导干部权力运行失范主

要体现在四个层次性上：一是权力违规私用或滥用，违法、违规获取私人或部门利益，直接侵占国家财政资金或损害人民利益（侯长安，2013）；二是刻意规避不利于私人利益的风险而不作为，缺乏勇于改革和担当责任的勇气，导致财政资金闲置或没有充分用于保障和改善民生；三是领导干部或集体在自身决策能力不足时，又缺乏向专家学者和人民群众学习的精神，甚至在决策信息和能力不足的情况下乱作为；四是决策缺乏全局性和战略性，缺乏化解现阶段社会经济发展的不平衡不充分问题的有效对策，缺乏推动地区合作的协同机制，影响一体化高质量发展理念的贯彻实施。

权力失范具有复杂的社会现实原因。根据马克思的跨越"卡夫丁峡谷"理论，社会主义初级阶段的部分领导干部违规行使权力，与他们在经济、道德和精神上尚未完成超出资产阶级商品等价交换的私人利益追求狭隘眼界有关。通过跨越资本主义"卡夫丁峡谷"建立起来的社会主义国家与资本主义国家将长期并存，在借鉴吸收资本主义社会的经济和文化文明成果、实现社会主义经济快速发展与超越的过程中，领导干部无法完全避免受资本主义商品等价交换原则侵蚀。当领导干部缺乏学习贯彻党的重大战略决策方针意识以及学习新理论、新知识和科学技术意愿不强时，还会因无法掌握和运用先进理论知识技术用来支持科学决策，只是凭借个人经验和决策偏好行使决策权。另外，根据行为经济学前景理论和跨期偏好不一致模型，领导干部在制定重大决策时难免因损失厌恶和跨期偏好不一致等原因（Wilkinson & Klaes，2012），存在诸如短视效应等非理性问题，导致决策偏好于短期的局部利益，使重大决策偏离经济高质量发展和人与自然生命共同体理念，创新、协调、绿色、开放、共享的新发展理念也无法得到坚决贯彻实施。

（二）国家审计促进权力规范运行的四维距离调整机制

领导干部行使权力的失范行为，与经济和道德精神眼界、知识技能和非理性决策偏好等原因密切相关。因而，作为党和国家监督体系中重要组成部分的国家审计，必须从规范权力运行和服务领导干部决策等方面，对权力运行失范行为依法全面实施监督，并从服务于权力规范运行角度提供建设性意见。各类审计的基本职能都是将被审计对象的行为及结果信息及时、准确、完整地披露出来，信息披露机制本身蕴含着信息距离和时间距离调整两个内在功能。国家审计机关受党和国家委托，代表人民将权力运行过程中的信息及时、准确、完整地依法披露出来，确保权力始终在阳光下规范运行。违背人民利益的权力运行都必须及时有效纠正，防范或制止权力失范运行的设租寻租现象，避免领导干部公权私用违规获利，既要保证权力有效实施和私人合法利益得到充分保障，更要确保人民利益得到全面有力保障，从而通过信息披露使领导干部利益和人民利益都得到充分保障，通过调整领导干部和人民群众在信息和利益上的距离实现规范权力运行的作用，实现对领导干部权力运行的有效监督。

对短期利益追逐而造成的短视性损失是时间跨期偏好不一致的基本表现，而时间跨期偏好不一致又通常与未来的不确定风险密切相关。国家审计通过将未来风险信息及时、准确和完整披露，有助于从审计专业角度服务于重大决策风险隐患的揭示，有效应对领导干部因厌恶风险或不确定性而导致的不作为问题，为决策权力的运行提供强有力的信息支撑，推动决策更加科学，决策程序更加规范。地方政府和中央政府部门的权力具有明确的行政边界，权力运行易受行政管辖权影响，导致权力运行过度关注地方性局部利益，缺乏区域高度协同的一体化发展战略安排。国家审计具有的异地审计监督职能，可在委托人不能直接监督管理代理人的空间距离上，通过派驻、委派审计或异地购买社会审计服务，实现对空间距离的有效调整。这既可节约异地监督和派驻监督成本，也有助于推动提升决策的全局性和战略性，实现区域性一体化高质量发展和建立完善的协同机制，更好地化解社会经济发展的不平衡和不充分问题，使"五位一体"总体布局和"四个全面"战略布局等党和国家重大政策方针得到充分贯彻落实。

（三）在推动公共资源优化配置上不断提升权力规范运行效果

国家审计监督属于经济监督范畴，权力规范运行审计监督除了经济问题的合规性和不作为等问题外，还强调公共资源配置权力经济效果，要求在经济性、效益性、效果性、可持续性和公平性等方面符合绩效审计规范。绩效审计的基本作用在于通过绩效审计建立动态绩效标杆，拉动资源要素配置效果较低的被审计对象不断向绩效标杆靠近，从而实现资源要素的不断优化调整。当配置公共资源要素的权力运行纳入绩效审计监督以后，就可以将所配置资源要素的信息及时、准确、完整披露出来，评价配置要素权力的运行效益、效果和效率等绩效指标，首先通过与绩效目标进行比较，然后在与其他被审计对象的绩效水平进行比较、排序，据此做出客观公允的绩效审计评价，作为对被审计职能部门实施奖惩措施的依据，不断增强资源配置的经济责任与利益关系。因而，政府审计实施绩效审计可以通过建立与绩效关联的奖惩机制，起到调整利益距离、推动资源配置优化和促进经济高质量发展等作用（王玉芳，2020）。在权力规范运行上，绩效审计适用监督与利益距离较远的资源配置主体，尤其是配置公共经济资源的权力部门。

从权力配置的公共经济资源效果上实施绩效审计，不只是为了部门间的简单比较或实施奖惩，应从实质上为权力规范运行和资源配置效果提升提供更加清晰可借鉴的现实参照标杆，并通过对绩效指标的审查评价，发现权力运行和绩效指标的短板与不足，补齐短板，强化弱项，协同推进权力运行绩效水平和促进社会经济高质量发展。但从经济资源配置最优理论角度（吴传俭，2016），绩效审计标杆依然只是被审计对象中的绩效最优部门，可能与理论最优水平依然存在显著差异。国家审计机关还可以通过与被审行业专家协同，通过购买专业技术服务，对权力运行与经济资源配置绩效进行经济性、效果性、效率性、可持续性和公平性等全方位的评价，更好地服务于国有资源要素配置，通过促进要素优化配置的监督审计，促进决策程序更加科学规范，防范权力运行的不作为、乱作为和决策质量不足等问题，在不断提升重大决策质量水平基础上，不断提升权力运行的规范性和实际运行效果。

四、国家审计有效促进权力规范运行的实现路径

（一）建立健全审计监督体系并提升审计治理效能

党的十九届四中全会指出，要把提高治理能力作为新时代干部队伍建设的重大任务。推动广大领导干部严格按照履行职责、行使权力、开展工作，提高推进"五位一体"总体布局、"四个全面"战略布局等各项工作能力和水平。国家审计在领导干部责任履行监督中，要将这部分内容作为审计监督和评价鉴证的重要内容，坚持从满足人民对美好生活向往的全局性高度，对局部利益过度关注问题进行有效调整，使权力运行遵从国家治理大局和长远发展。将党和国家对权力规范运行基本要求和监督内容，有机融入国家审计监督体系和各项审计工作，通过完善国家审计监督体系，创新审计监督方式方法和手段，将中国共产党领导的政治优势和中国特色社会主义制度优势转化为治理效能，不断提升审计规范权力运行的治理效能，是国家审计促进权力规范运行的基本要求。党的十九大提出改革审计管理体制的目的在于更好地发挥审计监督职能，推动提升审计在国家治理体系和治理能力现代化中的作用。

党和国家权力部门都具有按直线职权建立的权力运行权责关系，充分利用权力运行权责关系网络，织密织牢反腐败的权力运行监督协同网。加强内部控制建设，从微观上实现对权力规范运行的全面监督控制。通过审计监督，推动提高领导干部谋大局、定政策、促改革的能力。在规范决策行为上推动健全决策机制，加强重大决策的调查研究、科学论证、风险评估，强化决策执行、评估和监督，既要确保市场在资源配置中起决定性作用，也要促进更好地发挥政府作用。充分利用政府权责清单制度，通过将权责清单转变为关键审计要点，从国家审计层面推动清单制度落地实施，并据此扩展审计监督评价和鉴证服务等职能。通过健全互联网、大数据和人工智能等技术促进行政管理的制度规则，不断提升国家审计在权力规范运行上的监督及治理效能。通过将审计信息调整机制与领导干部诚实信用体系加以融合，全方位融入对党忠诚和对人民坦诚的监督机制，推动领导干部在审计信息提供上积极支持配合审计工作，及时、准确、完整地提供给权力规范运行相关信息，并依托区块链技术将信息客观真实地保存下来，作为领导干部权力运行结果考评和问责的重要依据，在推动权力自觉规范运行中提升审计监督及治理效能。

（二）建立健全促进权力规范运行的容错纠错机制

党和国家非常重视领导干部培养，注重防微杜渐，建立容错纠错机制的目的在于旗帜鲜明地使用和为勇于担当、踏实做事的干部撑腰鼓劲。就权力运行本身规律而言，国家权力运行是一个动态的、在不确定环境下受复杂系统性因素影响的决策过程，当受制于决策信息和决策能力限制而无法做出完全准确的决策时，必然会存在一些不可避免的

错误问题（苏海棠，2020）。党的十八届六中全会提出，要完善权力运行制约和监督机制，形成有权必有责、用权必担责、滥权必追责的制度安排，以及建立容错纠错机制，宽容干部在工作中特别是改革创新中的失误，作为推动领导干部勇于创新的激励手段（吴传俭，2017）。各级党组织应当把信任激励同严格监督结合起来，促使党的领导干部做到有权必有责、有责要担当，用权受监督、失责必追究。《中国共产党党内监督条例》规定，上级党组织特别是其主要负责人对下级党组织主要负责人应当平时多过问、多提醒，发现问题及时纠正。

建立容错纠错机制的目的在于推进新时代中国特色社会主义现代化建设，用宽严相济举措培养高素质专业化领导干部队伍，尤其是注重培养专业能力和专业精神，增强领导干部队伍适应新时代发展要求的能力。与容错纠错机制相适应，国家审计监督应该坚持严管和厚爱结合、激励和约束并重，通过国家审计推动完善领导干部考核评价机制，建立激励机制和容错纠错机制，旗帜鲜明地为那些敢于担当、踏实做事、不谋私利的干部撑腰鼓劲，让领导干部的创新活力竞相迸发、聪明才智充分涌流。在完善权力运行容错纠错方面，国家审计在权力运行规范性监督上，应将审计监督节点充分前置，建设性地发现问题并提出整改意见，避免权力失范造成严重不利后果（晏维龙等，2016）。领导干部容错纠错审计鉴证具有政治严肃性和专业性，必须确保国家审计独立公允性，依法实现关键风险全覆盖。履行依法审计全覆盖监督职责，审计人员同样不能因规避风险而选择性审计（吴传俭等，2017）。从权责范围和权力运行全过程都实现依法全面审计，织密织牢审计监督网，才能对容错给出客观公允评价，对失误提出及时有效的整改意见。

（三）健全中央审计委员会统一领导下的审计力量协同监督机制

在改革审计管理体制组建中央审计委员会之前，我国行政型国家审计体制在促进权力规范运行的权限上存在监督盲区，难以实现对党的高级领导干部实施强有力的审计监督，存在应审必审、凡审必严和严肃问责的权限不足等问题。组建中央审计委员会并由习近平总书记担任主任，有助于从强化顶层设计和统筹协调高度为审计工作提供指导，国家审计机关在思想上、政治上和行动上自觉同党中央保持高度一致，贯彻落实党中央对审计工作的部署要求，使国家审计监督体系和权威性都实现质的飞跃。国家审计机关在习近平新时代中国特色社会主义思想指导下，能够强有力地基于我国社会主要矛盾和坚持新发展理念，从"五位一体"总体布局和"四个全面"战略布局高度对权力运行规范性依纪依法实施全面审计监督。

在审计监督业务上，要扩展监督广度和深度，消除监督盲区，加大对党中央重大政策措施贯彻落实情况跟踪审计力，加大对经济社会运行中各类风险隐患揭示力度，加大对重点民生资金和项目审计力度，并要求地方各级党委加强对本地区审计工作的领导。审计机关要有效履行促进权力规范运行的监督职责，首先是在中央审计委员会的统一领导下，按照"以审计精神立身，以创新规范立业，以自身建设立信"要求加强自身建设，打造一支高素质专业化审计干部队伍。通过加强对内部审计工作的指导和监督，充分调动内部审计和社会审计力量形成并增强监督合力。不同于西方以社会审计为主的审计监督体系，以人民为中心的新时代中国特色社会主义必须形成以国家审计为主导的全局性审计监督体系，推动权力更加规范地运行，为满足人民日益增长的美好生活需要提供强有力的审计监督保障。

（四）充分利用现代科技力量加强审计信息化建设

尽管在规范权力运行的监督体系上具有完善的各类监督体系、制度、体制机制，也有具体到各个环节的权责一致和有效的精准问责机制，领导干部都清楚权力职责和失范问责后果，但权力运行依然存在失范运行问题，主要是部分领导干部在权力监督上的博弈心理。包括审计监督在内的各类权力运行监督力量受限于财政经费数量、工作时间和专业知识能力等，在规范权力运行监督的特定时间节点上，难以实现对小额资金违规使用的全覆盖监督，使部分领导干部心存侥幸而保留设租寻租空间。但被忽略的细小问题最终容易逐渐发展成为大问题，"跑、冒、滴、漏"等小问题的累积总量也会相对较大。因而，在现实审计监督资源和时间等因素的限制下，不可避免地存在审计监督全覆盖和审计资源有限性的矛盾，风险隐患难以完全消除，缺乏有效促进权力规范运行的效能。如果能够借助区块链技术和互联网技术等现代科技力量，加强审计远程监督信息化建设，实现党的十九届四中全会提出的"建立权力运行可查询、可追溯的反馈机制"，可通过全生命周期追责机制，有效破解以上矛盾问题。

区块链技术可有效追踪财政资源和资源配置全过程，具有公开透明、不可篡改和修改留痕等特征，因而，在权力监督的科技支撑上，可以将区块链技术、互联网技术和大数据与数据库技术相结合，为权力运行的全生命周期追责保留客观、真实而全面的信息支持。充分借助现代科学技术和互联网手段，将离散型抽样审计监督模式转变为累积型连续性审计监督模式，破解被审计主体与国家审计机关的侥幸博弈关系，有效提升审计监督覆盖面和监督效能。在互联网技术支持下，还可以显著降低异地现场审计成本，实现从关注大额违规转变为权力运行全过程、监督内容全覆盖。基于区块链和互联网技术的远程留痕审计，事实上是将审计监督工作实现充分前置，从被审计业务和决策行为的一开始，就保留了客观而不可篡改、修改留痕的证据，从而可以推动决策者的高度自觉自律，更加规范地行使决策权和管理权等。充分利用大数据技术和互联网信息技术，收集、整理和分析相关数据，并通过互联网远程技术直接传输给审计机关，审计机关将发现的问题及时移交给被审计机构或者相关监管部门等。

五、研究结论

中国特色社会主义国家的权力来源、性质和运行目的都具有鲜明的人民性，确保权力运行的人民性并促进规范运行是国家审计行使监督权力的基本要求。在社会主义初级阶段，人们在经济、道德和精神上尚未完全脱离社会主义脱胎而来的旧社会的痕迹，而通过跨越"卡夫丁峡谷"建立的社会主义国家还将在较长时间内与资本主义国家并存，并需要通过扩大改革开放加强与资本主义国家交流合作，学习借鉴资本主义创造的人类文明先进成果，实现用时间交换发展空间，因而，在权力运行上也难免受到资产阶级"商品交换原则"侵蚀，造成权力运行偏离人民性的失范问题。

国家审计促进权力规范运行，既要从人民性上促进权力规范运行，也要在审计监督上坚持人民性，将人民性融入审计监督体系和具体的审计监督工作内容，在中央审计委员会的统一领导下，依法全面履行审计监督职责，确保党和人民赋予的权力始终用来为人民谋幸福。国家审计监督在促进权力规范运行上，既要坚持依法全面实施合规性审计，也要充分发挥审计工作优势，推动实施绩效审计和审计鉴证服务，推动完善权力运行容错纠错机制，为勇于担当、踏实做事和不谋私利的领导干部撑腰鼓劲。在提升国家审计监督效能上，要充分利用区块链技术和互联网技术等现代科技手段，用更低的监督成本和更高的监督效率，与其他审计主体协同形成并增强审计监督合力，及时、准确、完整地披露权力运行信息，加大风险隐患揭示力度，全面实现从信息、利益、跨期非理性偏好和全局发展战略上，促进领导干部规范行使党和人民赋予的各项权力，确保始终切实用来为人民谋福利。

参考文献

[1] 高圣元. 对审计促进权力监督制约的实践探索 [N]. 中国审计报，2020 - 4 - 15.

[2] 侯长安. 加强经济责任审计　促进权力规范运行 [J]. 审计月刊，2013 (4)：4 - 5.

[3] 卡尔·马克思. 哥达纲领批判 [M]. 中共中央马克思恩格斯列宁斯大林著作编译局编译. 北京：人民出版社，2015.

[4] 苏海棠. 深化领导干部经济责任审计　促进权力规范运行 [N]. 中国审计报，2020 - 7 - 22.

[5] 王玉芳. 基于利益距离调整的审计促进经济高质量发展研究 [J]. 财会通讯，2020，(21)：134 - 139.

[6] 吴传俭，吴星泽，喻灵. 服务于创新驱动战略的政府审计容错纠错机制研究 [J]. 会计研究，2017 (5)：82 - 87.

[7] 吴传俭. 政府审计的经济资源错配修正论研究 [J]. 技术经济与管理研究，2016 (12)：88 - 92.

[8] 晏维龙，韩峰，汤二子. 新常态下的国家审计变革与发展 [J]. 审计与经济研究，2016 (2)：3 - 13.

[9] Wilkinson N. & M. Klaes. An Introduction to Behavioral Economics 2nd ed [M]. London：Palgrave Macmillan, 2012.

领导干部自然资源资产离任审计的动态监督策略

——基于博弈仿真分析

刘　骅　朱逢雪　余　洋*

摘　要　本文基于以有限理性假设为前提的演化博弈模型，结合计算实验方法，模拟了中央政府和地方政府在环境治理中采用不同策略的初始概率，进而引入领导干部自然资源资产离任审计动态监督处理策略，刻画了其变化趋势对演化博弈结果的影响。实验结果表明，当中央政府重视环境治理问题，并采取领导干部自然资源资产离任审计动态监督处理策略时，能有效破除地方政府环境治理过程中的"囚徒困境"。从建立经常性审计制度与创新审计组织模式和方法两个层面，提出如何完善领导干部自然资源资产离任审计动态监督机制的相关政策建议。

关键词　自然资源资产　离任审计　演化博弈　系统仿真　计算实验

Dynamic Supervision Strategy of Outgoing Audit of Natural Resources Assets of Leading Cadres

—Based on Game Simulation Analysis

Liu Hua[1]　Zhu Fengxue[1]　Yu Yang[2]

1. School of Finance, Nanjing Audit University
2. School of Public Administration, Nanjing Audit University

Abstract：Based on the assumption of bounded rationality, this paper uses the evolutionary game model, combined with the computational experiment method, the initial probability of the different strategies adopted by the central government and local governments in environmental gov-

---

* 作者简介：刘骅，男，湖北武汉人，南京审计大学金融学院副院长、教授，主要研究方向是金融审计与风险治理；朱逢雪，女，江苏兴化人，南京审计大学硕士研究生，主要研究方向是金融审计；余洋，男，云南迪庆人，南京审计大学公共管理学院本科生，主要研究方向是行政管理。

ernance is simulated. The experimental results show that when the central government attaches great importance to environmental governance issues and timely introduces the dynamic supervision and punishment strategy of leading cadres' natural resource assets leaving the audit, the "prisoner's dilemma" in the process of local government environmental governance can be effectively broken. Finally, the paper puts forward some policies from the establishment of the regular audit system, innovative audit organization model and method to strengthen the audit dynamic supervision mechanism of the natural resource assets of leading cadres.

Key words：natural resource assets；departure audit；evolutionary game；system simulation；computational experiment

一、引　言

新时代背景下，为了让中华大地天更蓝、山更绿、水更清、环境更优美，应鼓励推动自然资本增值，让良好生态环境成为促进人民美好生活的增长点，并成为向世界呈现中国良好形象的发力点。党的十九大报告对新时代生态文明建设提出了新要求，明确要坚定实施创新驱动发展战略、区域协调发展战略和可持续发展战略，进一步完善主体功能区制度，并将污染防治作为近三年三大攻坚战之一。

国家审计是国家治理的基石和国家治理现代化的保障（刘家义，2015）。在生态文明建设中，政府审计一直发挥着不可或缺的作用，自然资源资产离任审计是生态文明建设的一项创新性制度安排。中共中央办公厅、国务院办公厅于 2017 年印发了《领导干部自然资源资产离任审计规定（试行）》，此规定的试行意味着经常性审计制度又增添了一项全新的内容。审计机关应在充分考虑被审计领导干部所在地区自然资源资产禀赋特征、资源环境承载能力及在确定区域主体功能和定位的基础上，根据自然资源资产和生态环境保护事项的不同类别，进而决定审计的内容并且突出审计的重点。不可否认的是自然资源资产离任审计可以揭示自然资源的管理风险，保障生态安全，然而在开展其审计试点过程中，审计机关基本延续了传统资源环境审计的视角局限，报告问题多，而审计总体评价数量却不足。因此，开展领导干部自然资源资产离任审计对中央政府和地方政府的环境治理行为是否能够产生积极影响，以及如何创新审计监督模式、提升审计监督效率正成为现阶段该领域研究的焦点问题。

二、文献综述

（一）自然资源资产离任审计

美国政府最早于 20 世纪中期开始进行资源环境审计工作，直至 90 年代，资源环境审计才在全球普遍展开。我国针对政府资源环境的审计研究，特别是在领导干部自然资源资产离任审计领域的研究起步较晚，主要成果集中于以下三个方面。首先，领导干部自然资源资产离任审计的基本理论与方案。例如，林丽端、方金城（2017）尝试搭建了领导干部自然资源资产离任审计的内容与框架，侧重于从理论和模式层面系统剖析部分地区开展领导干部自然资源资产离任审计的试点方案。其次，领导干部自然资源资产离任的审计内容与审计对象。陈献东（2014）认为，虽然领导干部自然资源资产离任审计是一个全新的领域，但其审计内涵和范围已极大拓展，并将涵盖整个自然资源的内容。同时，学术界对领导干部自然资源资产离任审计对象也存在不同的观点：审计对象是领导干部本身，即对"人"的审计（刘明辉，孙冀萍，2016）；审计对象是领导干部在任期内所辖地区拥有或占有的自然资源，即对"事"的审计（钱水祥，2016）。最后，领导干部自然资源资产离任审计的审计方法。一方面，蔡春、毕铭悦（2014）和黄溶冰、赵谦（2015）基于自然资源资产负债表的理论框架，对我国自然资源资产负债的总体情况进行了分析，尝试搭建出领导干部自然资源资产离任审计与环境审计之间的逻辑关系；胡文龙、史丹（2015）采用国家资产负债表的编制方法和技术手段，构建出包含资产、负债与净资产为会计要素的自然资源资产负债表，并对自然资源的总体情况进行了问题揭示与信息披露，进而客观全面反映出生态责任主体在一定时点时其自然资源的静态存量情况。另一方面，依据自然资源资产保护利用和管理使用的情况（刘宝财，2016），以及围绕自然资源资产存量、开放、使用和治理不同阶段（徐豪萍，2015），学者们构建了系统的评价指标体系，从而采用综合评价方法对领导干部自然资源资产的保护利用与审计监督进行测度。

（二）审计演化博弈分析与计算实验方法

近年来，国内学者逐渐开始运用基于有限理性假设的演化博弈理论分析国家审计治理领域的问题。例如，公彦德、时现（2012）依据演化博弈理论，分析了两类审计师合谋与诚信两种策略下的行为特征，提出了避免出现审计合谋现象的惩罚和奖励策略；王鲁平、陈羿（2018）将演化博弈理论应用在上市公司舞弊行为的分析和治理上，解释了上市公司管理层群体和外部审计群体在不同环境下的博弈过程和演化趋势，进而阐释了双方达成舞弊稳定状态的演进机理。在领导干部自然资源资产离任审计层面，刘儒昞、王海滨（2017）在构建演化博弈模型的基础之上，分析了在不完全信息条件下，中央政府和地方政府在环境治理中的动态博弈过程，发现如果实施领导干部自然资源资产离任审计，并且加大对地方政府环境治理不力的查处力度、增加处理强度将会改变地方政府在环境治理中的策略选择。

计算实验方法依托于现代计算机科学技术，在特定的经济社会制度环境下，设置微观主体具体的学习模式与行为机制，包括微观主体之间的交流互动作用，进而揭示经济社会宏观层面运行规律的一种模拟方法（Lebaron B.，2000；Levy M.，Levy H.，Solomon S.，2000）。在演化博弈模型的计算实验研究领域，张维、李悦雷、熊熊等（2012）最早将该系统论方法引入国内，并将其基本概念、基础理论和研究内容置入我国经济社会理论与实践研究。刘骅、陈涵（2018）在分析地方政府债务审计监督过程中，引入"情景——应对"的计算实验思想，模拟测算了审计方与地方政府采用不同策略的初始概率，以及各协同治理审计子机制作用程度对演化博弈结果的影响。

（三）文献述评

现有国内外文献中富有启发和价值性的成果不仅积极推动了我国领导干部自然资源资产离任审计的理论研究，并且对其实践开展也起到了助推作用。但是，由于在试点过程中，自然资源资产离任审计需要的相关数据资料不充分，对其量化分析仍缺乏系统性，导致领导干部自然资源资产离任审计对地方政府环境治理行为的影响研究难以深入开展。据此，本文采用计算实验方法，对领导干部自然资源资产离任审计进行演化博弈分析；基于计算实验"情景——应对"思想，模拟仿真中央政府和地方政府在环境治理博弈过程中，双方采用不同策略的初始概率，以及引入审计动态监督处理策略后对演化博弈结果的不同影响。

三、中央政府和地方政府对环境治理的演化博弈分析

（一）演化博弈模型适用性分析

有限理性假设的演化博弈理论分析核心不是关注博弈方的最优策略选择，而是聚焦博弈方群体成员的策略调整过程、趋势以及稳定性；此外，其稳定性分析不是强调博弈方策略选择不变，而是指群体成员采用特定策略的比例保持稳定，具体表现为每一次博弈中高收益策略均会取代低收益策略，并经过重复博弈最终形成稳定的演化均衡策略。一方面，在我国环境治理过程中，中央政府与地方政府存在利益博弈，并且双方的博弈行为不满足完全理性的理论假设。因此，在有限理性条件下，长期性和重复性是中央政府和地方政府在环境治理博弈过程中的行为特征，博弈的过程同样是双方不断试错、学习的动态演化过程，而演化博弈模型的复制动态机制可以有效刻画该过程。另一方面，自然资源资产离任审计要求审计机关收集审计证据，依据国家相关法律规制来评价审计证据，从而可以进一步监督、评价和鉴证党政主要领导干部受托自然资源资产管理和生态环境保护责任的履行情况。由此，可以通过构建中央政府和地方政府环境治理的演化博弈模型，剖析博弈双方在环境治理中的行为特征，并适时引入审计动态监督处理策略，模拟仿真领导干部自然资源资产离任审计对环境治理的作用机理，将能有效破除环境治理中地方政府和中央政府的"囚徒困境"。

（二）演化博弈模型构建

现阶段，我国中央政府和地方政府在对待环境治理问题上的目标函数并不一致，且存在信息不对称现象。一方面，中央政府从人民利益出发，更多考虑生态文明建设及资

源环境的可持续利用与发展，是环境治理的宏观调控者；另一方面，地方政府为了追求政绩或是出于 GDP 竞赛的考量，在决策时往往忽视了环境的治理与保护，体现为地方经济利益的最大化。因此，在构建演化博弈模型时，假设中央政府对环境治理有两种策略选择：重视与不重视。地方政府对环境治理也有两种策略选择：治理与不治理。为了便于问题分析且不失一般性，简化其博弈支付矩阵，如表 1 所示。

表 1　中央政府与地方政府环境治理的博弈支付矩阵

博弈主体策略选择		地方政府 B	
		治理 q	不治理 $1-q$
中央政府 A	重视 p	A_1，B_1	A_2，B_2
	不重视 $1-p$	A_3，B_3	A_4，B_4

由表 1 可知，在有限理性假设的基础上，对中央政府来说，当地方政府采取治理环境策略时，其最优策略并非过分重视相关问题，即 $A_1 < A_3$；而当地方政府忽视环境治理时，重视并强化环境治理是其最优策略选择，即 $A_2 > A_4$。对于地方政府而言，当中央政府重视环境治理时，其最优策略是治理环境问题，即 $B_1 > B_2$；而当中央政府不重视环境治理时，地方政府也极易忽视环境问题，即 $B_3 < B_4$。同时，假设中央政府采取"重视环境治理"和"不重视环境治理"的概率分别为 p 和 $1-p$；地方政府选择"治理环境问题"和"不治理环境问题"的概率分别为 q 和 $1-q$。表 1 中所有假设变量均为正实数，其中，$0 \leq p \leq 1$，$0 \leq q \leq 1$。此外，假设中央政府的决策为实时决策而非定期决策，即可以根据地方政府的实际情况随时做出决策，并立刻执行决策行动（主要用于保证博弈过程的连续性）。

（三）模型均衡点与稳定性分析

根据表 1 的博弈支付矩阵可得，中央政府选择"重视环境治理"策略时，其效用为 u_{1a}，选择"不重视环境治理"策略时，其效用为 u_{2a}，且中央政府的平均效用为 u_a，具体表达式如式（1）、式（2）和式（3）所示。

$$u_{1a} = qA_1 + (1-q)A_2 \tag{1}$$
$$u_{2a} = qA_3 + (1-q)A_4 \tag{2}$$
$$u_a = pu_{1a} + (1-p)u_{2a} \tag{3}$$

同理，设地方政府选择"治理环境问题"策略时，其效用为 u_{1b}，选择"不治理环境问题"策略时，其效用为 u_{2b}，且地方政府的平均效用为 u_b，具体表达式如式（4）、式（5）和式（6）所示。

$$u_{1b} = pB_1 + (1-p)B_3 \tag{4}$$
$$u_{2b} = pB_2 + (1-p)B_4 \tag{5}$$
$$u_b = qu_{1b} + (1-q)u_{2b} \tag{6}$$

根据 Malthusian 动态方程，中央政府采用"重视环境治理"策略的比例动态变化速度为 $\frac{dp}{dt}$，地方政府选择"治理环境问题"策略的比例动态变化速度为 $\frac{dq}{dt}$，并可以用 $F(p)$ 和 $F(q)$ 的复制动态方程来表示：

$$F(p) = \frac{dp}{dt} = p(1-p)(u_{1a} - u_{2a})$$
$$= p(1-p)[q(A_1 - A_2 - A_3 + A_4) + A_2 - A_4] \tag{7}$$

$$F(q) = \frac{dq}{dt} = q(1-q)(u_{1b} - u_{2b})$$
$$= q(1-q)[p(B_1 - B_2 - B_3 + B_4) + B_3 - B_4] \tag{8}$$

式（7）和式（8）分别反映了中央政府和地方政府博弈学习的速度和方向。当双方的复制动态方程等于零，即 $F(p) = 0$，$F(q) = 0$ 时，中央政府与地方政府环境治理博弈会达到一种相对稳定的均衡状态，进而求得博弈系统的四个均衡点：$E_1 = (0, 0)$，$E_2 = (0, 1)$，$E_3 = (1, 0)$，$E_4 = (1, 1)$。此处设 $a = A_1 - A_2 - A_3 + A_4$，$b = A_4 - A_2$，$c = B_1 - B_2 - B_3 + B_4$，$d = B_4 - B_3$，若满足 $0 \leqslant \frac{d}{c} \leqslant 1$，$0 \leqslant \frac{b}{a} \leqslant 1$，则存在第五个均衡点 $E_5 = (p^*, q^*) = \left(\frac{d}{c}, \frac{b}{a}\right)$。

通过分析雅克比矩阵的局部稳定性可以得到演化博弈局部均衡点的稳定性，当雅克比矩阵的行列式 $det(J) < 0$，且矩阵的迹 $tr(J) = 0$ 或者不确定时，该演化博弈均衡点为鞍点；当 $det(J) > 0$，且矩阵的迹 $tr(J) = 0$ 时，该演化博弈的均衡点是中心点。中央政府和地方政府环境治理演化博弈系统的 $det(J)$ 和 $tr(J)$ 计算如式（9）、式（10）所示。

$$det(J) = det \begin{vmatrix} \frac{\partial F(p)}{\partial p}, \frac{\partial F(p)}{\partial q} \\ \frac{\partial F(q)}{\partial p}, \frac{\partial F(q)}{\partial q} \end{vmatrix} = det \begin{vmatrix} (1-2p)(qa-b), p(1-p)a \\ q(1-q)c, (1-2q)(pc-d) \end{vmatrix}$$
$$= (1-2p)(1-2q)(qa-b)(pc-d) - pq(1-p)(1-q)ac \tag{9}$$

$$tr(J) = \frac{\partial F(p)}{\partial p} + \frac{\partial F(q)}{\partial q} = (1-2p)(qa-b) + (1-2q)(pc-d) \tag{10}$$

考虑模型假设中的变量关系，有 $a < 0$，$b < 0$，$c > 0$，$d > 0$，故中央政府和地方政府环境治理演化博弈均衡点、雅克比矩阵的行列式、迹的表达式及其稳定性分析，如表 2 所示。

表 2　　　　　　　　　　　　演化博弈均衡点稳定性条件

均衡点	$det(J)$	符号	$tr(J)$	符号	均衡点
$E_1 = (0,0)$	bd	－	$-(b+d)$	不定	鞍点
$E_2 = (0,1)$	$(a-b)d$	－	$(a-b)+d$	不定	鞍点
$E_3 = (1,0)$	$(c-d)b$	－	$(c-d)+b$	不定	鞍点

续表

均衡点	$det(J)$	符号	$tr(J)$	符号	均衡点
$E_4 = (1,1)$	$(a-b)(c-d)$	$-$	$-[(a-b)+(c-d)]$	不定	鞍点
$E_5 = (p^*,q^*)$	$-bd\left(1-\dfrac{d}{c}\right)\left(1-\dfrac{b}{a}\right)$	$+$	0		中心点

（四） 系统仿真分析

2018 年10 月，审计署审计科研所与审计署审计干部学院共同设立并发布了《2018 年度新时代中国特色社会主义金融审计研究》的联合攻关课题任务，并对领导干部自然资源资产离任审计进行了讨论，在对江苏省部分地区环境治理情况进行实地调研的基础上，采用预设的原始数据为博弈模型的初始值进行设定：$A_1 = 1$，$A_2 = 4$，$A_3 = 3$，$A_4 = 2$，$B_1 = 4$，$B_2 = 1$，$B_3 = 2$，$B_4 = 3$（单位：百万元）。同时，基于计算实验仿真平台，根据演化博弈模型分析结果，假设 INITIAL TIME = 0，FINAL TIME = 1000，TIME STEP = 0.5，进行模拟仿真计算。

（1）当 $0 \leqslant \dfrac{d}{c} \leqslant 1$，并且 $0 \leqslant \dfrac{b}{a} \leqslant 1$ 时，令 $p = p^* = \dfrac{d}{c}$，即令中央政府进行决策选择的初始概率值为混合策略的纳什均衡值，而令地方政府决策的初始概率值分别为 $q = 0.3$ 和 $q = 0.7$，观察地方政府采取环境治理策略概率的演化过程，如图1 所示。

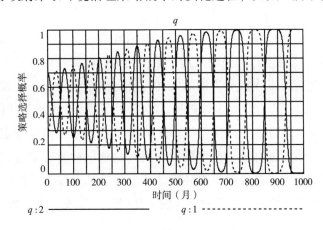

图1　地方政府采取环境治理策略概率的演化过程（初始值 $p = p^*$）

由图1 可知，当中央政府重视环境治理问题概率的初始值定为混合策略纳什均衡值 $(p = p^*)$ 时，在给定 q 初始值的条件下，地方政府采取环境治理策略的概率呈现波动状态，没有稳定到中心点 (p^*, q^*)，这就说明点 (p^*, q^*) 不是系统的演化稳定策略。一方面，概率波动的幅度会随着 q 初始值的不同而发生变动；另一方面，波动幅度会随着时间的推移以及博弈次数的增加而逐渐增大，直至达到最大振幅。

（2）当 $0 \leqslant \dfrac{d}{c} \leqslant 1$，并且 $0 \leqslant \dfrac{b}{a} \leqslant 1$ 时，图2 中曲线表示整个系统的博弈演化趋势曲

线，说明了中央政府与地方政府均以40%的概率选择"重视环境治理"与"治理环境问题"的策略。在图2中可以明显看出，系统的博弈演化趋势曲线是一个围绕稳定中心点进行规律周期运动的闭轨线环，中央政府和地方政府两个群体在环境治理博弈过程中并没有收敛于稳定的演化均衡点，反而呈现出一种周期行为模式。

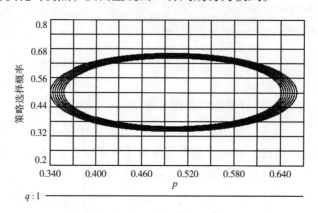

图2 博弈双方混合策略的博弈演化过程（初始值 $p=0.4$，$q=0.4$）

四、审计动态监督处理策略的演化博弈分析

（一）演化博弈模型改进

中共中央办公厅、国务院办公厅于2017年9月印发了《领导干部自然资源资产离任审计规定（试行）》，这标志着正式建立起一项全新的、经常性的审计制度；同年12月，审计署召开了主题为全国审计机关贯彻落实两办规定的视频会议，会议中对全面推进领导干部自然资源资产离任审计进行工作部署，2018年则进入全面推进阶段。

在此情景下，本文改进中央政府与地方政府环境治理演化博弈模型，引入审计动态监督处理策略，进一步通过对博弈模型模拟仿真，刻画审计动态监督处理对于博弈双方支付矩阵的影响，以及当中央政府重视环境治理，并尝试通过审计机关加强对地方政府环境治理监督时，整个演化博弈模型稳定性的变化趋势。改进后的模型如表3所示。

表3   **改进演化博弈模型的支付矩阵**

博弈主体策略选择		地方政府 B	
		治理 q	不治理 $1-q$
中央政府 A	重视 p	A_1, B_1	$A_2, F_{B2}(q)$
	不重视 $1-p$	A_3, B_3	A_4, B_4

在表3中，当中央政府采取"重视环境治理"策略时，地方政府如果仍采用"不治理环境问题"策略，则引入领导干部自然资源资产离任审计的动态监督处理策略，即地

方政府收益由原来的常数 B_2 变为 $F_{B2}(q) = B_2 - (1-q)D$，其中，$1-q$ 是地方政府采取"不治理环境问题"策略的概率，能反映出地方环境问题的严重程度；$D > 0$ 则表示当中央政府重视环境治理时，通过领导干部自然资源资产离任审计动态监督处理机制发现问题后，给予地方政府的最高处置标准。

（二）模型均衡点与稳定性分析

由于中央政府十分重视环境治理问题，所以，引入领导干部自然资源资产离任审计的动态监督处理策略，由此，中央政府和地方政府环境治理演化博弈的支付矩阵就会改变，这就需要分析审计动态处理矩阵的混合策略演化博弈模型的稳定性。将 $F_{B2}(q) = B_2 - (1-q)D$ 代替式（8）中 B_2，得到系统复制动态方程：

$$F'(q) = \frac{dq}{dt} = q(1-q)(u_{1b} - u_{2b})$$
$$= q(1-q)\{p[B_1 - F_{B2}(q) - B_3 + B_4] + B_3 - B_4\} \quad (11)$$

联立式（7）与式（11），此处仍设 $a = A_1 - A_2 - A_3 + A_4$，$b = A_4 - A_2$，$d = B_4 - B_3$，而 $f(q) = c + (1-q)D$。当双方的复制动态方程等于零，即 $F(p) = 0$，$F'(q) = 0$ 时，中央政府与地方政府环境治理改进博弈模型会达到一种相对稳定的均衡状态，从而进一步求得博弈系统的四个均衡点：$E_1^* = (0,0)$，$E_2^* = (0,1)$，$E_3^* = (1,0)$，$E_4^* = (1,1)$。若满足 $0 \leq \frac{d}{f(q)} \leq 1$，$0 \leq \frac{b}{a} \leq 1$，则存在第五个均衡点 $E_5^* = \left[\frac{d}{f(q)}, \frac{b}{a}\right]$。从而可得该演化博弈模型的雅克比矩阵为：

$$J = \left| \begin{array}{cc} \frac{\partial F(p)}{\partial p}, \frac{\partial F(p)}{\partial q} \\ \frac{\partial F(q)}{\partial p}, \frac{\partial F(q)}{\partial q} \end{array} \right| = \left| \begin{array}{cc} (1-2p)(qa-b), & p(1-p)a \\ q(1-q)f(q), (1-2q)[pf(q)-d] + q(1-q)pf'(q) \end{array} \right| \quad (12)$$

基于式（12），可求该矩阵的 $det(J)$ 和 $tr(J)$，进而可根据中央政府与地方政府环境治理演化博弈模型均衡点与稳定性判断标准，得出改进后演化博弈模型中 $E_1^* = (0,0)$，$E_2^* = (0,1)$，$E_3^* = (1,0)$，$E_4^* = (1,1)$ 均为模型的鞍点。将 $E_5^* = \left(\frac{d}{f(q)}, \frac{b}{a}\right)$ 带入雅克比矩阵可得：

$$J(E_5^*) = \left| \begin{array}{cc} 0, & \frac{d}{f(q)}\left[1 - \frac{d}{f(q)}\right]a \\ \frac{b}{a}\left(1 - \frac{b}{a}\right)f(q), & \frac{b}{a}\left(1 - \frac{b}{a}\right)\frac{d}{f(q)}f'(q) \end{array} \right| \quad (13)$$

从而求解 $\left| \begin{array}{cc} \lambda, & 0 \\ 0, & \lambda \end{array} \right| - J(E_5^*) = 0$ 的特征根，即：

$$\lambda^2 - \left[\frac{b}{a}\left(1 - \frac{b}{a}\right)\frac{dD}{c + (1 - q)D}\right]\lambda - bd\left(1 - \frac{b}{a}\right)\left[1 - \frac{d}{c + (1 - q)D}\right] = 0 \qquad (14)$$

$$\Delta = \left[\frac{b}{a}\left(1 - \frac{b}{a}\right)\frac{dD}{c + (1 - q)D}\right]^2 - 4bd\left(1 - \frac{b}{a}\right)\left[1 - \frac{d}{c + (1 - q)D}\right] < 0 \qquad (15)$$

由式（15）可得：λ_1 和 λ_2 是一对具有负实部的特征复根（若解得根的判别式小于零，则该方程的根为一对共轭复根），因此，E_5^* 为该演化博弈模型的稳定焦点（王众托，2006），该系统具有渐进稳定性。

（三）系统仿真分析

依据引入领导干部自然资源资产离任审计动态监督处理策略之后的演化博弈模型分析结果，令 $D = 2$（单位：百万元），并保持变量初始值不变，进行模拟仿真计算。

（1）当 $0 \leqslant \dfrac{d}{f(q)} \leqslant 1$，并且 $0 \leqslant \dfrac{b}{a} \leqslant 1$ 时，控制中央政府选择"重视环境治理"策略的概率 p 为 0.7，观察地方政府选择"治理环境问题"策略的概率 q 的演化过程，如图 3 所示。

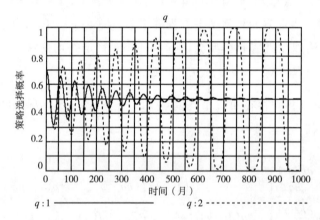

图 3　不同演化博弈模型下地方政府环境治理概率的演化过程（初始值 $q = 0.7$）

在图 3 中，$q:2$ 为 $q = 0.7$ 时，原有演化博弈模型中地方政府采取"治理环境问题"策略的概率演化曲线，可见该曲线演化轨迹随着时间和博弈次数的增加波动幅度增大，并且过程难以控制；$q:1$ 表示 $q = 0.7$ 时，引入了领导干部自然资源资产离任审计动态监督处理策略之后，地方政府选择采取"治理环境问题"策略的概率演化曲线轨迹随着时间的推移和博弈次数的增加趋于稳定。因此，当中央政府重视环境治理，积极开展领导干部自然资源资产离任审计，并适时引入审计动态监督处理策略时，就会有利于博弈双方达到系统的演化稳定均衡点。

（2）当 $0 \leqslant \dfrac{d}{f(q)} \leqslant 1$，并且 $0 \leqslant \dfrac{b}{a} \leqslant 1$ 时，图 4 给出了中央政府与地方政府均以 70% 的概率选择"重视环境治理"与"治理环境问题"策略时，系统整体的博弈演化趋势曲线。图 4 可以看出，改进之后的博弈系统演化轨迹随着时间的推移和博弈次数的增加呈现出螺旋收敛的趋势，最终稳定于均衡点 E_5^*，这就验证了在审计动态监督处理情景下此系统具有稳定性的结论。

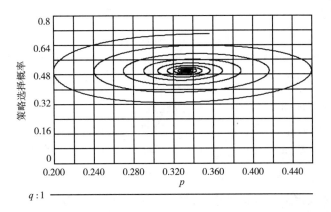

图4 在审计动态监督处理情景下博弈双方混合策略的演化过程（初始值 $p = q = 0.7$）

以上实验结果表明，在中央政府与地方政府环境治理演化博弈过程中，由于各自的利益诉求与目标函数的差异，使得两个群体的博弈结果很难达到一种稳定的均衡状态，双方博弈行为不仅不存在演化博弈的稳定策略，还会呈现出一种周期性的震荡模式，即中央政府与地方政府存在环境治理问题的"囚徒困境"，双方的行为与策略没有一致的目标和方向，从而造成环境治理过程中出现资源浪费与效率低下等一系列问题。而当中央政府重视环境治理问题，并适时引入领导干部自然资源资产离任审计动态监督处理策略后，中央政府和地方政府的博弈演化轨迹则会呈现出一种螺旋式收敛的趋势，系统的博弈演化过程趋于稳定，即随着时间的推移和博弈次数的增加，地方政府环境治理行为的演化趋势逐渐收敛，最终稳定在焦点，即混合策略中的纳什均衡点。该结果反映了领导干部自然资源资产离任审计的动态监督处理策略，能有效破除地方政府环境治理过程中的"不作为"行为。

五、结论与政策建议

生态环境治理需要中央和地方政府同抓共管，而自然资源资产的国有属性和环境保护的公共产品性质决定了审计机关在监督过程中的重要作用。本文基于以有限理性假设为前提的演化博弈模型，并结合计算实验方法，模拟了中央政府和地方政府在环境治理中采用不同策略的初始概率，进而引入领导干部自然资源资产离任审计动态监督处理策略，刻画了其变化趋势对演化博弈结果的影响，从而实现"'实验'不可实验"（通过计算实验的方法，检验政府不能在真实环境治理中实验的政策措施的有效性），与"'计算'不可计算"（通过计算机手段，展现环境治理结果随着策略更替而演化，进而对参与主体损失或利得的影响，而这种收益与损失在现实领导干部自然资源资产离任审计的过程中难以计量）的效果。

　　在中央政府与地方政府环境治理演化博弈过程中，由于各自的利益诉求与目标函数的差异，极易造成两个群体的博弈结果很难达到一种稳定的均衡状态，但如果当中央政府重视环境治理问题，并适时引入领导干部自然资源资产离任审计动态监督处理策略时，地方政府环境治理行为的演化轨迹呈现出逐渐收敛的趋势，这可以反映出领导干部自然资源资产离任审计能有效破除地方政府环境治理过程中的"囚徒困境"。基于以上结论，本文从建立经常性审计制度与创新审计组织模式、方法这两个层面，提出完善领导干部自然资源资产离任审计动态监督机制的政策建议。

　　首先，规范审计标准，建立经常性审计制度。现阶段在领导干部自然资源资产离任审计实践过程中，由于缺乏一些规范性与系统性的评价标准，导致其评价结果难以直接对责任人产生约束作用。针对此缺陷，需要在参考自然资源资产离任审计内容与特点的基础上，遵循"以权定责、以责定审、以审定评"的原则建立其审计评价指标体系。同时，各级审计机关要建立自然资源资产离任审计经常性审计制度：（1）突出两个抓手。协同经济责任审计与资源环境审计，将两者应用于领导干部自然资源资产离任审计的过程中，在开展资源环境审计时，可以将问题的责任聚焦分批试点专项资源环境审计，也可以在开展经济责任审计的同时强化资源资产的管理以及环境保护审计力度。（2）推行逐级探索。各地审计机关应基于本地主体功能区的定位以及资源禀赋的具体情况，因地制宜，探索建立专项自然资源资产离任审计评价体系，进而选择限制开发区和禁止开发区优先进行自然资源资产离任审计，等待时机成熟以后再拓展工作范围，并同时将其他自然资源开发利用情况和保护情况纳入关注重点。

　　其次，创新审计组织模式，集成审计方法。创新发展是领导干部自然资源资产离任审计应坚持的理念，解决"怎么审"即审计模式问题。（1）审计组织模式创新。结合地方主体功能区的定位与资源禀赋情况，将"专项自然资源资产离任审计"模式应用于资源管理部门的领导干部上；基于已有的资源环境审计基础，将"自然资源资产离任审计＋"模式运用到相关主管部门的领导干部上，主要对资源的管理、使用、开发和环境保护情况进行审计，进而对其责任履行情况进行评价；重点审计领导干部所辖地区主要资源（已列入自然资源资产负债表）的开发、制度的建设、环境的利用保护和治理情况，可采取"独立型自然资源资产离任审计"模式，该模式是指由审计人员单独编制出自然资源资产离任审计的实施方案，并独立成立审计小组、出具审计报告。（2）集成审计方法。尽量将指标导向型审计、问题导向型审计和法规导向型审计方法结合并应用于审计实践中，在制定具体的评价指标时应结合过去审计过程中发现的问题以及法规执行情况，通过指标进行主客观赋权与专家打分，使审计工作底稿在编制时所获或所扣分数更为客观与科学，做到分数有据可查，评价有理有据。

　　本文在计算实验方法"情景—应对"思想下研究中央政府与地方政府环境治理行为是一种新的尝试，但该研究是建立在一定假设条件基础之上，而现实中领导干部自然资源资产离任审计情况往往更为复杂多变。因此，进一步结合中央政府的政策导向与地方政府的实际情况来深化模型，更好地对现实中审计监督的动态博弈行为与现象进行仿真和诠释,将是后续研究的重点与方向。

参考文献

[1] 蔡春,毕铭悦. 关于自然资源资产离任审计的理论思考 [J]. 审计研究,2014 (5):3-9.

[2] 陈献东. 开展领导干部自然资源资产离任审计的若干思考 [J]. 审计研究,2014 (5):15-19.

[3] 公彦德,时现. 审计行为、审计合谋及奖惩机制的演化博弈 [J]. 系统管理学报,2012 (5):421-427.

[4] 胡文龙,史丹. 中国自然资源资产负债表框架体系研究——以 SEEA2012、SNA2008 和国家资产负债表为基础的一种思路 [J]. 中国人口·资源与环境,2015 (8):1-9.

[5] 黄溶冰,赵谦. 自然资源资产负债表编制与审计的探讨 [J]. 审计研究,2015 (1):37-43.

[6] 林丽端,方金城. 地方领导干部自然资源资产离任审计的框架构建及保障措施 [J]. 南京工业大学学报(社会科学版),2017,16 (4):98-103,123.

[7] 刘宝财. 自然资源资产离任审计评价模型研究——以党政领导干部权力运行为视角 [J]. 新会计,2016 (6):37-39.

[8] 刘骅,陈涵. 地方政府债务的协同治理审计研究 [J]. 财政研究,2018 (9):106-117.

[9] 刘家义. 国家治理现代化进程中的国家审计制度保障与实践逻辑 [J]. 中国社会科学,2015 (9):64-83,204.

[10] 刘明辉,孙冀萍. 领导干部自然资源资产离任审计要素研究 [J]. 审计与经济研究,2016,31 (4):12-20.

[11] 刘儒昞,王海滨. 领导干部自然资源资产离任审计演化分析 [J]. 审计研究,2017 (4):32-38.

[12] 钱水祥. 县级党政主要领导干部自然资源资产离任审计研究 [J]. 审计研究,2016 (4):15-19,39.

[13] 王鲁平,陈羿. 管理舞弊的形成机理及治理对策研究 [J]. 管理工程学报,2018 (1):107-116.

[14] 王众托. 系统工程引论 [M]. 北京:电子工业出版社,2006.

[15] 徐豪萍. 浅谈自然资源资产离任审计——基于产权角度 [J]. 商,2015 (8):115,96.

[16] 张维,李悦雷,熊熊等. 计算实验金融的思想基础与研究范式 [J]. 系统工程理论与实践,2012 (3):495-507.

[17] Lebaron B. Agent-based Computational Finance:Suggested Readings and Early Research [J]. Journal of Economic Dynamics & Control,2000,24 (5-7):679-702.

[18] Levy M.,Levy H. & Solomon S. Microscopic Simulation of Financial Markets:From Investor Behavior to Market Phenomena [M]. San Diego:Academic Press,2000.

美国军事审计制度：概况与启示

朱殿骅[*]

摘 要 建设现代军队审计制度，不仅需要总结我军审计制度建设的历史经验，同时也需要进行比较研究。本文通过对美国军事审计体制、审计机构、审计法规制度、审计范围、审计权限、审计程序、审计规划计划和审计结果等要素的分析可以发现，美国由多元化的审计机构共享军事审计权，审计范围覆盖全部军事管理活动，审计人员具有广泛的军事审计权限，绩效审计在审计业务类型中占比最大，注重发挥军事审计的战略管理功能，审计人员拥有较高的职业化水平，具备成熟的审计信息公开机制。分析研究美国军事审计制度，对推进我国军队审计转型发展、努力建设现代军队审计制度具有一定的启示作用。

关键词 美国 军事审计制度 军队审计 军事审计权 军事审计法规

The US Military Audit System: Overview and Enlightenment

Zhu Dianhua

Service Bureau, Agency for Offices Administration CMC

Abstract: Building a modern military audit system requires not only a vertical summary of our military's historical experience in building audit systems, but also a horizontal comparative study. Through the analysis of the U.S. military auditing, it can be found that the United States has diversified audit institutions sharing military audit power and audit scope. The US military auditing covers all military management activities. The auditors have a wide range of military audit

* 作者简介：朱殿骅，男，江西武宁人，硕士，军委机关事务管理总局服务局助理员、会计师，主要研究方向是军队审计。

powers. Performance auditing accounts for the largest proportion of auditing types. The US military auditing focuses on the strategic management functions of military auditing. Auditors have a high level of professionalism. The U. S. military auditing has a mature information disclosure mechanism. Analyzing and studying the US military audit system has certain enlightenment for advancing the transformation and development of our country's military auditing and striving to build a modern military audit system.

Key words：the United States；military audit system；military audit；military audit power；military audit regulations

一、引言和综述

2019 年 10 月，中央军委印发《关于加强新时代军队审计工作的意见》，对新时代军队审计工作的根本遵循、职能定位、使命任务、自身建设等作出明确和部署，提出要努力建设符合我国国情、具有我军特色的现代军队审计制度。建设现代军队审计制度，不仅需要在纵向上总结我军审计制度建设的历史经验，同时也需要通过横向上的比较研究，吸收借鉴西方发达国家军队审计方面好的经验做法。当前，美国拥有世界范围内最强大的军事实力，其军事实力不仅体现在规模庞大的国防预算支出和现代化的武器装备上，同时也体现在现代化的军事管理制度上，军事审计制度是其中一个重要方面。分析研究美国军事审计制度，对于我国推动军队审计转型发展、努力建设现代军队审计制度具有重要意义。

当前，研究美国军事审计制度的文献还比较少。王爽（2007）认为，美军审计制度具有审计机构地位较高、领导机构独立、注重军费预算与预算执行审计、重视武器系统审计等突出特点，并对我军审计制度建设提出了启示。仰智刚、张扬（2012）介绍了美军审计的主要内容和发展趋势，认为美军越来越重视对社会审计力量的运用、审计队伍建设和审计信息化。刘寰、周聿（2016）通过比较方式介绍了美国、英国、法国、意大利和澳大利亚等国家的军事审计制度。张李军、郑杰、李柱（2019）从机构设置、审计人员、法规保障、运行机制和作用发挥等方面对美军审计制度作了简要介绍，总结提炼出了美国军事审计制度具有三个方面的突出特点：一是内部审计与外部审计同时并存、形成合力；二是平时审计与战时审计紧密结合、无缝链接；三是合规审计与绩效审计双管齐下、作用明显。在此基础上对我军审计制度建设提出了启示。以上研究成果当中，在二手文献资料的基础上进行引用和分析的较多，溯源一手文献资料的较少；对美国军事审计制度的特点进行概要性描述的较多，针对具体制度内容和要素进行深入分析的较少。为此，本文在全面收集美国军事审计制度的相关原生文献资料的基础上，尝试从具体审计要素出发对美国军事审计制度进行一次系统性的梳理，在此基础上总结归纳出其突出特点，进而为我军建设现代化军事审计制度提出启示。

二、美国军事审计制度概况

从军事审计体制和审计机构、审计法规、审计范围、审计权限、审计程序、审计规划计划和审计结果几个方面对美国军事审计制度作简要介绍。

（一）军事审计体制和审计机构

世界范围内的军事审计体制可以归纳为军队主导型、国家主导型和内外结合型三种类型，美国是内外结合型军事审计体制的典型代表。其中，外部监督体现为隶属于国会的政府问责署（Government Accountability Office, GAO）开展的审计监督，内部监督包括国防部监察长办公室开展的审计监督和各军种审计机构开展的审计监督。美国国防部是其武装部队的最高领导指挥机关，军种部是各军种的最高行政领导机关，是国防部的下属机构。由此来看，美国军事审计制度一共包括三个层级，位于第一层级的是政府问责署的审计监督，该机构的审计监督以绩效审计为主，兼顾财务审计；位于第二层级的是国防部监察长办公室的审计监督，该机构兼具监察和审计职能，其监督具有"监审合一"的特点，在审计监督上兼顾合规性审计、财务审计和绩效审计；位于第三层级的是各军种审计机构，包括陆军审计局（Army Audit Agency, AAA）、海军审计局（Naval Audit Service, NAS）和空军审计局（Air Force Audit Agency, AFAA）的审计监督。在这三个层级之外，还有国防合同审计局（Defense Contract Audit Agency, DCAA）开展的对所有国防合同的审计监督作为补充。

政府问责署是美国的最高审计机关（Supreme Audit Institution, SAI），是隶属于立法分支的专职问责机构。根据《美国法典》（United States Code）第 717 条的规定，审计长负责对美国政府的活动和项目进行评估。政府问责署在其手册中也明确，其工作范围包括对联邦层面的计划、政策、运行和绩效开展评估，实施管理审计和财务审计（GAO，2017）。国防和军事作为联邦政府的事权，自然也在政府问责署的监督范围中。政府问责署的前身会计总署于 1921 年根据《预算与会计法》的规定设立，虽然名称上叫会计总署，但已经是作为独立的国家审计机构存在。会计总署刚成立，就设置了军事处专门负责对军队的审计监督（Trask，2001）。当前，政府问责署采取矩阵式、扁平化的管理体制，由主计长、总法律顾问、首席运行官、首席行政官兼首席财务官构成执行委员会，首席运行官负责管理 15 个根据审计监督领域和内容编成的任务组，其中，国防能力和管理组主要负责对国防部的审计监督，但合同与国家安全采购组等其他任务组的监督有时也会涉及国防和军队方面的内容。当前政府问责署雇员总数在 3200 人左右，虽然没有披露国防能力和管理组的具体人员规模，但根据 15 个任务组和 16 个运行组的机构编成测算，国防能力和管理组的人员数量至少有上百人。

国防部监察长办公室是国防部的专责监督机构，根据 1978 年《监察长法》的要求，于 1982 年正式设立。国防部监察长是该机构的行政首长，是经参议院推荐和同意并由总统任命的文官。国防部监察长办公室的使命在于确保正直和问责，提升雇员队伍、计划和运行的有效性以履行国防部的使命，进而服务公共利益。国防部监察长办公室的主要职责包括：（1）对国防部范围内的计划和行动开展审计、评估和调查；（2）领导和协调旨在促进相关计划和行动的经济性、效率性和效果性和揭示舞弊和滥用行为的相关活动，并为此提供政策指导；（3）为国防部部长和国会能够及时充分了解管理中存在的问题和不足、整改的必要性和进展情况提供途径；（4）通过独立客观的审计、调查及其他活动来预防、揭示和纠正国防部计划和运行中存在的问题，发现提高效率和效果的机会，进而促进国家安全。国防部监察长办公室由监察长领导，第一副监察长和办公室主任在监察长的领导下，分别负责管理7个业务部门和8个机关职能部门，其组织机构如图1所示（OIGDOD，2016；2019）。

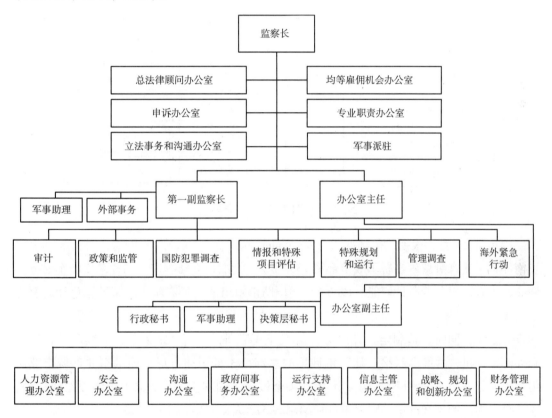

图1　美国国防部监察长办公室组织机构

监察长办公室审计职能部门由分管审计的副监察长在分管审计的第一助理监察长的配合下进行领导，设置有4个审计业务处和3个辅助性的运行组，具体构成如图2所示（OIGDOD，2013）。审计职能部门的主要职责包括：（1）作为国防部监察长关于审计事项的首席顾问；（2）对任何涉及国防部的职责、机会、功能、系统、行动，包括国防合同承包商的行动，以及其他监察长认为有必要的事项开展财务审计和绩效审计，对审计过程进行监督；（3）协调跨国防部与其他联邦机构、州或地方政府机构、非政府组织间的内部审计事项；（4）参与和协调联邦审计执行委员会（Federal Audit Executive Council）

的工作。根据 2018 年的数据，国防部监察长办公室共有文职雇员约 1600 人，全年经费预算约 3.4 亿美元（OIGDOD，2019）。当前，审计职能部门共设置有 4 个审计业务处，分别为采购、合同和维护运转审计处、准备就绪与全球行动审计处、财务管理和报告审计处和网络空间行动审计处。采购、合同和维护运转审计处主要负责武器装备和信息系统采购、备件采购与定价、国有资产管理的审计。准备就绪与全球行动审计处主要负责对联合作战行动、军事力量管理和准备就绪状态的审计监督，其目的在于揭示作战指挥方面存在的全部缺陷，进而确保作战人员全部装备精良并接受良好训练。财务管理和报告审计处主要负责传统的财务审计业务，同时负责审计国防部在确保审计准备就绪状态方面所做的工作，以及国防部的年度财务报告。网络空间行动审计处主要负责对网络空间行动和特别准入计划的相关事项实施审计。

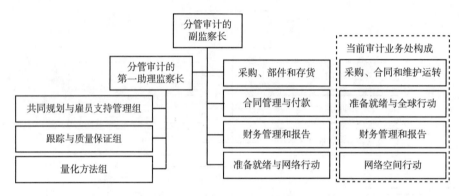

图 2 审计职能部门的具体构成

1946 年 11 月，根据战争部次长（the under secretary of war）的申请，时任陆军参谋长德怀特·艾森豪威尔签署了战争部第 135 号令，批准设立陆军审计局，隶属陆军财务官领导，当时还担负着主计职能。1986 年，《国防部重组法》颁布施行，将陆军审计局改为由陆军部长直接领导。陆军审计长是陆军审计局的行政首长，负责领导开展陆军范围内的审计工作，同时负责制定审计政策，组织开展培训，对审计结果进行后续跟踪，以及和外部审计机构之间的联络。陆军审计局的总部位于美国弗吉尼亚州的东北部城市亚历山德里亚，下属 20 个外勤机构，其中，17 个位于美国本土，3 个位于美国领地或海外，包括夏威夷、德国和韩国。陆军审计局编制有 577 人，其中，文职人员 576 人，只有行政官一职由现役军人担任，陆军审计长、第一副审计长和 4 名副审计长都是文职人员。陆军审计局的组织机构如图 3 所示（AAA，2014）。

海军审计局于 1966 年 2 月设立，在海军副主计长（the deputy comptroller of the navy）领导下开展工作。1986 年，《国防部重组法》颁布施行，海军审计局改为由海军部长直接领导。海军审计长是海军审计局的行政首长，在副审计长的协助下负责领导开展海军及海军陆战队范围内的审计工作，4 名助理审计长具体分管 4 个业务领域的具体审计工作。海军审计局总部位于华盛顿，在弗吉尼亚州诺福克市和加州圣地亚哥市设有外勤机构，人员编制约 380 人，其组织机构如图 4 所示（NAS，2016）。

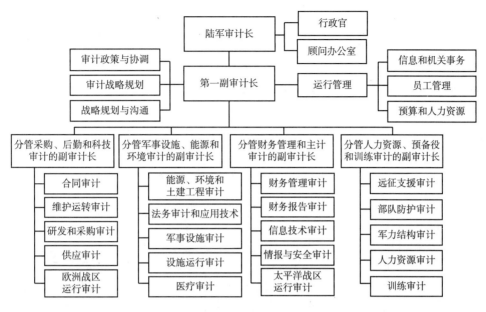

图3　美国陆军审计局组织机构

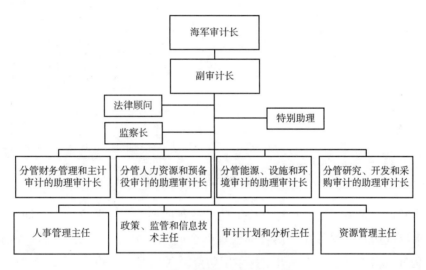

图4　美国海军审计局组织机构

空军审计机构的历史可以追溯到1948年7月1日设立的"空军审计长小组"（the 1030th USAF auditor general group①）。1971年12月31日，空军审计局正式成为一个独立机构，隶属于空军主计长领导。1978年7月24日，空军审计局改由空军部长领导，分管财务管理的空军助理部长同时对其进行监管。1986年，《国防部重组法》颁布施行，空军审计局改为单独由空军部长领导并向其报告工作。空军审计长是空军审计局的行政首长，负责领导管理整个空军范围内的审计工作。空军审计局共设置有4个业务处，其中运行处位于马里兰州的安德鲁斯联合基地，采购、后勤与财务审计处位于俄亥俄州的怀特·帕

———————————

① 1030表示该机构位于五角大楼的邮政编码。

特森空军基地，行动与支援审计处位于得克萨斯州的圣安东尼奥—兰多夫联合基地，外勤行动处位于五角大楼总部。外勤行动处还下辖 15 个区域审计办公室（Area Audit Offices, AAO），空军审计局共有雇员 635 人，审计人员分布于美国本土及海外的 50 个工作地点（OIGDOD, 2019）。空军审计局的组织机构如图 5 所示。

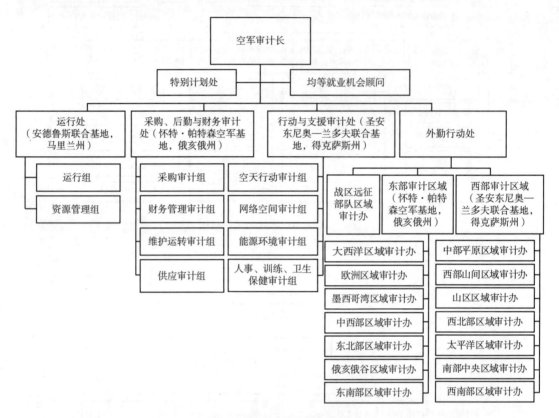

图 5　空军审计局组织机构

国防合同审计局是麦克纳马拉时代国防部改革的产物。在此之前，合同审计职能归属各军种审计机构，各军种在国防合同管理和合同审计方面缺乏有机衔接和协调一致。1939 年，海军和陆军航空兵部队开始探索国防合同联合审计，并于 1942 年成立了跨军种的"审计协作委员会"。1964 年 12 月，时任国防部长麦克纳马拉决定将国防合同审计职能进行整合，交给一个单独的机构来负责。为此，国防合同审计局于 1965 年 7 月正式成立，隶属分管主计的国防部次长领导，全部由文职人员构成，其中，审计主任作为该机构的行政首长由国防部长负责任命。国防合同审计局下属 5 个区域审计办公室，每个区域审计办公室下又编有常驻办公室（resident office）和分支办公室（branch office），其中，常驻办公室设在大型国防合同供应商所在地，分支办公室则设在大城市，在所负责区域内开展巡回审计。此外，国防合同审计局还编有一个外勤支队，专门负责审计涉密的合同事项。根据 2018 年的数据，国防合同审计局共有雇员约 4600 人，其中，审计人员 4148 人，占雇员队伍总数的 89%（DCAA, 2019）。国防合同审计局的组织机构如图 6 所示（DCAA, 2005）。国防合同审计局作为美国三级军事审计体制外相对特殊的军事审计机构单独存在，在审计对象上具有单一性，只对国防合同开展审计监督，在审计法规制度上遵循政府问责署制定的《政府审计准则》，该机构另外制定有体系化的《国防合同审计指南》作为补充，下面不再单独对其进行介绍。

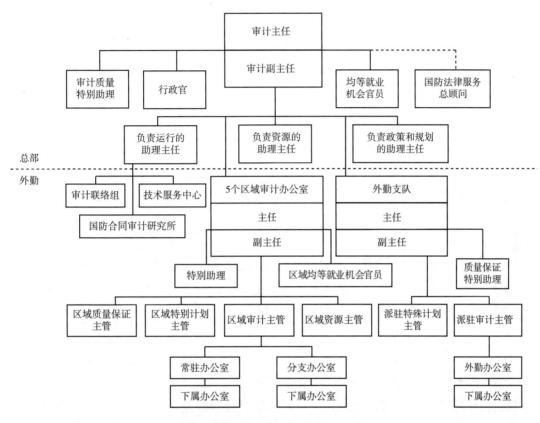

图6　美国国防合同审计局组织机构

（二）军事审计法规

当前，美国已经建立起了与内外结合型的三级军事审计体制相配套的军事审计法规体系，为审计监督的有效开展奠定了坚实的制度基础。美国军队审计是国家审计的有机组成部分，国家审计法规制度对军队审计工作同样适用，构成军队审计的法律渊源。国防部监察长办公室和各军种审计机构发布的每一份审计报告中都会声明，"我们遵循一般公认的政府审计准则来开展这项审计工作"。国防部和各军种颁布的审计法规中，通常也会将国家审计法规制度作为援引和参考在附录中专门列出。总体上看，美国军事审计法规包含以下三个层级。

1. 联邦层面的审计法律法规

政府问责署和国防部监察长办公室，虽然一个隶属于立法分支，一个隶属于行政分支，但二者作为联邦政府机构，其职责权限都需要由联邦法律作出规定。美国没有单独的审计法，其审计制度是由陆续颁布的一系列联邦法律所共同规范的，包括1921年的

《预算和会计法》、1945 年的《政府公司控制法》、1950 年的《预算和会计程序法》、1967
年的《经济机会法》、1970 年的《立法改组法》、1974 年的《国会预算与扣留控制法》、
1990 年的《首席财务官法》、1993 年的《政府绩效和成果法》、2004 年的《会计总署①人
力资本改革法》等都对政府问责署审计制度作出了规范。美国国会立法具有碎片化的特
点，某一法案可能只是对联邦法律中的个别内容作出修改。为弥补立法碎片化带来的不
便，美国国会还专门编有《美国法典》，以确保联邦法律的体系化。关于政府问责署的相
关规定汇总收录于《美国法典》第 31 卷《货币和财政》下第 1 分卷《总则》中的第 7 章
《政府问责署》中。国防部监察长办公室作为联邦监察长办公室之一，其职责权限由 1978
年的《监察长法》、2008 年的《监察长改革法》等一系列联邦法律进行规范，相关内容
汇总收录于《美国法典》第 5 卷《政府机构和员工》附录部分。

在联邦法规层面，由政府问责署制定的《政府审计准则》是政府问责署、国防部监
察长办公室和各军种审计机构开展军事审计所共同遵循的基本业务规范，通常也被称为
"一般公认的政府审计准则"（GAGAS）。当前最新颁布的《政府审计准则》是 2018 年的
修订版本，共包含以下 9 章内容：一是政府审计准则应用的基础与原则；二是遵循
GAGAS 的一般要求；三是道德、独立性和职业判断；四是胜任能力和持续专业教育；五
是质量控制和同业复核；六是财务审计准则；七是鉴证业务和财务报表审阅准则；八是
绩效审计现场工作准则；九是绩效审计报告准则（GAO，2018）。

2. 国防部层面的军事审计法规

美国国防部的政策制度文件体系主要由指令、指示、指南、指令性备忘录和行政指
示五类构成，其中前三类使用的最多，指令性备忘录通常只针对一些紧急事件发布，后
期可能将会转换为指令、指示或指南，行政指示只针对涉及华盛顿总部服务处事项制定
的政策。国防部指令是国防部最基本的政策文件，用于订立政策、委派权力和分配职责，
国防部指示则是规范执行国防部指令的具体办法，以及对相关内容的细化，国防部指南
则是针对国防部指令和国防部指示中的政策提供更加具体详细的工作指导，三者是逐层
递进的关系。国防部层面的军事审计法规包括了指令、指示和指南三种形式，构成一个
层次分明的体系。

在指令层面，国防部指令《国防部监察长》（5106.01）对国防部监察长办公室的组
织机构进行了初步规范，明确了国防部监察长是经参议院同意、由总统任命的文官，明
确了第一副监察长、分管审计与调查的副监察长、总法律顾问的设置，同时明确了行政
官、其他的副监察长和助理监察长可以根据该机构的职责任务需要设置。该指令第 5 条明
确了国防部监察长的具体职责，第 6 条规范了国防部监察长办公室和其他国防部组成部分
之间的关系，第 7 条详细列出了国防部监察长的具体权限，为监察长有效履行其职责提供
了坚实保障。

---

① 会计总署（General Accounting Office）即政府问责署的前身，虽然自 1921 年成立时就作为最高审计机关存在，
但在名称上仍保留了"会计"一词，直到 2004 年更名为政府问责署。

在指示层面，国防部监察长办公室指示《机构和功能》（5106.02）相当于该机构的组织法，该指示在《国防部监察长》指令的基础上，进一步对国防部监察长办公室的管理层（front office）①、行政管理办公室、沟通与国会联络办公室、审计、政策与监管、特别计划和行动、调查、行政管理调查、情报和特殊计划评估等职能部门作出了具体规范，明确了各个部门的组织架构和职权范围，其中，第6章"审计"明确了审计范围、4个审计业务处的具体审计内容，以及3个运行组的具体职能。

国防部指示《审计政策》（7600.02）明确了审计监督要全面覆盖国防部范围内的所有机构、计划、活动和功能，成为国防部内部控制制度的有机组成部分。该指示还明确要严格遵循《国防部审计指南》和《政府审计准则》独立开展审计和鉴证活动，进而评价内部控制制度是否健全并运行有效，信息是否相关且可靠，法律、法规和有关政策是否得到贯彻，相关资产和资源是否安全，相关计划的预期结果是否实现，相关行动是否既有效率又有效。该指示还对国防部监察长、国防合同审计局审计主任、国防部组成机构首长、各军种部长、国防情报机构监察长的有关职责作出了规定。此外，该指示还明确了国防部审计机构的独立性和质量控制要求、信息获取权限、购买审计服务的政策、高风险领域清单制度等内容。

国防部指示《非拨款基金实体（NAFI）及相关活动的审计》（7600.06）对非拨款基金实体的审计职责、程序等方面作出了一些具体规范。国防部指示《审计回访和单一审计监督》（7600.10）对做好审计跟踪回访及贯彻单一审计制度、避免重复审计作出了规范。国防部监察长办公室指示《军事派驻》（1300.1）对该机构的军事人员派驻制度作出了具体规范，明确了派驻于监察长办公室的高级军官和各军种高级代表的职责。根据联邦法律规定，各联邦机构的监察长办公室应当每半年向国会提交报告，国防部监察长办公室指示《国会事务活动》（5545.1）明确了该机构内部的沟通与国会联络办公室在与立法分支联络方面的职责，同时对国防部监察长的国会报告制度作出了具体规范。国防部监察长办公室指示《〈信息自由法〉计划》（5400.7）对该机构在贯彻《信息自由法》方面明确了一些具体措施。

在指南层面，《国防部审计指南》（7600.07）是在相关指令和指示的基础上对国防部审计工作作出的具体规范和指引，包括了以下方面内容：（1）国防部监察长、国防部各组成部分首长、国防情报机构监察长的职责；（2）审计工作指引；（3）独立性；（4）提供非审计服务；（5）胜任能力；（6）质量控制和保证；（7）审计文书；（8）审计规划；（9）审计协作；（10）审计实施及与被审计单位管理层沟通；（11）获取资料；（12）潜在收益②；（13）内部控制及揭示并报告违规和舞弊行为；（14）购买审计服务。

---

① 国防部监察长办公室的管理层由监察长、第一副监察长和行政官3名高层级领导，以及主计长办公室、均等雇佣机会办公室、总法律顾问办公室、专业职责办公室和申诉办公室共5个办公室构成。

② 该部分为如何识别、分类、计量和报告审计工作的潜在收益提供了具体指导，包括可以用货币衡量的收益和无法用货币衡量的收益。

3. 军种层面的军事审计法规

陆军将军事审计法规纳入了其条例体系，即编号为 AR36 - 2 的《陆军审计条例》。条例由导言、陆军审计局和外部审计与评价共三章构成，第一章导言明确了立法目的，规范了陆军审计长的职权，明确了陆军部次长、陆军副参谋长、陆军总部主要部门、陆军审计长等相关方的职责。第二章按照审计规划—审计项目计划—审计项目实施—审计结果报告—审计回复和出具报告—审计回访的业务流程，对陆军审计工作作出了全面具体的规范。第三章明确了与外部审计有关的事项，包括审计工作的协调，外部审计机构获取资料的权限，与外部审计机构之间争议的解决等具体问题。

海军部长指示《海军办公室的职权分配》（5430.7R）为海军部委派权力和分配职责的法规，其中对海军审计长的职责作出了具体规定。海军部长指示《海军内部审计》（7501.7G）是海军审计的基本法规，其作用相当于《陆军审计条例》，对相关主体的职责、审计独立性和公正性、风险评估和审计规划、信息获取权限、审计实施与报告、审计报告的发布、审计争议解决和审计回访、遏制和防范舞弊、滥用及其他不当行为、购买审计服务、质量控制和保证等内容作出了具体规范。海军部长指示《对审计决定和审计回访的管理》（5200.34E），进一步规范了作出审计决定的程序，以及如何开展审计回访，同时规范了《半年度审计回访报告》的具体编制要求。

空军军事审计法规主要由四个层级构成，位于第一层级的是空军总部使命指令《审计长》（1 - 8），明确了空军审计长的使命和职责，并对其进行授权。位于第二层级的是空军政策指令《审计服务》（65 - 3），简要明确了空军审计政策，对空军审计长、空军审计局和空军总部机构等单位的职责作出了规定。位于第三层级的是空军指示《内部审计服务》（65 - 301）和《外部审计服务》（65 - 302），二者分别对内部审计和外部审计（包括政府问责署、国防部监察长办公室和独立的会计师事务所的审计）作出了具体规范，对审计工作具有很好的指导作用。位于第四层级的是空军审计局指示《审计实施》（65 - 101）、《审计管理》（65 - 103）等，对审计工作的具体开展和审计管理等内容作出了详细规范，内容非常详细，发挥了类似审计指南的功能。

（三）军事审计范围

美国军事审计的范围十分广泛，涉及国防和军队事务的方方面面，不只局限于对经济活动的监督，而是覆盖了国防部和各军种的所有管理活动。首先，美国法律所规定的政府问责署的职责中就包含了对管理活动的监督。对公共资金收入、分配和使用的监督是审计监督的传统职能，《美国法典》第 712 条就规定，主计长应当调查公共资金的使用情况。随着审计制度的发展，美国国家审计由传统的鉴证和财务审计向绩效审计拓展，审计的评估职能更加凸显。《美国法典》第 717 条规定，主计长应当评估政府根据现有法律规定实施的计划或活动的结果。虽然当前美国已经将联邦法律法典化，所有与政府问责署有关的法律规定汇总收录于《美国法典》第 31 卷《货币和财政》下第 1 分卷《总则》中的第 7 章，但法律条文中并没有明确列举出审计范围，只明确了调查公款使用情况以及评估美国政府的计划和活动两条，同时根据需要列举了对国税局、税务与贸易局、烟酒枪械爆炸物管理局的审计职权，对金融机构审查委员会、联邦储备委员会、联邦储备银行、联邦存款保险公司以及货币管理局的审计职权，以及对哥伦比亚特区政府账目和使用情况的审计职权三条，具有浓厚的英美法系传统。政府问责署倒是在其机构手册中明确了，其工作范围包括对联邦层面的计划、政策、运行和绩效开展评估，实施管理审计和财务审计（GAO，2017），因为国防和军队事务属于联邦政府事权，因而这里所说的联邦层面的计划、政策、运行和绩效就涵盖了国防部和各军种的计划、政策、运行和绩效。国防部监察长办公室指示《机构和功能》中明确，该机构的审计职能部门负责对国防部的全部使命、计划、功能、系统、行动开展财务审计和绩效审计。《陆军审计条例》第 2 章第 1 节第 1 条第 c 款明确，陆军审计范围覆盖到陆军的全部机构和行动，涉及管理和内部控制的各个方面。海军部长指示《海军内部审计》在附录（2）第 1 条第 b 款中明确，海军审计局作为海军部的内审机构，帮助海军部开展风险评估，审计海军部范围内的机构、计划、活动、系统、功能和资金。空军政策指令《审计服务》（65 - 3）第 1 条第 3 款明确，空军的全部机构、功能、活动、行动、任命的人员，以及非拨款基金实体和支持海外紧急行动的计划，都应当接受审计监督。从与军事审计相关的法规制度中可以看出，美国军事审计的范围十分广泛，涵盖国防和军队相关的全部机构、计划、活动、系统和行动，不仅包括经济活动，同时也覆盖了其他管理活动。

（四）军事审计权限

相关法规制度在明确各审计机构广泛审计职责范围的同时，也赋予了广泛的军事审计权限，以确保审计职能任务的有效履行。《美国法典》虽然只在第 716 条简洁地规定了各部门应当向主计长提供其要求的各部门关于职责、权力、活动、组织及交易的信息，主计长可以检查某个部门的记录以获取信息，但从实际运行中可以看出，政府问责署的审计人员具有广泛的审计权限。联邦法律还赋予了政府问责署审计人员一项特殊的权限——要求宣誓权，即在进行审计或清算账目时可以要求证人宣誓（administer oaths to witnesses）。国防部指令《国防部监察长》明确了国防部监察长具有以下权限：一是获取资料权，监察长有权获取任一国防部机构所有的档案（电子的或其他形式的）、报告、调查档案、审计档案、审查报告、文件、建议等其他信息或材料，除非由国防部长作出书面拒绝，任何机构或官员不得进行阻碍；二是与相关人员的直接沟通权，属于调查取证权的范畴；三是提请协助权，监察长可以根据需要向其他国防部组成部分的审计、调查、评估或监察部门提请协助，可以向其他联邦、州或地方政府机构提请协助；四是携带武器权，监察长可以根据需要授权监察长办公室人员携带武器，当然要严格遵守国防部指令《武装及火力使用》（5210.56）的相关规定。《陆军审计条例》赋予了审计机构充分的获取资料权和调查取证权，明确审计机构具有充分的权限接触相关人员、设施、记录、报告、数据库和文档，被审计单位应当提供所有的账户、账簿、记录、文档、文件、设施、装备和其他资产供审计人员检查和观察，并确保审计人员能够接触到相关专业人员以针对相关信息展开讨论。《陆军审计条例》还规定，被审计单位应当根据《陆军信息安全计划》（AR 380 - 5）的规定，提供机密文档和记录，供具有适当安全级别的审计人员查阅，被审计单位应协助审计人员评估需要具备的安全级别，以及对审计过程中产生的档案材料进行必要的定密或作出保护标记。海军部长指示《海军内部审计》在概念定义中明确，审计是对多样化的行动、系统、活动、计划、功能的数据、流程及绩效，以及资金、内部计划和管理控制所作的客观、公正的评估及核实活动。该指示规定，除非受到法律、法规或国防部政策的阻止或限制，海军审计人员须被授予与其安全级别相匹配的充分的获取信息权。空军政策指令《审计服务》规定，空军管理人员必须保证具备安全级别和相关许可的审计人员能够全面且不受限制地接触所有人员、记录、装备、设施、信息系统、网络、数据库，以及其他实施审计所必要的空军范围内的资源。空军指示《内部审计服务》（65 - 301）还对审计获取资料的权限作出了更为详细的规定。从相关军事审计法规制度中可以看出，无论是政府问责署、国防部监察长办公室，还是各军种的审计机构，都具有广泛的军事审计权限，为审计工作的有效开展提供了坚实保障。

（五）军事审计程序

虽然不同军事审计机构在审计程序上略有差异，但美军军事审计程序整体上可以归纳为审计规划、审计计划、现场作业和审计报告四个阶段，其中，后三个阶段是单个审计项目层面的审计程序。根据相关法规要求，每个军事审计机构都需要制定长期战略规划和年度审计项目计划。在中长期战略规划中，军事审计机构会明确其战略目标及实现路径，明确各战略目标的主要责任部门，以及识别供实现战略目标的审计资源。为统筹各军事审计机构的审计资源，国防部专门设立有联合审计规划小组（Joint Audit Planning Group，JAPG），负责指导各个军事审计机构的战略规划和年度审计项目计划的编制，为其做好审计规划提供信息支持，避免审计项目的重复，同时还能避免不同军事审计机构向某一被审计单位重复收集数据。每年，国防部监察长办公室会将该机构计划开展的审计项目与监察和评估项目一同在《年度监督计划》中公开披露。每半年，国防部监察长办公室会在给国会出具的《半年度国会报告》中披露该机构和各军种审计机构完成的审计报告及发现的主要问题。在审计计划阶段，审计人员需要识别主要的审计目标，设计审计程序，收集和分析数据，对相关内部控制设计和运行有效性进行初步了解。在现场作业阶段，军事审计机构通常会提前30日向被审计单位及其主管单位书面发出审计通知书，但直接持通知书审计和临时安排的审计项目除外。进驻被审计单位后，军事审计机构需要主持召开审计进点会，明确审计任务和目标要求，使被审计单位充分了解审计工作，以取得被审计单位的支持配合。现场作业阶段，审计人员要围绕审计目标做好信息和数据的收集和分析整理，搜集充分且适当的审计证据，编制审计工作底稿，及时做好归档，为审计结论提供有力支撑。审计人员应当对用来支持所发现问题和得出审计结论的审计证据进行一次全面系统评估，并将评估情况记录于审计工作底稿。在正式出具审计报告前，审计人员应当及早就发现的问题和提出的建议与被审计单位官员进行沟通，被审计单位官员可以对审计结果做出回应，审计机构应当听取被审计单位对相关结论和建议的看法，尽量与被审计单位就审计发现的问题和如何进行审计整改达成共识，但必须建立在保持审计人员的职业判断和独立性的前提下。《陆军审计条例》还规定，陆军审计局可以在审计过程通过审计简报的书面形式与被审计单位沟通。现场作业阶段，审计人员还要根据军事审计法规的相关规定来计算审计工作可以用货币衡量的潜在收益。陆军审计法规和空军审计法规都规定，军事审计机构可以在结束现场作业前召开审计出点会，以对审计结果作出充分讨论，努力解决争议，被审计单位可以就其有异议的地方充分发表意见。在被审计单位对审计结论完全同意且没有需要解决的争议的情况下，则可以不召开审计出点会。在审计报告阶段，军事审计机构首先需要将审计报告草稿发送给被审计单位及其他涉及落实审计建议的相关单位，以使其充分理解审计发现的问题、审计结论、审计建议和可以用货币衡量的潜在收益。被审计单位及收到审计报告草稿的相关单位需要在 30 日内针对审计发现的问题、提出的审计建议和审计工作的潜在收益以《管理意见书》的形式提出书面意见。根据被审计单位及相关单位的书面意见，军事审计机构可能需要对审计报告作出进一步修改，修正审计报告草稿中的错误，澄清可能会被误解的观点。如果被审计单位或相关单位反馈的书面意见完全同意审计发现的问题和提出的建议，军事审计机构将其视为响应意见，《管理意见书》会直接作为附件收录于审计报告之中；如果被审计单位或相关单位不完全同意审计发现的问题或提出的建议，军事审计机构则将其视为非响应意见，并将启动争议解决机制，如果审计报告草稿发出的 30 日内仍然无法解决争议，审计机构可以发布审计报告，并附上《管理意见书》和审计机构的抗辩，或者视情继续运用审计争议解决机制，在 6 个月之内解决争议并发布审计报告；如果被审计单位或相关单位不发表意见，军事审计机构将努力与其进行沟通以解决争议，如果 30 日内仍然无法解决，审计机构可以在没有取得《管理意见书》的情况下发布审计报告，或者根据需要启动审计争议解决机制。完成全部审计工作后，军事审计机构将向被审计单位及相关单位发布最终的审计报告。

（六）军事审计规划计划

美军军事审计机构注重通过战略规划指导年度审计计划编制，通过审计计划引导审计资源配置，使审计监督效能最大化。政府问责署在其五年战略规划中明确了 4 个方面 19 个战略目标，其中，第 2 个方面的战略目标是"帮助国会应对变化的安全威胁和全球相互依存的挑战"，战略目标 2.2 是"有效率和有效果地使用资源，为军事能力建设和准备就绪状态服务"。政府问责署进一步将其分解为 9 项具体绩效目标，并有针对性地提出了具体努力方向。政府问责署战略目标 2.2 的具体内容如表 1 所示。每年，政府问责署会根据国会提出的监督需求，并结合其战略规划来计划安排年度审计项目，努力使审计监督的效益最大化。

表 1   政府问责署战略目标 2.2 的具体内容

编号	内容	主要努力方向
绩效目标 2.2.1	评估国防部在应对行动需要同时重塑准备就绪状态和为履行将来的使命作准备方面的能力	• 评估国防部为适应不断变化的国防战略而进行军力结构和战区规划的流程 • 评估国防部重塑准备就绪状态的规划，包括明确的目标、方法、时间节点及相应的经费支出 • 评估应对未来威胁的军力结构调整及现代化规划 • 评估军事力量在开展和支持战区司令部军事行动方面的准备和应用 • 评估个人和单位在开展全方位军事行动方面的训练
绩效目标 2.2.2	评估国防部在保卫领土和应对网络及其他非传统威胁方面的努力	• 评估国防部在维护国土安全方面的角色与合作，及其军事国土防御使命 • 评估国防部在应对非传统和突发威胁方面的准备，包括来自国家和非国家的化学、生物、放射及核威胁等 • 评估国防部在开展网络行动和提升网络安全方面的规划和所作的准备 • 评估国防部对其军事力量、重要设施、网络基础设施和全球范围内资产的保护 • 评估国防部为支持军事行动所作的情报规划等工作，包括情报、监视、侦察、国防情报机构及其组织结构
绩效目标 2.2.3	评估国防部为确保拥有高质量的军事人员、文职人员和承包商队伍所进行的人力资本管理活动	• 评估国防部在建设一支高素质的军事人力队伍方面的政策和计划 • 评估国防部为提高医疗服务效率并确保医务人员准备就绪所作的努力 • 评估国防部在文职人员队伍招聘、保持、培训、工薪待遇、经费预算方面的政策和计划 • 评估国防部在推进人员安全许可改革，解决文化氛围问题及对人员的保护方面所做的努力
绩效目标 2.2.4	评估武器系统采购计划和科技开发流程实现预期结果的能力	• 评估国防部识别能力差距和为缩小差距确定优先投入的流程 • 评估武器项目计划的预算和绩效 • 对单个武器项目计划的分析，以确保开发和生产决策能够符合相关要求、技术和设计，如军事空间系统、哥伦比亚级潜艇、导弹防御计划、远程轰炸机等 • 确定最佳实践，以解决持续影响武器计划的成本，进度和性能问题 • 评估国防部主要采购计划的软件和网络安全工作 • 评估国防部通过管理科技开发以使武器计划项目具备领先水平的能力
绩效目标 2.2.5	评估国防部在加强合同管理方面的进展	• 分析国防部在建立选择适当货源渠道的程序、鼓励创新和最大程度提升所采购商品和服务的竞争力方面的努力 • 评估国防部管理服务采购并运用战略采购方法的有效程度 • 分析国防部为优化定价和加强对供应商的监督所开发和运用的工具，如对合同类型和数据的管理 • 评估国防部在多大程度上实施了有效的供应商审查程序，并将汲取的经验教训纳入运营合同支持政策和实践中 • 评估国防部在简化商品采购流程方面的努力

续表

编号	内容	主要努力方向
绩效目标2.2.6	评估国防部在加强武器系统全生命周期维护保养和其他后勤功能及活动方面的进展	• 评估国防部在应对主要武器系统全生命周期维护挑战方面的战略制定和战略实施 • 评估在认识和解决关键后勤支持功能中存在的关键技能差距和潜在劳动力挑战方面所做的努力 • 评估国防部的需求规划和已确立的包括软件维护在内的基地级维修需求
绩效目标2.2.7	评估国防部对国防支持性设施的管理	• 评估国防部在提升房地产存量信息系统数据准确性方面的努力 • 评估国防部未来的基地部署调整和关闭规划 • 评估国防部在提升设施运行效率方面的进展 • 评估国防部为适应气候变化而对其基础设施作出的调整，以确保持续具备安装可行性
绩效目标2.2.8	评估能源部国家核安全管理局和国防部在核安全企业、核力量机构及相关的武器系统的维护与现代化方面的努力	• 评估国家核安全管理局在提升核安全企业的设施现代化水平方面所做工作的有效性 • 评估国家核安全管理局和国防部在管理老化的核武器储备方面正在开展的工作 • 评估国家核安全管理局和国防部关于核武器、核材料、相关信息及工作人员的安保计划的效率性与效果性 • 评估国家核安全管理局人力资本规划和全面管理体系的效率性与效果性 • 评估能源部和国家核安全管理局在为促进核安全企业现代化而改善合同项目管理方面取得的进展 • 评估国防部核力量的成本、结构、组织、现代化水平、维护状况和准备就绪状态，包括交付系统、支持系统和指挥控制与通信系统
绩效目标2.2.9	评估国防部为提高效率和改善效果而进行的组织结构和管理流程优化工作	• 分析关键军事组织结构、运行和计划的预算编制 • 评估国防部在优化规划、计划、预算和绩效管理结构、流程方面的努力 • 评估国防部为推动与其业务运营有关的组织变革而做出的努力 • 评估国防部业务运营管理效率，包括重复、重叠和碎片化的业务领域

资料来源：Serving the Congress and the Nation, Strategic Plan 2018 – 2023 (GAO – 18 – 1SP); Key Efforts, Strategic Plan 2018 – 2023 (GAO – 18 – 395SP).

国防部监察长办公室则每年需要在前期监督和调研工作的基础上总结国防部在管理和绩效方面面临的主要挑战，并形成书面报告对外公开。该书面报告对国防部监察长办公室制定年度监督计划、识别重大风险领域和分配监督资源具有指导作用。2018 年 10 月，国防部监察长办公室发布了《国防部 2019 财年主要管理挑战》，明确了 10 个方面的重点领域。根据《国防部 2019 财年主要管理挑战》，国防部监察长办公室进一步制定了《2019 财年监督计划》，针对 10 个方面的管理和绩效挑战列出了 2019 财年将要开展的 129

个监督项目的提议编号、标题、业务类型和主要目的，其中，鉴证业务 3 项，财务审计业务 2 项，绩效审计业务 64 项，非审计服务 20 项，评估业务 40 项，绩效审计在审计业务中所占的比重最大。根据《2019 财年监督计划》附录中监督项目的提议编号可以看出，2019 年，该机构计划开展的监督项目约 200 项，除了上面提到的与 10 个方面的管理和绩效挑战相关的 129 个监督项目外，剩下的主要是根据国防部举报热线安排的项目、国防部高级官员调查项目、对打击报复举报人行为的调查项目、与国防部有关的刑事指控调查项目等。

各军种审计机构同样也非常重视审计规划计划工作。以陆军审计为例，1994 年，该局下属的质量委员会（quality council）建立了一个由该局 23 名高级管理者和多位来自其他机构的人员所共同组成的临时战略规划小组，着手制定陆军审计战略规划，最终于 1994 年夏天完成了陆军审计局的第一个五年战略规划，同时制订了《陆军审计局 1995 财年年度绩效计划》作为对战略规划的贯彻实施。当前，陆军审计局内专门设有审计战略规划办公室，负责开展陆军范围内的风险评估，为陆军部长和陆军参谋长提供决策支持，以及主持陆军审计战略规划的编制。在五年战略规划的基础上，审计计划主任（program directors）进一步负责开展功能领域风险评估工作，并在此基础上制定陆军年度审计计划，审计计划草案通过陆军审计局领导集体审查后，还要由近 40 名陆军主要领导进行讨论，并根据反馈的意见作进一步修改，最终由陆军部长批准通过，成为开展年度审计工作的基本依据。

（七）军事审计结果

审计结果是审计制度的产出，是反映审计制度的一个重要维度。通过审计结果能够很好地反映出审计机构的审计范围、审计业务类型和审计战略方向等要素。当前，美国军事审计机构已经建立了较为成熟的审计结果公开机制，在提升审计公信力和权威性、促进审计成果运用等方面具有重要意义。美国虽然由多元化的审计主体来实施军事审计，但相关审计机构之间能够做到审计信息及时共享，为形成监督合力发挥了重要作用。政府问责署作为国家最高审计机关，除了为数较少的限制性审计报告①外，其他审计报告均会在其官方网站上对外公布。国防部监察长办公室则会在其每半年向国会作的报告中披露这一期间内该机构和各军种审计机构发布的审计、监察、评估和调查报告情况，除了部分涉密审计报告不会列出标题外，其他审计报告都会公布审计机构、报告编号、标题和完成日期。对于重点审计项目还会具体披露审计基本情况、发现的主要问题、提出的审计建议、有疑问的支出金额和能够被更有效使用的资金金额等信息。

---

① 政府问责署的限制性审计报告（restricted reports）根据内容涉密程度分为机密级（classified）和受控非机密级（controlled unclassified information）两类，分别在审计报告编号末尾用 C 和 SU 表示。为便于国会、联邦机构及公众了解这些审计报告的信息，政府问责署在其网站上列出了 2014 年 9 月 30 日以来的所有限制性审计报告的标题、编号和发布日期。国会议员及工作人员可以联系政府问责署国会关系办公室来获取相关报告，其他联邦机构工作人员因公务用途也可以向政府问责署索取相关报告，社会公众和媒体可以根据《信息自由法》申请公开相关报告，如若获得批准，政府问责署会视情况作出适当脱密处理。2019 财年完成的限制性审计报告一共 40 份，占全年审计报告总数的 6.5%，从审计报告标题判断，与国防和军事相关的限制性审计报告共有 18 份。

　　在政府问责署的审计报告检索系统中，全部审计项目被划分为 31 个主题，其中，国防主题下又具体分为 19 个小的审计报告主题，如国防部业务转型路径、国防部合同管理、国防部武器系统采购等，加上财务管理主题下与国防相关的 2 个审计报告主题和国家面临的网络安全挑战这一主题，与国防和军队相关的审计项目一共涉及 22 个审计报告主题。政府问责署 2019 财年一共出具了 617 份审计报告（GAO，2020），经过统计，公开发布的涉及国防和军事领域的审计报告有 59 份，加上只列出标题的限制性审计报告 18 份，与国防和军事相关的审计报告共计 77 份，占全年审计报告总数的 12.5%。根据审计报告主题进行整理，政府问责署 2019 财年完成的军事审计报告情况如表 2 所示。从表 2 中可以看出，政府问责署结合该机构五年战略规划中提出的战略绩效目标和高风险领域清单来安排年度审计计划，注重从宏观层面、体系层面、战略全局高度开展审计监督，突出对国防采购管理、军事基地调整关闭、军事力量结构规模、核安全、网络安全等重点领域的审计。

表 2   政府问责署 2019 财年军事审计报告统计

审计报告主题	数量	审计报告编号
国防部财务管理（高风险事项）	4	GAO－19－86R；GAO－19－209；GAO－19－392T；GAO－19－393T
国防部业务系统现代化（高风险事项）	无	无
采购管理中的最佳实践和领先实践	18	GAO－19－96；GAO－19－109；GAO－19－136；GAO－19－147T；GAO－19－209；GAO－19－240；GAO－19－255T；GAO－19－275T；GAO－19－439；GAO－19－456T；GAO－19－458T；GAO－19－482T；GAO－19－489；GAO－19－509；GAO－19－512；GAO－19－556；GAO－19－581T；GAO－19－641T
应对海外威胁	无	无
国家核安全管理局能源合同管理处和环境管理办公室（高风险事项）	4	GAO－19－5；GAO－19－25；GAO－19－107；GAO－19－223
国家面临的网络安全挑战（高风险事项）	7	GAO－19－105；GAO－19－114R；GAO－19－128；GAO－19－144；GAO－19－275T；GAO－19－384；GAO－19－641T
国防部业务转型路径（高风险事项）	2	GAO－19－53；GAO－19－71
国防部合同管理（高风险事项）	无	无
国防部供应链管理（高风险事项）	无	无

续表

审计报告主题	数量	审计报告编号
国防部支持性基础设施管理（高风险事项）	2	GAO - 19 - 4；GAO - 19 - 73
国防部武器系统采购（高风险事项）	1	GAO - 19 - 128
国防部设施的能源管理	无	无
确保对美国国家安全利益至关重要技术的有效保护（高风险事项）	无	无
全部政府工作人员的安全检查程序（高风险事项）	1	GAO - 19 - 157SP
军事基地调整和关闭	8	GAO - 19 - 85R；GAO - 19 - 245R；GAO - 19 - 281；GAO - 19 - 314SP；GAO - 19 - 336SP；GAO - 19 - 338；GAO - 19 - 502T；GAO - 19 - 518T
军事力量规模和组织	8	GAO - 19 - 39；GAO - 19 - 120T；GAO - 19 - 225T；GAO - 19 - 229；GAO - 19 - 251R；GAO - 19 - 367T；GAO - 19 - 385；GAO - 19 - 502T
核安全企业的现代化	2	GAO - 19 - 84；GAO - 19 - 286R
美国宇航局采购事项	3	GAO - 19 - 241；GAO - 19 - 504；GAO - 19 - 716T
国防系统采购	18	GAO - 19 - 96；GAO - 19 - 109；GAO - 19 - 136；GAO - 19 - 147T；GAO - 19 - 209；GAO - 19 - 240；GAO - 19 - 255T；GAO - 19 - 275T；GAO - 19 - 439；GAO - 19 - 456T；GAO - 19 - 458T；GAO - 19 - 482T；GAO - 19 - 489；GAO - 19 - 509；GAO - 19 - 512；GAO - 19 - 556；GAO - 19 - 581T；GAO - 19 - 641T
无人机系统	4	GAO - 19 - 120T；GAO - 19 - 155；GAO - 19 - 305；GAO - 19 - 367T
美国的北极利益	1	GAO - 19 - 42
中美经济和军事关系	1	GAO - 19 - 204SP
限制性审计报告	18	GAO - 19 - 11C；GAO - 19 - 12C；GAO - 19 - 37C；GAO - 19 - 40C；GAO - 19 - 92C；GAO - 19 - 129C；GAO - 19 - 142SU；GAO - 19 - 149C；GAO - 19 - 169SU；GAO - 19 - 190C；GAO - 19 - 192C；GAO - 19 - 234SU；GAO - 19 - 236C；GAO - 19 - 390RC；GAO - 19 - 499C；GAO - 19 - 510C；GAO - 19 - 549SU；GAO - 19 - 568RC
合计	77	

注：美国政府问责署的某一审计报告可能对应多个主题，这里已剔除重复的审计报告数量。

资料来源：作者根据 GAO 网站公布的审计报告进行统计整理。

根据国防部监察长办公室 2019 财年发布的 2 份半年度国会报告进行统计，该机构和各军种审计机构全年共审计报告 340 份，主要涉及 9 个审计报告主题，这 9 个主题都来自《国防部 2019 财年主要管理挑战》。从表 3 中可以看出，2019 财年，国防部监察长办公室和各军种审计机构侧重对财务管理、全国防部范围的准备就绪状态、采购与合同管理、网络安全和网络能力等方面进行审计监督，其中，财务管理主题的审计①占有最大比例。结合表 2 可以看出，国防部监察长办公室和各军种审计机构作为国防部和各军种的内审机构，侧重于从财务管理方面和业务运行层面开展审计监督，同时兼顾推进国防部改革、应对全球恐怖主义威胁、提升太空行动、导弹侦察响应及核威慑能力等宏观管理方面和战略前沿的审计监督，和政府问责署的审计监督构成有机整体。

表3　　　　　　国防部监察长办公室和各军种审计机构 2019 财年审计报告统计

审计报告主题	国防部监察长办公室	各军种审计机构	小计
积极推进国防部改革	2 + 0	6 + 5	13
应对全球恐怖主义威胁	1 + 1	2 + 0	4
财务管理	31 + 11	28 + 28	98
提升网络安全和网络能力	5 + 5	11 + 6	27
确保职业道德遵循	0 + 0	3 + 8	11
提升太空行动、导弹侦察和响应及核威慑能力	0 + 0	1 + 0	1
提升全国防部范围的准备就绪状态	1 + 4	28 + 34	67
采购与合同管理	10 + 9	12 + 21	52
提供全面的、经济的医疗服务	1 + 4	5 + 4	14
其他	5 + 0	29 + 19	53
合计	90	250	340

注：表中加号前后分别表示 2019 财年上半年和下半年完成的审计报告数量。

三、美国军事审计制度的特点

经过前文的分析介绍，可以对美国军事审计制度的全貌有个初步了解。总的看来，美国军事审计制度表现出以下八个方面的突出特点。

（一）由多元化的审计机构共享军事审计权

美国采取的是内外结合型军事审计体制，作为国家最高审计机关的政府问责署和作

---

① 虽然，财务管理主题的审计在国防部监察长办公室和各军种审计机构的年度审计项目中占有最大比例，但并不意味着财务审计在所有审计业务类型中占比最大。实际上，财务管理主题下的审计项目也绝大多数是绩效审计。

为内部审计机构的国防部监察长办公室及各军种审计机构共享军事审计权，实现了外审与内审的有机结合。此外，对于业务量大、具有高度同质性的国防合同审计业务，全部由专门设立的国防合同审计局承担，国防合同审计局本身也是国防部的内部审计机构之一。这种国家审计机关和军队审计机构共享军事审计权的军事审计体制，能够有效覆盖同时涉及军地双方的军事经济活动，有效避免了军队审计监督的死角和盲区。政府问责署是隶属于立法分支的专责监督机构，侧重于从宏观层面、体制层面和战略层面开展监督，且具有更高的独立性，看待问题更加全面、客观。国防部监察长办公室和各军种审计局作为军队内审机构，侧重于从中观和微观层面开展监督，本身更具信息优势，更加熟悉和了解军事经济活动和军事管理活动。外审机构和内审机构共同发力，相互协调配合，有效弥补了各自的不足，起到了很好的监督效果。

（二）拥有系统化的军事审计法规制度体系

当前，美国已经建立起了系统化的军事审计法规制度体系，三个层级的军事审计机构都具有完善的法规制度作为审计工作的依据和准绳，确保审计权始终在法治轨道运行。美军内部审计本身是国家审计的有机组成部分，《政府审计准则》等国家审计法规制度对于军队内审机构同样适用，同时，军队内审机构还结合自身特点制定有层次分明、内容细化的军事审计法规制度，相互之间并未割裂，而是逐层递进、有机衔接，为军事审计活动的开展奠定了坚实的法规制度基础。

（三）审计监督范围覆盖全部军事管理活动

美军军事审计在监督范围上具有广泛性，不仅突出对军事经济活动的审计监督，同时还覆盖到全部军事管理活动，财务审计和管理审计并重，拓宽了审计监督的职能边界。随着时代的发展，经济活动和管理活动的边界越来越模糊，美军并没有将军事审计定位为经济监督手段，而是采取宽式解释，明确军事审计监督范围覆盖涉及国防和军队的全部使命、计划、功能、系统、行动等。军事审计是国家审计的有机组成部分，美军军事审计监督范围由经济活动向管理活动拓展，与美国国家审计向全面问责转变的发展趋势相一致，与绩效审计的深化运用相匹配，体现出了军事审计制度的内在发展规律。

（四）审计人员具有广泛的军事审计权限

相关军事审计法规制度在明确审计机构具有广泛的审计监督职责的同时，也赋予了其与之相匹配的军事审计权限。由于美国军事审计监督范围覆盖全部军事管理活动，相关审计法规制度也相应赋予军事审计机构广泛的获取资料权，明确审计人员可以获取所有审计所需的档案、资料，接触相关人员、设施，不得受到被审计单位任何限制。国防部监察长办公室的审计监督具有"监审合一"的特点，必要时监察长还可以授权审计人员携带武器，特殊情况下可以有效保障审计人员的安全，而且能够起到一定的震慑作用。

（五）绩效审计在审计业务类型中占比最大

当前绩效审计无论是在美国国家审计还是军事审计业务中都占有最大的比重，传统的鉴证和财务审计业务已经逐渐式微，这是由审计制度发展的内在规律所客观决定的。并不是说当前鉴证和财务审计业务已经不重要，而是审计机构除了完成对合法、合规性的检查之外，更加普遍地将监督视角延伸到经济和管理活动的效益维度，通过独立的审计监督来传导绩效管理的理念和压力，最终推动军事经济效益和军事管理效益的提升。

（六）注重发挥军事审计的战略管理功能

从政府问责署、国防部监察长办公室和各军种审计机构的规划计划和完成的审计报告情况可以看出，美国军事审计在监督的视角和内容上具有微观与宏观并重的特点。政府问责署和国防部监察长办公室的审计监督注重发挥战略管理功能，更多地从宏观层面、体制层面、战略层面对涉及国防和军队的全局性问题开展审计监督。以政府问责署为例，该机构从 2010～2019 年共发布 15 份关于军事力量结构的审计报告，这还不包括不公开披露的限制性审计报告。国防部监察长办公室作为国防部的直属机构，能够突破军种的视角限制，对关系国防和军队建设全局的事项开展审计监督。

（七）审计人员队伍拥有较高的职业化水平

无论是作为外审机构的政府问责署，还是作为内审机构的国防部监察长办公室和各军种审计机构，审计人员都具有较高的职业化水平。政府问责署半数以上的员工拥有在公共管理、公共政策、法律、商业、计算机科学、会计、经济学和社会科学等学科领域处于领先地位的大学的硕士或博士学位（GAO，2020）。海军审计局审计人员学科构成广泛，涉及会计学、财政学、数学、工商管理、公共管理、政治学、计算机科学、英语和心理学等。25% 的审计人员拥有至少一个硕士以上学位，75% 的审计人员通过了至少一项包括注册会计师（CPA）、注册内部审计师（CIA）、注册舞弊审计师（CFE）、注册内控审计师（CICA）和注册国防财务管理师（CDFM）在内的职业资格认证（NAS，2016）。高度职业化的审计人员队伍为确保审计质量、充分发挥军事审计功能的作用提供了有力保障。

（八）拥有成熟的军事审计信息公开机制

当前美国已经建立起成熟的军事审计信息公开机制，在提升审计公信力、推动后续治理等方面发挥了重要作用。政府问责署作为国家最高审计机关，除了为数不多的限制性审计报告外，其他审计报告均通过网站对全社会公开。国防部监察长办公室的审计报告除了部分涉密项目外，也会在做好保密处理的前提下对外公布，如对部分涉密字段进行涂黑处理。国防部监察长办公室、各军种审计机构还和政府问责署之间建有网络专线，便于不同军事审计机构之间能够便捷地获取其他方的审计报告。各军种审计机构的审计结果还会纳入监察长办公室的年度国会报告一同对外界披露。其他联邦机构和个人如有需要，还可以依据《信息自由法》申请军事审计机构公开相关审计报告。

四、对我国建设现代军事审计制度的启示

通过对美国军事审计制度的分析研究，对于我国推动新时代军队审计转型发展，努力构建现代化的军事审计制度，具有以下六点启示。

（一）探索界定新时代军事审计监督边界

当前我国军事审计监督还是以经济活动和领导干部履行经济责任情况为客体，与经济活动关联程度不高的军事管理活动还尚未纳入审计监督范围，一定程度上制约了军队审计的作用面。当前，中国特色社会主义进入了新时代，军队审计也在转型发展，过去军队审计很难涉及且很少关注的战略筹划设计、发展规划编制、作战需求生成、军事力量建设等要素也逐渐被纳入军队审计监督范畴，但这已经超越了《军队审计条例》对军队审计机构的授权。为此，需要着眼新形势、新任务需要，重新探索界定新时代军队审计监督的边界，通过修改《军队审计条例》予以明确，确保新时代军队审计工作于法有据。

（二）努力提升军队审计的军民融合程度

与美国内外结合型的军事审计体制不同，我国采取的是军队主导型的军事审计体制，军队审计自成体系，虽然是国家审计的有机组成部分，但与国家审计相对分立，对军事经济活动的审计监督主要由军队审计机构主导，除了近年来才探索开展的军民融合发展事项军地联合审计外，国家审计机关不具有对军队开展审计监督的职能。随着国民经济的发展，跨军地两大部门的经济活动越来越多，军队和地方的边界越来越模糊，军民融合成为军事经济活动的一大显著特点和不可逆转的趋势。在这一背景下，军队主导型的军事审计体制的缺点逐渐暴露，越来越多的军地接合部成为审计监督的死角和盲区。为此，要充分发挥中央审计委员会的功能作用，以当前正在探索开展的军民融合发展事项军地联合审计为抓手，推动联合审计常态化、制度化，努力提升军队审计的军民融合程度。同时可以考虑通过购买审计服务的形式，将工程审计、采购审计等业务量大且不具资产专用性的审计项目交由社会审计机构完成，从而使军队审计监督向服务战斗力生成聚焦。

（三）深化绩效审计在军队审计中的运用

当前，我国军队审计机构的审计更多还是侧重于合法、合规性的监督，绩效审计内容相对较少。随着反腐败斗争压倒性态势的形成，军事经济领域的违纪违法问题得到有效遏制，军队审计机构势必要将更多的精力转向对经济性、效率性和效果性的监督上来。

为此，军队审计可以学习借鉴美国等西方国家在军事经济领域开展绩效审计的经验做法，加强与国家审计机关的交流合作，努力深化绩效审计在军队审计中的运用，探索制定专门的《军队绩效审计准则》，推动军队绩效审计工作标准化、制度化，使绩效审计成为一个专门的军队审计业务类型，努力提升绩效审计在军队审计业务中的比重，推动形成事前有目标、过程有监控、事后有评价的军事绩效管理机制。

（四）充分发挥军队审计的战略管理功能

战略管理是高层领导机关对国防和军队建设发展全局性问题实施的高层次管理活动，是最高层次、最为核心的军事管理活动。新时代，军队审计发挥战略管理功能，是军委赋予军队审计机构的职责使命，是军队审计转型发展的内在要求，同时也是军队审计作为高层次监督手段的价值体现。为此，军队审计要拓展审计监督视野，加强对军事需求生成、战略规划制定、宏观资源配置、武器装备体系建设、军事政策措施落实等方面的监督力度，确保审计监督全面覆盖"需求—规划—预算—执行—评估"的闭合管理链路，全面覆盖军事人力资源、武器装备、军事设施、经费物资等军事资源构成要素。

（五）努力提升军队审计职业化水平

为有效履行新时代军委赋予的职责使命，充分发挥军队审计的监督、服务、防范、评价功能作用，必须努力建设一支职业化的军队审计队伍。当前，受到军队审计监督边界的制约，我军审计人员大多以财务、会计、装备、工程、管理、军事等学科背景为主，除了近年来开始从社会公开招考文职人员外，现役的军队审计人员主要来自从军队单位后勤等部门选调和由军队院校审计专业培养，军队审计人员的学科专业构成没有美军那样广泛。相比于美军审计机构以文职人员为主体、派驻现役人员为补充的审计人员构成模式，我军审计机构中现役人员占有较大比重，审计人员在学历层次、专业资格等方面与美军还有一定差距。为此，要着眼新时代军队审计职能定位和着眼深化绩效审计应用需要，用好文职人员政策制度，丰富军队审计人员的学科构成，激活审计人员队伍活力。此外，还应当健全军队审计教育培训体系，完善军队审计职业保障机制，将军队审计职业化建设有机融入军官职业化改革总体布局之中，切实提升军队审计职业化水平。

（六）建立健全军队审计信息公开机制

虽然信息公开受到制度、文化、观念等一系列因素制约，但总体上看，强化审计信息公开是世界范围内的审计发展趋势，军事审计也概莫能外。一方面，既要认识到军事审计信息公开的复杂性，涉及军队保密法规等一系列基础性制度的协调，涉及对军队审计信息公开的范围、尺度、方法手段等一系列因素的考虑，不是一蹴而就能够实现的；另一方面，也要认识到军事审计信息公开的趋势性，推动军事审计信息公开对于做好审计后续治理、强化对军队审计机构的监督等都大有裨益。为此，要将军队审计信息公开纳入军队审计发展规划，逐步建立健全军队审计信息公开机制，强化军队审计信息公开的刚性约束，处理好保密与审计信息公开之间的关系，努力拓展军队审计信息公开的广度和深度。要分层级做好军队审计信息公开，明确哪些信息在军队范围内公开，哪些信息向全社会公开，通过审计信息公开提升军队审计的公信力和权威性，树立军队审计的良好形象。

参考文献

［1］刘寰，周聿. 军队审计的国际比较与经验借鉴［J］. 中国审计评论，2016（2）：47 – 55.

［2］王爽. 美军审计制度的特点与启示［J］. 外国军事学术，2007（9）：61 – 64.

［3］仰智刚，张扬. 美国军队审计的主要内容及发展趋势［J］. 中国外资，2012（4）：6 – 8.

［4］张李军，郑杰，李柱. 美国军事审计制度及启示［J］. 军队审计，2019（6）：52 – 55.

［5］AAA. Applying the Principles of the Government Performance and Results Act and Strategic Planning to the Inspector General/Audit Function：A Case Study Submitted to the Office of Management and Budget［R］. Army Audit Agency，1996. http：//purl. access. gpo. gov/GPO/ LPS30270.

［6］AAA. US Army Audit Agency 2013 Annual Performance Report［R］. Army Audit Agency，2014.

［7］AFAA. AFAAI 65 – 101 Audit Service Execution［Z］. Air Force Audit Agency，2018 – 9 – 28.

［8］AFAA. AFAAI 65 – 103 Audit Management and Administration［Z］. Air Force Audit Agency，2011 – 9 – 16.

［9］DCAA. Defense Contract Audit Agency Pamphlet 7641. 90 Information for Contractors［Z］. Defense Contract Audit Agency，2005.

［10］DCAA. Report to Congress on FY 2018 Actives［R］. Defense Contract Audit Agency，2019 – 3 – 31.

［11］DOAF. AFI 65 – 301 Internal Audit Services［Z］. Department of the Air Force，2018 – 8 – 31.

［12］DOAF. AFI 65 – 302 External Audit Services［Z］. Department of the Air Force，2018 – 8 – 23.

［13］DOAF. AFPD 65 – 3 Audit Services［Z］. Department of the Air Force，2018 – 8 – 8.

［14］DOAF. HAFMD 1 – 8 The Auditor General［Z］. Department of the Air Force，2018 – 8 – 3.

［15］DOA. AR36 – 2 Audit Services in the Department of the Army［Z］. Department of the Army，2015 – 10 – 30.

［16］DOD. DoDD 5106. 01 Inspector General of the Department of Defense（IG DoD）［Z］. Department of Defense，2014 – 8 – 19.

［17］DOD. DoDI 7600. 02 Audit Policies［Z］. Department of Defense，2016 – 3 – 15.

［18］DOD. DoDI 7600. 06 Audit of Nonappropriated Fund Instrumentalities（NAFI）and Related Activities［Z］. Department of Defense，2012 – 11 – 5.

［19］DOD. DoDI 7600. 10 Follow-up and Oversight on Single Audits［Z］. Department of Defense，2016 – 3 – 22.

［20］DOD. DoDM 7600. 07 DoD Audit Manual［Z］. Department of Defense，2015 – 8 – 3.

［21］DON. SECNAVINST 5200. 34E Management of Audit Decision and Follow-up Functions［Z］. Department of the Navy，2005 – 11 – 7.

［22］DON. SECNAVINST 5430. 7R CH – 2 Assignment of Responsibilities and Authorities in the Office of the

Secretary of the Navy ［Z］. Department of the Navy, 2019 – 12 – 17.

［23］ DON. SECNAVINST 7501. 7G CH – 1 Department of the Navy Internal Audit ［Z］. Department of the Navy, 2018 – 4 – 18.

［24］ GAO. About GAO: Careers ［EB/OL］. Government Accountability Office, 2020. https://www. gao. gov/about/careers/.

［25］ GAO. GAO's Congressional Protocols (GAO – 17 – 767G) ［R］. Government Accountability Office, 2017 – 7 – 17. https://www. gao. gov/assets/690/685901. pdf.

［26］ GAO. Government Auditing Standards 2018 Revision (GAO – 18 – 568G) ［Z］. Government Accountability Office, 2018.

［27］ GAO. Key Efforts, Strategic Plan 2018 – 2023 (GAO – 18 – 395SP) ［R］. Government Accountability Office, 2018.

［28］ GAO. Performance and Accountability Report Fiscal Year 2019 (GAO – 20 – 1SP) ［R］. Government Accountability Office, 2020.

［29］ GAO. Serving the Congress and the Nation, Strategic Plan 2018 – 2023 (GAO – 18 – 1SP) ［R］. Government Accountability Office, 2018.

［30］ NAS. Strategic Plan Fiscal Years 2017 – 2021 ［R］. Naval Audit Service, Department of the Navy, 2016.

［31］ OIGDOD. Agency Financial Report Fiscal Year 2015 ［R］. Office of Inspector General, Department of Defense, 2016 – 8 – 31.

［32］ OIGDOD. Agency Financial Report Fiscal Year 2018 ［R］. Office of Inspector General, Department of Defense, 2019.

［33］ OIGDOD. Fiscal Year 2019 Oversight Plan ［R］. Office of Inspector General, Department of Defense, 2018 – 10 – 15.

［34］ OIGDOD. Fiscal Year 2019 Top Management Challenges ［R］. Office of Inspector General, Department of Defense, 2018 – 10 – 15.

［35］ OIGDOD. IGDINST 1300. 1 Military Detachment ［Z］. Office of Inspector General, Department of Defense, 2010 – 2 – 25.

［36］ OIGDOD. IGDINST 5106. 2 Organization and Functions ［Z］. Office of Inspector General, Department of Defense, 2013 – 9 – 20.

［37］ OIGDOD. IGDINST 5400. 7 Freedom of Information Act Program ［Z］. Office of Inspector General, Department of Defense, 2010 – 4 – 16.

［38］ OIGDOD. IGDINST 5455. 1 Congressional Affairs Activities ［Z］. Office of Inspector General, Department of Defense, 2008 – 9 – 9.

［39］ OIGDOD. Inspector General Instruction 5106. 2 Organization and Functions ［Z］. Office of Inspector General, Department of Defense, 2013 – 9 – 20.

［40］ OIGDOD. Semiannual Report to the Congress April1, 2019 through September 30, 2019 ［R］. Office of Inspector General, Department of Defense, 2019.

［41］ Trask. Defender of the Public Interest ［M］. Government Reprinting Press, 2001.

国际政府环境审计发展新动态及其启示*

——基于 WGEA 出版物的分析

姚　远　徐志耀　陈磊蕊**

摘　要　可持续发展理念和生态文明建设对政府环境审计提出了新要求。因此，了解和掌握国际政府环境审计发展新动态具有现实需求。本文通过梳理世界审计组织环境审计工作组最新出版的各类指南与报告，整理并归纳出国际环境审计发展具有五个新动态。同时结合我国实际，针对性地提出了五项环境审计的启示及建议，以期为我国更好地开展环境审计理论研究及实践提供依据。

关键词　国际　政府审计　环境审计　新动态　WGEA

The New Trends and Inspiration of International Government Environmental Audit

—Analysis Based on WGEA Publications

Yao Yuan[1,2]　Xu Zhiyao[1,2]　Chen Leirui[2]

1. Institute of Natural Resources and Environmental Audits, Nanjing Audit University
2. School of Government Audit, Nanjing Audit University

Abstract: The concept of sustainable development and the construction of ecological civilization put forward new requirements for government environmental audit. Therefore, it is necessary to understand and master the new trends of international government environmental audit. This paper summarizes five new trends in the development of international environmental audit by com-

＊基金项目：南京审计大学国家审计研究课题"海外自然资源与环境审计发展新动态研究"（20XSJB06）；江苏省大学生创新创业训练项目"资源环境审计改善水环境质量的机制与对策研究"（201911287064Y）。

＊＊作者简介：姚远，男，江苏苏州人，理学博士，南京审计大学政府审计学院讲师，主要研究方向是自然资源与环境审计；徐志耀，男，广东和平人，经济学博士，南京审计大学政府审计学院副教授，主要研究方向是资源环境审计；陈磊蕊，女，江苏兴化人，南京审计大学政府审计学院本科生，主要研究方向是政府审计。

bing the latest guidelines and reports published by the Working Group on Environmental Audit of INTOSAI. Combined with the reality of China, this paper puts forward five suggestions of environmental audit, in order to provide the basis for better theoretical research and practice of environmental audit.

Key words: International; Government Audit; Environmental Audit; New Trends; WGEA

一、引　言

党的十八届三中全会做出了对领导干部实行自然资源资产离任审计的决策部署。党的十九大报告把"坚持人与自然和谐共生"纳入新时代坚持和发展中国特色社会主义的14 条基本方略。新时代的环境审计工作具有十分重要的意义。

环境审计起源于 20 世纪 70 年代的美国，最初是由企业开展的内部审计。80 年代以后，美国和加拿大等国家的最高审计机关也逐渐开展了环境审计。随着人类对环境问题的逐渐重视，90 年代以后西方各国相继完善了环境法规并强化了环境审计制度（蔡春和陈晓媛，2006）。世界审计组织①成立于 1953 年，由联合国成员国及其专门机构成员的最高审计机关组成，是一个独立自治的非政府组织，具有联合国经济及社会理事会的特别咨询身份，目前，有 195 个成员国。1992 年，在 INTOSAI 第十四届大会上，各成员国对最高审计机关在环境审计问题上的作用和行为表现出强烈的兴趣，发起并批准成立了环境审计工作组②。此后，国际环境审计事业方兴未艾，目前已经成为许多国家最高审计机关的一项主要审计活动。这些审计活动使得政府对环境和可持续发展问题的管理产生了重大影响，并由此获得了各种积极成果。时至今日，WGEA 已发展为 INTOSAI 下属规模最大、活跃程度最高的机构之一。WGEA 旨在提升各国最高审计机关在环境保护政策领域开展审计任务和使用审计工具的能力，尤其关注最高审计机关对跨境环境问题和政策的联合审计，以及对国际环境协定的审计。它通过协助最高审计机关更好地了解环境审计所涉及的具体问题、促进最高审计机关之间的信息和经验交流以及出版指南和其他资料来达成其工作目标。

WGEA 每六年轮换一次主席国，每三年指定一次工作计划，在制定下一轮工作计划时会发布上一轮计划中完成的项目报告、指南、调查问卷等。通过此类出版物，我们可以很方便地了解和掌握国际环境审计关心的热点问题以及取得的重要成果。这无疑对于我国更好地开展环境审计理论研究及实践具有借鉴意义。实际上，早在 20 世纪 90 年代，便有我国的学者将当时为数不多的环境审计出版物介绍给国内审计界。例如，张弛（1996）简要介绍了 INTOSAI 第十五届大会的《开罗宣言》，此次大会首次把环境和可持

---

① International Organization of Supreme Audit Institutions, INTOSAI.

② Working Group on Environmental Auditing, WGEA.

续发展问题的审计列为议题。张以宽（1997）认为，环境审计受到了国际审计界的欢迎与重视，实施环境审计是大势所趋，我国也应该积极开展。我国环境审计研究在 1998 年以前处于引进、宣传阶段，1998 年起才开始初步探索和系统研究（张长江等，2011）。WGEA 的出版物也在此期间随着机构的不断完善壮大而逐渐丰富，有效地引领了我国环境审计事业。陈思维、王晨雁（2003）介绍了 WGEA 的环境审计纲领性文件《从环境视角进行审计活动的指南》，阐述了环境审计的不同类型，研究了其产生与存续的客观基础、环境审计理论研究的起点以及对我国环境审计的启示。李璐、张龙平（2012）通过分析WGEA 1993～2009 年六次全球性环境审计问卷调查结果，识别了环境审计的国际动态与发展趋势。姜海鹰、翟传强（2015）综述了 WGEA 第十六次会议主要内容和观点。吴勋、郭娟娟（2019）选择 WGEA 1993～2015 年八次全球性环境审计调查报告为研究样本，把握了国外政府环境审计实践的最新动向，并对我国环境审计实践提出了建议。此外，也有学者利用这些全球性环境审计调查报告开展实证研究，如陆等（Lu et al.，2020）通过空间计量方法分析了可持续发展环境审计的区域空间格局及其影响因素。

二、国际政府环境审计发展新动态

2020 年，WGEA 最新出版了 2017～2019 年度工作计划中所涉及的各项内容，包括三项专项审计指南（农业于粮食生产、生物多样性、土地利用与土壤质量管理）、两篇论文（可持续发展目标与环境审计、气候变化适应审计的潜在标准）、四项专项研究报告（空气污染与环境健康、绿色城市、提高最高审计机关工作可见度、废水）以及两项培训工具（绿色最高审计机关、环境数据）。[①] 结合其近期会议议题、工作目标等内容，笔者认为当前国际环境审计发展具有以下新动态。

（一）聚焦可持续发展目标

可持续发展的思想源于 1972 年联合国人类环境会议宣言，该宣言首次提出了关于人类对全球环境的权利与义务的共同原则。1980 年发布的《世界自然保护大纲》则首次提出了可持续发展一词。1987 年，世界环境与发展委员会出版《我们共同的未来》报告，将可持续发展定义为："既能满足当代人的需要，又不对后代人满足其需要的能力构成危害的发展。"可持续发展理论以公平性、持续性、共同性为三大基本原则，最终目的是达到共同、协调、公平、高效、多维的发展。

可持续发展理论是环境审计的重要理论基础之一，对环境审计的形成与发展具有重要理论意义，主要体现在两个方面：（1）促进社会经济的可持续发展是环境审计的出发点和最终归宿，它决定了环境审计的本质目标或最终目标；（2）可持续发展理论构成了环境审计的实施依据（马雪，2003）。刘长翠（2004）、阚京华（2007）认为，环境审计

---

① https：//www. environmental-auditing. org/publications/studies-guidelines/.

是以制度形式保证环保受托经济责任的履行，是公众对环境管理要求提升的必然结果，提出了"可持续发展战略下的受托环保经济责任"。马志娟（2014）认为，在生态文明建设背景下，政府环境责任审计产生的动因是公共受托环境责任，最终目标是实现可持续发展战略。

作为与全球可持续发展纲领性文件——《里约环境与发展宣言》同年诞生的机构，WGEA 始终强调可持续发展在环境审计工作中的特殊地位，分别于 2004 年、2007 年及 2013 年出版了《可持续发展：最高审计机关的作用》《世界可持续发展峰会：最高审计机关指南》《可持续发展报告：概念、框架以及最高审计机关的作用》三份指南，不仅概述了可持续发展的概念，并就如何将可持续发展纳入审计工作向各国最高审计机关提供了实际指导。2015 年 9 月，联合国可持续发展峰会一致通过了"改变我们的世界——2030 年可持续发展议程"（以下简称"2030 年议程"）。该议程包括 17 项国际社会需要实现的目标，被称为可持续发展目标（the sustainable development goals，SDGs）。可持续发展目标涉及许多不同的全球问题，如贫困、饥饿、教育、健康、经济增长、气候变化等。INTOSAI 将可持续发展目标纳入其 2017~2022 年战略计划，作为贯穿各领域的优先事项之一。根据这一优先事项，WGEA 制定了一份以环境审计为重点的可持续发展目标审计指导文件，即 2019 年出版的《环境审计与可持续发展目标》。

"2030 年议程"和可持续发展目标的特点之一是经济、社会和环境层面的融合。在这种情况下，要对相关可持续发展目标进行环境审计，还必须考虑经济和社会层面。这就意味着对可持续发展目标的审计需要一种更广泛的方法，而不是只关注环境因素。虽然这还是一个处于早期发展阶段的审计领域，但很明显，如果只在狭隘的范围内审计政府绩效，只关注国内的经济、社会或环境绩效其中之一，都不足以使最高审计机关对"2030 年议程"做出有意义的贡献。最高审计机关需要制定和使用创新办法，将可持续发展的三个方面结合起来。

最高审计机关需要根据可持续发展目标调整其传统的审计方式。各国需要加强合作，界定与可持续发展目标有关的审计概念，并制定适当的审计方法。从可持续发展目标的角度进行环境审计与从更广泛的背景下进行可持续发展的环境审计的主要区别在于，可持续发展目标的 17 个目标、169 个指标和 232 个指标使审计范围更加明确。可持续发展目标中列出的目标和指标可用于指定最高审计机关进行可持续发展审计时的审计范围。根据第九次 WGEA 全球环境审计调查，48% 的最高审计机关提到，将通过使用可持续发展目标选择审计主题，并将重点放在落实可持续发展目标的准备工作上。

（二）专项审计坚持问题导向

虽然环境审计的本质对象都是由于受托经济责任扩产到环境领域而产生的受托环境责任，但具体对象种类繁多（李雪，2016）。环境审计关注全球资源环境问题，可能是所有审计类型中涉及具体对象最为丰富的一种，而且其范围仍然在不断扩大中。WGEA 在每次的工作计划中都会选择若干种自然资源或环境要素进行专项审计指南的制定。到目前为止，WGEA 出版过的指南中选择过的专项审计主题就包括 2004 年的水资源、废弃物、2007 年的生物多样性，2010 年的森林、矿产、能源、渔业，2013 年的野生动物、土地，2016 年的可再生能源及 2019 年的农业与粮食生产、土壤质量、空气污染、废水等。可以说，这些专项审计指南涵盖了全球资源环境问题的绝大部分类型。

值得注意的是，这些专项审计主题的选取并非随机，也非依次补全，而是在 WGEA 历次大会上经过各会员国充分讨论后决定的，意图通过审计手段帮助解决当前人类面临的最为迫切的资源环境问题，足见其问题导向和务实性原则。例如，2020 年 2 月，东非地区蝗灾肆虐，蝗虫数量之多几十年未见，对全球粮食安全造成了极大冲击。回头来看，根据 2016 ~ 2019 年工作计划出版的《农业和粮食生产审计：最高审计机关指南》不仅及时，甚至具有相当的预见性。更为巧合的是，该指南就是由非洲审计组织 WGEA 秘书处牵头，喀麦隆最高审计机关主持编写的。该指南向各国最高审计机关介绍了全球农业和粮食生产的趋势和发展，以及现状对环境的影响；它指导审计师如何接触该部门，并了解与农业和粮食生产管理相关的风险；并且，根据一些国家的经验，提出了对农业和粮食生产进行审计的可能方法。如果各国最高审计机关及时根据指南开展了审计工作，则有可能防范相关风险，降低蝗灾造成的经济损失。

另外，由于环境和资源问题的复杂性、多变性，面对新出现的问题，WGEA 还对已经出版过的专项审计指南进行了及时更新。例如，生物多样性是一个日益受到关注的审计领域，WGEA 高度重视生物多样性审计。十多年来，2007 年出版的《生物多样性审计：最高审计机关指南》为最高审计机关开展生物多样性审计提供了很好的借鉴。根据 WGEA 数据库统计，2007 ~ 2015 年，最高审计机关在生物多样性领域提交了大约 133 份审计报告。然而，生物多样性问题的最新发展、2014 年名古屋议定书的批准、《巴黎协定》的签订以及 2015 年的 "2030 年议程"，都要求对现行指导材料进行修改。因此，2019 年更新后的指南在原始版本的基础上增加了关于上述内容的认识。

在坚持问题导向的前提下，WGEA 环境专项审计的主题选取还具有承上启下的特征。在《1998 – 2019 INTOSAI WGEA 出版物之树》中，WGEA 通过树木的形式，具象化地展示了专项审计主题之间的相互关系。例如，最高审计机关内部工作和专业声明构成了两枝粗壮的树根，环境数据、水、废物、可持续发展、生物多样性、自然资源、环境、能源、交通由下而上构成了一根根树枝，而根须和树叶则是 WGEA 二十多年来出版的各种指南、培训材料、研究论文等，分属以上各大类。这样，各专项审计主题之间的联系一目了然。

（三）进一步加强国际合作

环境问题具有全球性特征。当前全球十大环境问题如气候变暖、臭氧层破坏、生物多样性减少等不受行政边界甚至地理边界控制，是无法通过各国一己之力能够解决的。因此，与之对应的，对于环境问题的治理也要全球化。在我国环境审计理论研究中，也经常强调国际合作的重要性（侯婷婷和彭兰香，2010；程亭，2015；骆良彬和史金鑫，2019）。

WGEA 致力于对全球重要环境问题的专业研究，鼓励环境审计的国际交流与合作，极大地促进了环境审计的发展以及全球环境问题的缓解。最早于 20 世纪 90 年代中期，WGEA 下属的六个地区性分部已经在内部开展了合作尝试，随后则开始在全球范围内开展更广泛的合作。例如，2007 年出版的《最高审计机关的合作：合作审计要点与案例》这一指南，明确了各国最高审计机关开展环境审计合作的方式和要点。近年来，WGEA 大力推进其成员进行与多边环境协定有关的合作审计。

WGEA 认为，最高审计机关通过相互合作而受益。例如，最高审计机关越来越多地利用国际网络来共享环境审计信息。WGEA 会议、网站和在线实时通讯是分享审计结果、审计"幕后"细节（如挑战、成功经验和失败教训）以及环境主题相关知识的良好途径。通过分享审计知识，对审计结果进行了更好的测试，改进了审计实践。在最高审计机关内部有足够的环境审计经验后，便足以形成知识体系。同时，在交流的过程中，可以提高研究成果的有效利用率，避免和减少各国学者的重复劳动。大数据时代的到来，也促使最高审计机关更多地开展大数据分析和挖掘，这就要求各国在更高更广泛的层面上开展数据分享和合作。

WGEA 鼓励最高审计机关开展合作审计。合作审计是指两个或两个以上审计机构参与的审计，具体可分为三类：联合审计、平行审计和协同审计。联合审计是由两个或两个以上最高审计机关的审计人员组成的一个审计小组进行的审计，他们编写一份单一的联合审计报告，在所有参与国公布。平行审计是由两个或两个以上最高审计机关同时进行的审计，但每个最高审计机关都有一个独立的审计小组，只向其立法机关或政府报告，并且只报告与本国有关的意见和结论。这意味着，参与的最高审计机关可根据国家需要和偏好采用不同的审计方法。信息交流是这种合作形式最重要的方面。协同审计是指联合审计和平行审计之间的任何形式的合作。在协同审计中，参与审计的最高审计机关至少以某种方式协调其审计方法，但国家之间可能存在差异。它可以是有单独报告的联合审计。更常见的是，除了单独的国家报告之外，还可以同时发布联合审计报告。

WGEA 最新的调查结果显示，各国对合作审计的兴趣不断上升，开展的合作审计项目数量也大大增加。但是，也应该注意到，由于各国的实际情况不同，最高审计机关环境审计活动的规模、复杂性及优先事项各不相同。这就造成各国在开展合作审计时可能面临种种挑战。

WGEA 还鼓励其成员进行与多边环境协定有关的合作审计，这是近年来的重点。WGEA 的第一部正式出版物是 1998 年的《各国最高审计机关如何在国际环境协定的审计方面开展合作》。在该文件的指导下，一些国家的最高审计机关联合开展了对一些国际环境协定的审计。目前已经完成的对多边环境协定进行的合作审计还有：《京都议定书》（非洲经委会、印度尼西亚、澳大利亚、斐济、欧洲最高审计机关）、《巴塞尔公约》（乌克兰、保加利亚、希腊、爱尔兰、挪威、波兰、斯洛文尼亚、匈牙利和荷兰）、《水公约》（俄罗斯和爱沙尼亚）、《拉姆萨尔公约》（葡萄牙）和《生物多样性公约》（巴西）等。进行相关多边环境协定的审计经验表明，最高审计机关在评估多边环境协定是否成功方面发挥了重要作用。

（四）重视审计人员能力建设

　　环境审计针对的领域非常宽广，审计的内容和对象也非常宽泛，审计人员需要掌握的知识和技能呈现多专业多学科复合的特征，运用的审计方法更加复杂，既包括政策水平、资源管理和生态环境保护等方面的相关知识，也包括熟悉数据分析技术、环境检测方法等（刘力云，2017）。而实际上，我国绝大部分审计人员的知识结构是会计、审计、经济、法学等学科，欠缺统计学、工程学、化学、医学和环境学等理工类学课知识。这就造成审计人员在从事环境审计时容易出现重点关注被审计对象的经济责任而相对忽视社会和环境效益的情况。这与我国的审计专业学科设置有关，在一定程度上影响了我国环境审计的开展。如张爱民（2014）就指出，缺乏复合型审计人才是该项审计的一个重要难题，影响了自然资源资产审计工作的进度和效果。

　　WGEA 十分重视环境审计人员的培训。WGEA 认为，环境问题可以相当广泛，并可能与其他问题相结合。因此，即使是经验丰富的审计人员也可能面临新知识、新公共政策工具和更多利益相关者的挑战和压力。因此，环境审计方面的持续培训对所有审计师都很重要，无论是老手还是新手。多次全球性环境审计调查的结果表明，环境审计的主要障碍包括最高审计机关内部缺乏技能或专业知识培训、环境资料不足和没有足够的检测和报告系统，次要障碍是政府环境政策制定不足。WGEA 2007 年发布的《环境审计的演变与趋势》中提出将来较为明确的趋势之一就是对最高审计机关的环境审计培训可能有所增加，而这已被事实所确认。而 2019 年一次性推出了绿色最高审计机关、环境数据分析两项培训工具，是前所未有的。最新制定的 WGEA 2020～2022 年工作计划中提出了两个关键目标，其中之一就是：在全球范围内提升环境审计的专业知识。

　　WGEA 在印度建立了全球培训设施，并与 INTOSAI 发展委员会合作，开发和提供为期两周的环境审计培训课程。通过这种合作关系，发展计划的专业知识培训和基础设施将与 WGEA 的主题专业知识相结合，以制定培训计划，帮助 INTOSAI 成员建立环境审计能力。发展计划培训专家设计的课程采用以学习者为中心的参与式方法，包括课程材料的标准化设计和详细的教师手册。WGEA 还创办了"绿线新闻"（greenlines newsletter），及时更新各成员国在环境审计方面的活动状况和最新进展。

　　针对人员能力不足的问题，各国最高审计机关普遍提出的一个问题是，是应该建立专门的环境审计小组，还是在整个审计署中整合环境审计。WGEA 认为实际上没有明确的答案。一些最高审计机关已决定选择其中之一，而少数最高审计机关则试图两者兼而有之。但无论如何，这两种方法都提升了各国最高审计机关内部的环境审计专业知识。

　　但是，能力建设毕竟是一个长期的过程，不能解决当前的问题。因此，WGEA 早在2001 年的开创性文件《从环境视角进行审计活动的指南》中就鼓励使用外部专家参与环境审计。我国环境审计研究界也持类似的观点。宋国敏（2013）认为，聘请环保、国土、林业等相关部门的具有丰富理论知识和实践经验的有关专家，给予专业的指导与帮助，可以提高环境审计工作的质量和水平。王海兵等（2019）建议，为了弥补审计人才知识结构单一的缺陷，可以建立环境资源保护专家库，鼓励环境资源保护专家协助审计人员完成审计工作。但是，WGEA 同时警示最高审计机关在雇用外部专家时必须谨慎行事，以确保他们有能力胜任所涉及的特定任务。因为从外部专家处获得建议并不能免除最高审计机关对审计意见或结论的责任。

（五）最高审计机关以身作则

最高审计机关不仅要对可持续发展做出承诺，更要采取行动，了解和减少其自身组织不可持续的环境影响，并以身作则，作为负责任和透明的机构开展活动。这已经被写入了 INTOSAI 2017～2022 年战略计划中的跨领域优先事项，地位至关重要。因此，各国最高审计机关作为环境审计者，需要对努力让环境变得更加绿色的承诺做出示范。

WGEA 认为，最高审计机关的审计作用也在于最高审计机关的绿色职责，在最高审计机关建议其他机构和政府部门走向绿色之前，要尽可能发挥典范作用。许多国家可能没有加强绿色活动的适当政策、法规或者程序。但是，这不应当是最高审计机关不采取有效绿色化行动的理由。通过开展绿色实践，最高审计机关能够展示其以身作则，成为榜样机构。这也将增强最高审计机关在公众认知中的可信性。

推动最高审计机关绿色行动，将通过降低消耗、重复使用和再循环利用资源而减少运行成本，将提升最高审计机关的公共形象。为了使机构更加绿色，最高审计机关首先可以在一个更广泛的、概念性的政策层面采取举措；然后需要通过员工的实际行动，才能将政策层面的举措落实。最高审计机关在政策层面可以有文件性的环境政策和一个与其他战略计划一致的清晰的环境行动计划。最高审计机关通过采取环境管理体系，能够让资源得到有效使用、减少浪费，从而增强利益相关者的信任度。在员工中间生成环境保护意识以及密切的内外部交流，对于绿色化活动的成功是绝对必要的。

为此，WGEA 于 2016 年完成了"绿色最高审计机关"的指南并于 2019 年推出了培训材料。培训的目的是促进将环境和可持续性问题纳入最高审计机关的内部管理和实践中，以使其工作场所更具环境责任感和资源效率性。培训包括为期一天的互动课程，并提供有关绿色理念和措施的相应材料，特别是如何将绿色变化引入最高审计机关。WGEA 设在印度的国际环境审计和可持续发展培训中心在设计和运行中努力做到符合绿色机构的要求，积极实践绿色建筑、能源和资源循环节约和废弃物回收处理等做法。

各国最高审计机关已经开展了绿色化实践，姜海鹰、翟传强（2015）在介绍 WGEA 第十六次会议主要内容中就提到：荷兰审计院引进了"全院一书架"的制度，共享打印的文件，减少纸张耗用。加拿大审计署强调多开电话会议，减少差旅行为，大力推行文件电子化，全署无线网络覆盖，合理利用所有办公空间，推广环保理念等。马其顿审计署正在新建的办公楼将积极采纳环保和绿色办公理念。捷克审计署认为，在绿色办公方面，可以积极借鉴私营部门的理念和做法。

三、对我国政府环境审计发展的启示

根据国际政府环境审计发展新动态，结合我国目前政府环境审计开展的实际情况，笔者认为可以得到以下五点启示。

（一）坚持可持续发展，促进生态文明建设

"2030 年议程"的签署代表全球可持续发展进入了新阶段，世界各国都对此做出了庄严承诺，我国也不例外。党的十八大以来，中国将生态文明建设作为"五位一体"推进中国现代化事业的重要内容，深入推进生态文明体制改革，加快生态文明建设。生态文明理念正指导中国加快解决生态环境问题，满足人民群众对优美生态环境的需要，平衡推进可持续发展，同时支撑中国积极参与推动全球生态环境治理，成为新时期全球生态文明建设的重要参与者、贡献者和引领者。"十四五"时期经济社会发展主要目标之一就是生态文明建设实现新进步。新形势需要新担当、呼唤新作为。时代赋予了政府环境审计新的使命，那就是通过加强和改进资源环境审计工作，在推进生态文明建设和实现可持续发展方面发挥更加积极的作用。各级审计机关需要加深对可持续发展的认识，深刻意识到环境问题的紧迫性和复杂性，深入开展各类资源环境专项审计、领导干部自然资源离任审计。走出传统财务审计的"舒适区"，加大合规性审计尤其是绩效审计的比例，分析政策、制度的合理性，评价项目绩效和环保目标的实现情况，并提出建议。创新审计方法，促进经济、社会和环境三者的有机融合。

（二）立足国情，针对性开展专项审计

诚然，WGEA 出版的各类专项审计指南对象新颖、内容丰富，但依葫芦画瓢并非明智之举，应该关注其选题体现出的问题导向和务实性原则，这才是精髓所在。我国是一个幅员辽阔、人口众多的发展中大国，各地区的自然、经济、社会条件差异显著，区域发展不平衡是我国的基本国情，而多数广泛开展环境审计并分享经验的则已经是发达国家。因此，在环境专项审计的主题选择上，不能脱离实际，生搬硬套，而是要深刻立足于我国的国情。我国开展环境审计研究已二十多年，取得了较为丰富的成果，也进行了多种环境专项审计实践，例如，审计署开展的"三河三湖"、重点防护林建设工程、"两控区"等审计；江西省开展的森林资源专项审计；江苏省开展的重点行业节能减排审计；浙江省开展的海洋资源特色审计；陕西省开展的矿产资源审计等。这些专项审计的选取着力于解决当时全国和各地区面临的特殊资源环境问题，取得了显著进展。目前，我国审计机关正着力提高环境审计要素覆盖率，扩充环境专项审计主题。进入新时期，审计工作更要立足国情，密切跟踪热点。2020 年是一个极为特殊的年份，新冠肺炎疫情是一项国际性卫生突发事件，对世界政治经济格局造成了重大变革，建议重点关注医疗卫生、农业与粮食、碳排放等方面的审计工作。

（三）引领国际合作，体现大国担当

我国于 1982 年加入 INTOSAI，2007 年成为世界审计组织理事会成员。2010 年，中国审计署审计长担任 INTOSAI 理事会副主席，2013～2016 年担任主席。因此，我国作为一个大国，作为联合国"五常"之一，在 INTOSAI 具有重要地位。WGEA 作为 INTOSAI 下属最大的工作组，我国也同样处在领导地位，任指导委员会委员、亚洲审计组织环境审计委员会主席。"一带一路"合作倡议、RCEP 协议、中欧投资协定的签署也对我国引领的国际合作创造了新的条件。因此，事关外交策略与国际形象，我国有必要引领环境审计的国际合作，体现大国担当。例如，牵头组织我国加入的各项多边国际环境协定的审计；领导我国周边区域性环境公害治理联合审计；积极共享数据，贡献我国的经验做法与生动案例。

（四）人才培养上"内养"和"外引"相结合

在各级审计机关不断深入开展环境审计、领导干部自然资源资产离任审计的过程中，都或多或少地受到了人员能力的限制，地方审计机关尤其明显，这也成为我国环境审计面临的重要挑战之一。如何破局，笔者认为应当从人才培养上的"内养"和"外引"相结合入手。一方面，审计系统内部要加强人员的培训，提升综合业务素质，尤其是资源、环境、工程、化学等知识的针对性学习，可以定期向环境管理部门派送人员参与实习，也可以利用环境管理部门专家进入环境审计小组等，有条件的可以与国外审计机关加强沟通，开展人员互换，学习先进经验，此为"内养"；另一方面，可以直接引进具有相关理工学科背景的优秀毕业生或者是具有环境管理部门工作经验的专家学者加入审计队伍，利用其专业特长，在工作中不断补全审计、会计等相关知识，此为"外引"。双管齐下，扩充队伍，提升能力，以适应不断提高的环境审计要求。

（五）宣传"绿色审计机关"建设成果

事实上，审计署 2009 年即发出通知要求审计署机关各单位、各派出机构切实转变观念，高度重视节约工作，积极推进节约型审计机关建设。具体措施包括节电、节油、节水指标按年降低；限定空调温度设置上下限；减少灯管数量，充分利用自然光；公务活动出行倡导乘坐公共交通工具；杜绝跑冒滴漏和"长流水"现象；大力推行无纸化办公，减少纸质文件的印发，提高办公用品的循环利用效率；降低通信费用，减少通话时间等。十余年来，各审计机关积极推进，收到良好效果。可以说，我国在"绿色审计机关"建设方面，走在世界前列。但是，还要注意通过开展绿色机关建设，最高审计机关能够展示其以身作则，并成为榜样机构。最终目的是增强最高审计机关在公众认知中的可信性。这就要求我国各级审计机关在现有基础上加大宣传，展示成果，提高公众认知。

参考文献

[1] 蔡春,陈晓媛. 环境审计论 [M]. 北京:中国时代经济出版社,2006:4.

[2] 陈思维,王晨雁.《从环境视角进行审计活动的指南》的启示 [J]. 审计与经济研究,2003,18 (4):28-31.

[3] 程亭. 环境审计:国际组织推动下的发展与借鉴 [J]. 财会通讯,2015 (4):12-16.

[4] 侯婷婷,彭兰香. 环境审计国际比较及借鉴 [J]. 财会月刊,2010 (2):71-73.

[5] 姜海鹰,翟传强. 世界审计组织环境审计工作组第16次会议综述 [J]. 审计研究,2015,(3):3-8.

[6] 阚京华. 基于可持续发展战略的环境审计:理论基础、应用现状和发展路径 [J]. 南京财经大学学报,2007 (3):57-59.

[7] 李璐,张龙平. WGEA的全球性环境审计调查结果:分析与借鉴 [J]. 审计研究,2012,(1):33-39.

[8] 李雪. 环境审计研究 [M]. 上海:立信会计出版社,2016:51.

[9] 刘长翠,焦若静. 环境审计的理论前提:可持续发展战略下的受托环保责任 [J]. 环境保护,2004 (10):56-59.

[10] 刘力云. 资源环境审计:审计机关促进生态文明的重要途径 [J]. 会计之友,2017 (20):2-5.

[11] 骆良彬,史金鑫. 政府环境审计的国际经验及其启示 [J]. 亚太经济,2019 (6):74-79.

[12] 马雪. 我国环境审计若干问题研究 [D]. 沈阳:沈阳工业大学,2003.

[13] 马志娟,韦小泉. 生态文明背景下政府环境责任审计与问责路径研究 [J]. 审计研究,2014 (6):16-22.

[14] 宋国敏. 生态文明视角下环境审计问题浅析 [J]. 对外经贸,2013 (12):159-160.

[15] 王海兵,赵李丽,杜娟. 环境资源保护审计体系构建研究 [J]. 财会通讯,2019 (7):90-95.

[16] 吴勋,郭娟娟. 国外政府环境审计发展现状与启示——基于WGEA全球性环境审计调查 [J]. 审计研究,2019 (1):31-40.

[17] 张爱民. 自然资源资产离任审计研究——基于2014年媒体新闻报道的文献分析 [J]. 新会计,2015 (6):6-11.

[18] 张长江,陈良华,黄寿昌. 中国环境审计研究10年回顾:轨迹、问题与前瞻 [J]. 中国人口·资源与环境,2011,21 (3):35-40.

[19] 张弛. 开罗宣言(摘要)(最高审计机关国际组织第十五届大会通过) [J]. 中国审计,1996 (2):53-56.

[20] 张以宽. 论环境审计与环境管理 [J]. 审计研究,1997 (3):23-30.

[21] Lu et al.. Regional Spatial Patterns and Influencing Factors of Environmental Auditing for Sustainable Development: Summaries and Illuminations from International Experiences [J]. Environment Development and Sustainability, 2020, 4 (22):3577-3597.

"世通"式内部审计防范财务舞弊在中国可行吗？*

乔鹏程　黄　沁**

摘　要　知识图谱计量证明内部审计和财务报告研究与会计信息质量紧密相关，国内缺乏对内部审计与财报盈余管理的相关研究。2016 年典型案例的财务舞弊细节与 2003 年"世通"式方法具有相似性，"世通"式内部审计经验证明，财务舞弊更容易被内部审计发现。本文从审计职能定位、审计机构设置、职业胜任能力与价值观、审计业务范围进行辩证分析得出结论：财务舞弊必然会损害内部审计目标实现，如果内部审计在公司治理中失去存在感，将被进一步边缘化。

关键词　内部审计　知识图谱　资本市场　公司治理　财务舞弊

"World Com" Internal Audit to Prevent Financial Fraud Experience Can Happen in China？

Qiao Pengcheng[1]　Huang Qin[2]

1. Finance and economics college, Xizang Minzu University
2. Management college, Xizang Minzu University

Abstract：Knowledge mapping shows that internal audit and financial reporting research is closely related to the quality of accounting information, and there is a lack of research on internal audit and earnings management in China. The financial fraud details of the typical case in 2016

──────────

* 基金项目：国家社科青年项目"应对经济新常态西藏企业创新内控管理系统激发新动力研究"（16CGL013）；2021 年西藏自治区高等院校教师专业实践实战能力提高计划项目"大智移云技术下审计软件与审计业务实践能力提升"（202107）；陕西省教育科学"十三五"规划 2020 年度课题"5G 时代陕西经管专业教育面临的新机遇新挑战研究"（SGH20Y1144）；西藏民族大学研究生金课建设项目"业绩评价与激励机制"（2021-05）；西藏民族大学课程 2021 年思政示范课建设"审计学基础"（2021SZ-001）；2016 年国家社会科学基金项目（16CGL013）。

** 作者简介：乔鹏程，男，山西晋中人，管理学博士，西藏民族大学副教授、硕士生导师，主要研究方向是分布式账本审计、区块链与注册会计师；黄沁，女，四川成都人，西藏民族大学硕士研究生，主要研究方向是内部审计、区块链。

are similar to those of the "World Com" method in 2003, and the experience of "World Com" internal audit proves that financial fraud is more easily to be found by internal audit. From dialectical analysis of audit function, audit organization, competence, value of the audit and the scope of audit business, it is concluded that financial fraud will inevitably damage the realization of internal audit objectives. If internal audit in the corporate governance lost its sense of existence, it would be further marginalized.

Key words: internal audit; capital market; knowledge map; corporate governance; financial fraud

一、引　言

（一）问题背景

2017 年 2 月 24 日，证监会公布的《2016 年证监稽查 20 大典型违法案例》被资本市场广泛关注，其中有 4 起为公司财务舞弊案。回顾由内部审计师揭露的美国世界通信公司（以下简称"世通"）财务舞弊案，刘怡芳、黄政（2015）认为，内部审计对上市公司会计信息质量，特别是对抑制调高利润的操纵性应计有正的显著影响。当年"世通"伴随着美国通信业低迷，为掩盖不断恶化的财报，于 1999～2002 年财务舞弊虚增盈利。据财务报告舞弊的五因素理论，如同"世通"当年的外部环境，近年来，中国经济进入新常态，公司财报保持盈利压力持续增加，另外，此次证监会典型案例与"世通"舞弊方法有诸多相似性。"安达信"长期未能发现"世通"舞弊，仅仅由三位内部审计师发出预警。但 2016 年证监会典型违法案件中却没有中国内部审计师的身影。财务信息是企业管理和内部审计师执业的重要基础数据，内部审计师为公司增值的职业目标的实现严格依赖财务信息，根据资本市场有效假设，证监会的财务舞弊处罚对公司能否实现增值具有颠覆性影响，内部审计与财务舞弊防范高度相关。"世通"式内部审计防范财务舞弊经验在中国公司治理中不可行吗？

（二）CitespaceV 科学知识图谱文献计量分析

2017 年 5 月 29 日，在 WOS（Web of Science）核心数据库检索主题"Internal Audit"和"financial report"获得 1993～2017 年 319 篇文献，其中来自中国的文献占 7.84%。应用 CitespaceV 科学知识图谱计量软件进行"Term + Keyword"研究热点 + 研究趋势 + 知识结构分析。设置样本的前 50（TopN50），样本的前 10%（TopN10%），Threshold Interploation 设定 c、cc、ccv 阈值分别为（2、2、20）、（4、3、20）、（4、3、20），其中，c、cc、ccv 三者关系是：

$$ccv(l,k) = [cc(l,k)]/\{sqrt[c(l) \times c(k)]\}$$

其中，c 是关键词最低共现频次的统计值，cc 是关键词在此次时间切片（本次时间切片为 1）设定下共现频次的统计值，ccv 是关键词共现频资统计值。

Pruning 通过 Minimun Spanning Tree 和 Pruning Sliced Network，共获得关键词节点（node）134 个，关系强度连线（links）254 条。

计量结果显示，这一主题的研究执点是（括号中为共现频次数值）：内部控制（76）、公司治理（73）、治理质量（56）、盈余管理（49）、审计委员会（42）、实证分析（27）、内审职能（26）、控制不足（25）、财报披露（21）、萨班斯奥斯利行为（17，另信任值为 3.97）、内部审计（17）。中心性在 0.1 以上的关键词（括号中为中心性数值）：治理质量（0.34）、盈余管理（0.27）、内部控制（0.16）、公司高管（0.16）、公司治理（0.14）等。

国际对内部审计与财务报告研究主要围绕公司治理、内部控制、财报盈余管理和内审职能定位研究展开，主要研究方法是档案实证。应用 CitespaceV 的 Timezone View 计量分析研究演进过程，将样本的前 50（TopN50），样本的前 10%（TopN10%）的时间切片设置为 4，应用裁剪，共提取到关键词节点 101 个，关系强度连线 156 条。

国际关于内部审计与财务报告研究的演进路径，2004 年之前主要研究盈余管理、审计委员会、财报信息披露。2004 ~ 2008 年集中到公司治理、内部控制、审计成本等。2009 ~ 2012 年关注内部审计职能、内部审计知识、内部控制失效、财务报告质量、内部审计质量等，其中，2011 年萨班斯奥斯利行动成为爆发性关键词。2013 年至今研究较为分散，研究热点是审计成本费用、保障程度、控制质量、内部审计行为、风险防范等。

在 CNKI 数据库精确检索主题词"内部审计"和"财务报告"，全部期刊共获得 1994 ~ 2017 年 490 篇文献，人工删除非学术文章共 487 篇。应用 CitespaceV 知识图谱计量分析，设置样本的前 50（TopN50），样本的前 10%（TopN10%），时间切片 1，应用裁剪后共提取到共现关键词节点 127 个，关系强度连线 210 条。计量结果显示，这一主题的研究执点是（括号中为共现频次数值）：内部控制（232）、审计委员会（52）、风险管理（21）、会计信息（18）、内审人员（14）、会计信息质量（12）、公司治理（10）、虚假财务报告（10）等。

中心性在 0.1 以上的关键词（括号中为中心性数值）：财务报告（0.5）、内部控制（0.46）、内部审计（0.43）、审计人员（0.25）、审计委员会（0.18）、虚假财务报告（0.13）、风险管理（0.12）、外部审计（0.12）等。

国内研究内部审计与财务报告同样集中在内部控制、会计信息、审计委员会、内审计人员素质、虚假财务报告防范几个中心。但与国外相比，国内研究并不关注盈余管理。应用 CitespaceV 的 Timezone View 计量分析研究演进路径，设置样本的前 20（TopN20），样本的前 5%（TopN5%），时间切片设置 4，应用裁剪，共提取到关键词节点 47 个，关系强度连线 71 条。

国内关于内部审计与财务报告研究的演进路径，2000 年之前开始研究内部审计与财务报告，并紧密与内部控制和审计委员会的研究相结合，并与外部审计进行比较，2001 ~ 2004

年后开始涉及风险管理、会计信息、公司治理等概念，2005～2009 年以上市公司为载体关注会计信息质量、内部控制环境与制度、财务报告舞弊与防范、内审人员素质提升等，2010～2011 年无共现词，2012 年至今，这一主题重点关注内部控制审计、财务报告质量、经营管理、资产安全、财务舞弊等。

（三）重要观点梳理与本文研究设计

根据 CitespaceV 科学知识图谱对国际和国内文献的计量理出的研究热点、知识结构及演进路径，对高被引文献的观点和中心共性关键词梳理。鲍圣婴（2016）认为，内部审计与国家和社会审计存在定位互补和协作，伊斯马赫利（Ismajli，2017）认为，内部审计可以为外部审计监督提供财务舞弊线索并促进公司增值。事实上，波义尔（Boyle，2015）认为，当内部审计师需要向社会公众公开报告时，内部审计师判决的谨慎性和责任感会更强。但是，王嘉鑫（2020）、伊斯马赫利（Ismajli，2017）、鲍圣婴（2016）认为，中国企业设立内部审计机构的目的是为了提高内部管理、满足上级单位、法规要求等，并没有防范财务舞弊。潘春、谢光安（2019）认为，中国财政体制改革促使内部审计的工作重点更多关注风险、管理、单位负责人职责行使、咨询服务、利益协调等，也不包括防范财务舞弊。内部审计失去了防范财务舞弊的职业立足点后，冯均科（2013）认为正在远离传统的财务审计，内部审计的发展被严重边缘化。2013 年后的文献集中在多维内部审计增值框架（刘德运，2014）、内部审计与外部审计合力的体系构建（贾冯均和王璐，2020）以及内部审计与公司价值增值，陈莹、林斌（2016）认为，内部审计质量与公司价值提升正相关。有的文献将内部审计功能进一步扩大，杜谢勇（2019）认为，经济新常态下内部审计的功能还需向更多非财务管理领域扩展。此外，部分学者研究了内部审计作用发挥的影响因素、绩效评价、内审人员职业胜任能力和个人特质等。

综上所述，CitespaceV 计量发现国内缺乏对内部审计与财务报告盈余管理的研究。冯均科（2013）认为，内部审计历史久远但至今未能形成成熟的理论体系和思想框架。当前内部审计的发展正在背离职业产生的初衷——"财务审计"。2013 年，中国内审协会《内部审计基本准则》将内部审计定位为公司价值增值（放弃了财务审计业务）以来，与公司增值相关的研究成为主要方向。但是，现有文献对内部审计的定位和功能发展方向充满担忧和猜测，2016 年证监会公布的令人瞠目结舌的财务舞弊案件，"世通"式财务舞弊防范经验研究将对中国内部审计理论完善具有重要意义。本文将研究证监会典型违法案与"世通"案的财务舞弊方法的异同，以及"世通"式内部审计防范财务舞弊经验在中国没有发生的原因，最后得出结论和建议。

二、"世通"式财务舞弊与证监会典型财务舞弊方法比较

"世通"式财务舞弊主要方法：（1）利用行业特点和技术壁垒，虚增资产；（2）有意计提各类准备金，未来随意转回冲销成本调节利润；（3）利用收购兼并机会调节资产

价格；（4）利用会计准则减少损失入账等。据证监会《2016 年证监稽查 20 大典型违法案例》及其他信息来源对 4 起财务舞弊方法细节进行整理（见表 1）。

表 1　　　　　　　　　　　证监会 2016 年稽查的 4 起典型财务舞弊案细节

公司名称	事件定性	舞弊目的	财务舞弊方法	舞弊发生的重点环节
辽宁振隆特产	IPO 财务造假主动撤回材料同样顶格处罚	虚增利润，2012～2014 年每年 2000 万元左右	（1）利用行业特点私自调低材料采购价实现虚增成品数量，不确认霉变存货损失实现虚增存货和利润。（2）利用销售客户分布海外不易调查，虚构销售合同实现虚增出口收入和利润。（3）披露虚假主营业务，通过虚构特殊生产过程进行财务造假	仓库，采购环节（原材料种类、供应商），生产环节（工艺流程、生产模式、产品产量和产能利用率），流转环节（客户）
欣泰电气	欺诈发行强制退市第一案	2011～2014 年虚构收回应收款 7000 万～2 亿元不等	通过外部及自有资金和伪造的银行单据，会计期末虚构收回应收账款，下期初再还款冲回，达到会计期末应收账款降低，少计提坏账准备，增加现金流的目的	应收应付环节、出纳人员、私刻客户公章、自制银行进账单和付款单等业务过程中
康华农业	重大资产重组"借壳方"财务造假第一案	2011～2014 年系统地虚增资产和利润达总数一半左右	（1）组织地进行了系统性财务造假，将成本包装成土壤改良及地力提升支出，虚增资产。（2）通过虚增产量和销量，虚增销售单价，伪装产品结构（将普通稻包装成优质稻，将普优稻包装成特优稻）及降低成本达到虚增利润	资金流环节、利用农业生产特殊性将收益性支出资本化环节、利用水稻产品的分类、终端客户销售环节
参仙源	新三板财务造假第一案	少计成本和操纵关联交易虚增利润 1.29 亿元	（1）利用农业存货难以核查，将外购人参入账为自挖野山参销售，降低成本虚增利润。（2）利用农业税负低将山参销售给关联方参仙源酒业虚增收入和利润。（3）大量使用现金交易逃避银行票据环节	农业生产特殊性、关联交易、大量现金交易、农业种植类企业库存盘点环节

资料来源：根据各案件相关细节信息整理。

　　"世通"财务舞弊的目的和表 1 中的 4 起典型财务舞弊的目的都是虚增资产和利润以达到欺骗投资者的目的。从表 1 "事件定性"可知，这些公司因财务舞弊受到的处罚与"世通"2003 年破产一样，公司价值增值在有效资本市场中将被颠覆性破坏。

　　财务舞弊方法方面，辽宁振隆特产、康华农业、参仙源 3 家公司都是农业类公司，存在"世通"式利用行业特点和技术壁垒，"虚增资产"的行业特殊性。欣泰电气为了少计提坏账准备，采用"世通"式有意计提各类准备金，但方法更为简单粗暴，使用了伪造的银行单据的恶性手段。

综上所述，4 起典型财务舞弊方法的技术含量都较低，"世通"式利用会计准则和提取秘密准备为长期财务舞弊做准备等更为隐蔽的方法采用较少，财务反侦察能力弱，也根本不避讳公司内部的各方监督力量，包括内部审计师。这都比"世通"的舞弊方法更容易被内部审计师察觉和发现。

董大胜（2015）认为，免疫系统理论（自我内部防范）是审计理论和审计定位的基础理论。相比内部审计的自我免疫，注册会计师和监管机关存在对公司内部运行情况不熟悉的困难，鲍圣婴（2016）认为，内部审计是三种审计的第三道防线并不正确，内部审计是公司治理中具体经营活动的第一道防线，而并非文献表述的第三道（从原点出发，理解为最外围防线）。从表 1 "舞弊发生的重点环节"可知，4 起财务舞弊的发生环节都并不局限在财务领域，而是延伸到了公司运营的方方面面，内部审计师不可能没有察觉。事实上根据 GONE 理论，对公司营运情况熟悉正是内部审计师的审计优势，可以有效解决 "E 暴露"。CitespaceV 科学知识图谱计量说明国内外对内部审计与财务报告的研究都会围绕会计信息质量和财务舞弊防范展开，德佐特（DeZoort，2016）认为，内部审计师比注册会计师对财务欺诈的检测责任感反应更全面。从财务舞弊方法比较中可以看到，4 起典型财务舞弊与"世通"一样存在被内部审计率先发现的机会。

三、"世通"式内部审计防范财务舞弊在中国难以发生的原因

揭露"世通"舞弊案的是"世通"内部审计部副总经理辛西亚·库珀（Cynthia Cooper），她对"世通"异常的坏账准备跨期转回、超越同业的超高利润率和在行业不景气的背景下保持巨额盈利异常保持了内部审计应有的较高职业敏感和警惕性，扛住被解雇的压力，勇敢地深入调查收集审计证据。内部审计防范财务舞弊的关键逻辑控制结构关系（见图 1）决定着内部审计作用的发挥。

伊斯马赫利（Ismajli，2017）认为，内部审计工作可以为外部审计提供线索。但是，在 2016 年的 4 起典型财务舞弊案中：辽宁振隆特产是证监会 IPO 专项财务检查中发现大量存货盘亏异常而被立案调查；欣泰电气以虚假财务报告在第二次 IPO 申请中顺利通过，社会媒体"中国江苏网"的一篇文章在 IPO 前引发社会关注，才被查处；康华农业的重组预案公布后，社会媒体对公司财务数据及相关信息率先质疑后引发关注；参仙源在停牌筹划重大资产重组时被证监会立案调查发现财务舞弊。4 起案件都不是内部审计师率先发现并报出的，内部审计在关键事件中失去身影，在公司治理中被边缘化成为必然。杜谢勇（2019）认为，经济新常态下内部审计功能要向安全保障、宏观政策落地、资源生态保护和权力运行拓展。从图 1 逻辑分析在这一趋势下，"世通"式财务舞弊防范经验在中国内部审计师领域发生的概率更加渺茫，让"世通"式内部审计财务舞弊防范在中国难以产生的原因主要有以下四个方面。

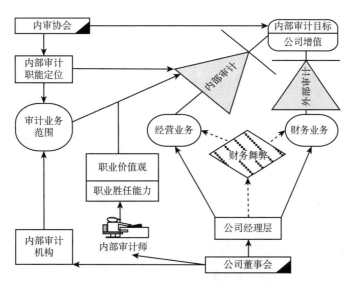

图1 内部审计关键逻辑控制点

（一）内部审计的职能定位

根据产权理论，鲍圣婴（2016）认为，公司内部审计是二权分立的结果，股东与内部审计形成委托代理，但是，2013 年中国内审协会《内部审计基本准则》中定义"内部审计是一种独立和客观的确认和咨询活动"。所以，据委托代理理论将内部审计职能理解为二权（股权和经营权）分离产生的委托代理关系是有偏差的。

事实上当前内部审计定位应当是经营权与经营权的自我完善的委托代理关系。据 GHM（格罗斯曼—哈特—莫尔）理论（不完全合约理论），信息的不完全性导致董事会难以全面掌握公司的控制权导致公司内部存在违背董事会意愿的舞弊行为，内部审计师便是对这些行为的监督力量。但是，当公司实际控制人及董事会通过操纵公司内部财务舞弊达到对其他股东的剩余权利的侵占时，内部审计师则缺乏与之对抗的勇气。4 起财务舞弊案主要责任人在公司的权力和舞弊动机都超越了内部审计在中国现行的工作权限与职能定位。"世通"公司首席财务官苏利文就曾对内部审计师辛西亚·库珀挖苦其"不自量力、多管闲事"。所以，陈莹、林斌（2016）认为，内部审计作用的发挥主要依赖于与公司其他治理机制的合作和高管的重视程序，可是，当高管主观存在财务舞弊动机时，内部审计的监督作用将失去分量。

内部审计在"世通"财务舞弊案发挥独特作用及美国的安然事件后，SEC 要求内部审计机构增加财务舞弊审计职能。但是，2013 年中国内审协会《内部审计基本准则》定位内部审计目标为"促进公司完善治理、增加公司价值增值和实现公司战略目标"，从图 1 逻辑分析可以看出，在中国，"世通"式内部审计财务舞弊防范经验变成辛西亚·库珀的个人英雄主义行为，而非公司治理制度下正常的部门和职业行为。所以，寄希望于内部审计师主动发现并曝光证监会 2016 年的 4 起典型财务舞弊案是注定会失望的。

（二）内部审计机构的设置

内部审计同样需要坚持审计独立性，陈莹、林斌（2016）认为，因为内部审计师既要受公司董事会领导，同时要对公司董事会的经营活动进行监督，所以，"世通"内部审计师辛西亚·库珀因表达了对注册会计师审计中会计处理的异议，激怒了"世通"首席财务官苏利文，并被警告以后不得再干预公司的会计处理。郑石桥（2017）认为，内部审计的领导体制是内部审计独立性的决定性因素。但是，李世辉、杨丽和曾辉祥（2019）得出相反的实证结果，内部审计的隶属、制度建设、机构规模对上市公司会计信息质量提升没有显著影响。"世通"公司的辛西亚·库珀对审计独立性的坚持实现了对内部审计机构设置局限的突破。根据 2013 年中国内审协会《内部审计基本准则》，"内部审计机构应当接受组织董事会或者最高管理层的领导和监督"的设定，中国内部审计师在机构设置上具有坚持独立性对抗财务部门舞弊的制度保证。由于内部审计领导体制的形成受锚定效应、理性思考、外部强制和审计理念等影响（郑石桥，2017），而且内部审计机构设置是公司内部事务，内部审计机构设置难以法治化、规范化、统一化（冯均科，2013）。当前，中国内部审计机构领导分为董事会、监事会、经理层和董事会和 CEO 领导等多样化的领导方式，审计目标驱动和审计客体是主要决定性变量。在 2016 年的 4 起典型财务舞弊案公司中，内部审计机构领导体制和机构设置未能很好贯彻《内部审计基本准则》精神，同时，基础准则不具有法律强制实施效力，当 4 家公司出现公司财务舞弊目标与公司增值目标相违背时，内部审计师在机构层级冲突中放弃了职业坚守。

"世通"审计委员会对公司财务状况和会计处理缺乏了解，未能积极为内部审计机构创建与公司董事会和注册会计师的沟通渠道。审计委员会丧失机构独立性，按照首席财务官（财务舞弊）指令行事，置公司治理中审计委员会的设置条例于不顾。从图 1 逻辑分析这些问题同样值得中国的公司警惕。

董大胜（2015）认为，审计是监督、鉴证和评价。但是，审计委员会和内部审计机构对公司高管制约作用的自我放弃，内部审计机构的边缘化会产生马太效应。当前，中国内部审计机构增加公司价值的方式分为直接增加（增加效益、减少支出和避免损失）和间接增加（改善组织运营和完善组织治理）（刘德运，2014），但是，"公司增值"概念存在不明确和空泛性，直接增值的实现必须经过财务、计划、运营部分的合作，而间接增值的实现必须与董事会及公司治理各方面力量合作。事实上，作为董事会的下级机构难以有效影响调动董事会，无论直接还是间接增值的实现都比较困难，最终导致在 2016 年 4 起典型财务舞弊案防范中难觅内部审计师身影和任何影响力。

（三）内部审计师的胜任能力和价值观

王嘉鑫（2020）认为，审计师素质对内部审计质量有重要影响。结合图 1 逻辑分析，德佐特（DeZoort，2016）认为，审计师的专业义务、审计价值观和职业胜任能力与审计责任感强弱高度相关，并最终影响内部审计绩效。"世通"的辛西亚·库珀对审计价值观的勇敢坚持，突破了审计机构设置的掣肘。根据审计代理人受托责任理论，内部审计师价值观决定审计使命感，使命感引导胜任能力发挥，能力影响着价值观的体现。防范"世通"舞弊的三名内部审计师都具有较高专业技能和审计价值观，忠于公司整体利益高于一切的职业操守和价值观，不顾个人安危勇敢地与破坏公司价值的势力抗争。相对应2016年4起典型财务舞弊案公司的内部审计师则缺乏对公司整体利益的维护和职业价值观的坚守。

张庆龙、邢春玉和芮柏松（2020）认为，内部审计师的人格类型会通过胜任能力对审计绩效产生影响。外向型、判断型和直觉型内部审计师的审计绩效更高。辛西亚·库珀具有刨根问底和倔强执着的人格类型，辛西亚·库珀的个人品格和专业胜任能力在崇高职业价值观的感召下秘密坚持审计，精神动力和胜任能力是驱使她做出勇敢行为的支柱。根据高阶梯理论，内部审计师的优良品质来源于成长经历和公司文化，特别是公司高管的示范效应。阿扬（Ayan，2016）认为，内部审计机构高管对基层审计师能力（技能、资源和行为）的支持有助于提高组织的职业伦理、审计效率和审计质量，2016年4起典型财务舞弊案公司高管人员的上述品质与"世通"高管一样缺乏。

根据认知理论，公司高管对内部审计师价值观的示范效应在2016年4起典型财务舞弊案中体现较为明显，欣泰电气领导授意和指使私刻公章和伪造银行进账单，内部审计师显然是知情的，但内审人员同样丧失了职业价值观的坚守，对内审工作范围内的舞弊迹象未能提示预警。"世通"的辛西亚·库珀的审计行为在欣泰电气内部审计师价值观中应是不可理解的，因为欣泰电气从董事会到基层内部审计师都没能坚守职业价值观。从图1逻辑分析，财务舞弊在欣泰电气根本无法通过自身内部审计免疫得到防范。

（四）内部审计的业务范围

高利芳和李艺玮（2019）认为，1983年内部审计在中国发展起来后，2013年，修订内部审计准则标志着内部审计从防范财务审计和业务审计的功能过渡到现代公司增值审计。冯均科（2013）认为，内部审计的发展是从财务导向审计到管理导向审计再到今天风险导向审计。但是，当公司将财务审计外包给注册会计师，内部审计师就可以完全不关心外部审计质量低下"有损公司增值"？不必为财务舞弊担责就可完全置身事外？内部审计师放弃财务审计是职业不自信和退缩吗？

从表1"舞弊发生的重点环节"可知，4起典型财务舞弊案已经违反了公司内部控制，触动了内部审计师的经营业务审计领域和公司增值目标，从图1逻辑分析，内部审计师不应当再明哲保身。蒙特亚努（Munteanu，2016）认为，内部审计师应对存在明显扭曲的记录文件、会计账目和财务报告保持应有的专业怀疑。内部审计师对财务舞弊侵蚀运营审计的行为装聋作哑，通过运营审计实现公司增值将注定失败。

内部审计产生的历史早于注册会计师审计，随着公司上市，财务审计外包化被法定下来，内部审计的地位被取代，内部审计报告公信力随之下降。"家丑不可外扬"和"少惹麻烦"的心理促使内部审计师职业谨慎性出现异化，波义尔（Boyle，2015）认为，公

司内部审计报告只向审计委员会公开而不向公司董事会及外部公开时，审计的谨慎性和
报告的严格性会增加。根据学习理论，内部审计师发生异化的根本原因是公司董事会未
能在公司建立良好的沟通机制、公司价值观和惩罚执行机制。但是，内部审计这种自我
保护式的行为加剧了内部审计在公司地位的边缘化，且内部审计师新拓展的公司增值服
务与公司治理中原有职位产生重叠，内部审计师因此难以立足。

另外，内部审计业务范围扩大会增加审计成本，基于成本效益的原则，公司过度节
约监督成本也会导致内部审计业务范围缩减。当年"世通"内部审计机构配置有 27 名专
职内部审计师，人员规模和平均审计投入都仅相当于同行业和同规模竞争对手的一半，
审计业务范围被缩减，这一现象在我国同样存在。

四、结论与建议

通过 CitespaceV 科学知识图谱计量文献发现，内部审计与财务报告的研究与会计信息
质量概念紧密相关，财务舞弊将严重损害会计信息质量。证监会 2016 年通报的 4 起典型
财务舞弊案例中均未出现"世通"式内部审计师防范财务舞弊的迹象。"舞弊发生的重点
环节"反映出财务舞弊侵蚀到内部审计的营运业务环节，事实上，内部审计师比外部注
册会计师和监管机关都更容易接近财务舞弊真相。中国内部审计由于内部审计职能定位、
机构设置、审计师价值观、业务范围等诸多影响导致在财务舞弊防范中退缩而无所作为。
2013 年，中国内审协会《内部审计基本准则》定义内部审计目标为"完善治理、公司增
值和实现目标"，证监会处罚"事件定性"说明公司增值因此发生倾覆，这与内部审计
"公司增值"目标南辕北辙，内部审计不能再坐视不管，也不应对公司财务舞弊装聋
作哑。

内部审计通过对内部控制、组织治理和风险管理审计最终实现公司增值。从图 1 逻辑
分析，只有将内部审计前移到公司财务业务发生过程才能有效防范财务舞弊。通过
CitespaceV 科学知识图谱计量文献发现，国内对内部审计与财务报告盈余管理的研究关注
不足。内部审计应当对当前避实就虚的职能定位和发展趋势进行反思，放弃了财务审计
核心业务，在空泛的"公司价值增值"中寻找和扩展新的职业领域，将注定在公司治理
中失去存在感，更加被边缘化。"世通"式内部审计防范财务舞弊经验值得中国内审协会
和中国公司学习，根据权变理论重新定位内部审计职能，提高职业胜利能力、激励和恪
守职业价值观，根据审计目标确定内部审计机构设置，平衡审计投入与公司治理效率，
保证必要的内部审计业务范围等。内部审计师的职业胜任能力培养除财会知识外，根据
熊彼得创新理论应增加经营管理、审计大数据、管理智能化和宏观经济、公司治理和信
息技术等知识储备，特别要重视审计职业价值观和审计文化的引导。

参考文献

［1］鲍圣婴. 国家审计、注册会计师审计和内部审计的定位与协作 ［J］. 审计与经济研究，2016 （6）:

12 – 19.

［2］陈莹，林斌. 内部审计治理机制互动与公司价值——基于上市公司问卷调查数据［J］. 审计研究，2016（1）：101 – 107.

［3］董大胜. 审计本质、审计定义和审计定位［J］. 审计研究，2015（2）：3 – 5.

［4］杜静，谢勇，林斌等. 管理者特征如何影响企业内部审计外包？——基于中国 A 股市场调查数据的研究［J］. 南京审计大学学报，2019（2）：10 – 19.

［5］冯均科. 内部审计发展：边缘化还是回归［J］. 审计研究，2013（2）：52 – 57.

［6］高利芳，李艺玮. 职务舞弊的内部审计困境与准则完善［J］. 财经问题研究，2019（8）：104 – 112.

［7］贾茜，冯均科，王璐. 加强内部审计和外部审计的监督合力：媒体监督的调节效应［J］. 西安财经大学学报，2020（4）：71 – 80.

［8］李世辉，杨丽，曾辉祥. 内部审计经理监察能力与企业违规——来自我国中小板上市企业的经验证据［J］. 会计研究，2019（8）：79 – 87.

［9］潘春花，谢光安. 大数据环境下内部审计的困境与对策研究——以行政事业单位为例［J］. 湖南社会科学，2019（4）：123 – 126.

［10］王嘉鑫. 强制性内部控制审计、企业创新与经济增长［J］. 会计研究，2020（5）：66 – 177.

［11］张庆龙，邢春玉，芮柏松等. 新一代内部审计：数字化与智能化［J］. 审计研究，2020（5）：113 – 121.

［12］郑石桥. 内部审计领导体制理论框架和例证分析［J］. 会计之友，2017（4）：127 – 133.

［13］Ayan Y. M. , Carmeli A. Internal Audits as a Source of Ethical Behavior, Efficiency, and Effectiveness in Work Units［J］. Journal of Business Ethics, 2016, 37（2）：1 – 17.

［14］Boyle D. M. The Effects of Internal Audit Report Type and Reporting Relationship on Internal Auditors' Risk Judgments［J］. Accounting Horizons, 2015, 29（8）：23 – 37.

［15］DeZoort F. T. , Harrison P. D. Understanding Auditors' Sense of Responsibility for Detecting Fraud Within Organizations［J］. Journal of Business Ethics, 2016, 24（2）：1 – 18.

［16］Isnajli H. , Aliu M. , Sahiti A. The Role of Internal Audit as a Starting Point for the Discovery of Irregularities in the Financial Statements of Public Companies in Knossos［J］. Social Science Electronic Publishing, 2017, 35（7）：153 – 159.

［17］Munteanu V. , Copinschi L. , Luschi C. Internal Audit-Determinant Factor in Preventing and Detecting Fraud Related Activity to Public Entities Financial Accounting［J］. Knowledge Horizons-Economics, 2016, 58（2）：14 – 21.

新兴技术驱动下审计活动的数字化转型：
主体、客体和方法

高思凡[*]

摘　要　新兴技术正为审计活动的数字化转型注入强大的驱动力。从实践角度看，审计活动的核心要素包括审计主体、审计客体、审计方法，此三要素可形成一个较为完整的审计活动数字化转型的理论架构和实践指向。明确审计主体、审计客体以及审计方法数字化转型的方向能解决审计活动创新发展中"由谁审""审计什么""如何审"的问题。具体来说，审计主体方面，传统意义上的审计人员将逐步演化为人机共生的混合智能审计系统；审计客体方面，传统 IT 审计的深度和广度将进一步拓展为涵盖新兴技术安全、伦理及隐私风险的新兴技术风险审计；审计方法方面，风险导向审计方法将逐渐被更有效率及效果的数据分析导向审计方法所替代。

关键词　新兴技术　审计活动　数字化转型　审计主体　审计客体　审计方法

The Digital Transformation of Audit Activity Driven by Emerging Technology：Subject，Object and Approach

Gao Sifan

Management College，Ocean University of China

Abstract：Emerging technologies have injected strong driving forces into the digital transformation of audit activity. From the perspective of practice，the core elements of audit activity include audit subject，audit object，and audit approach. The above three categories can form a complete theoretical framework and practical guidance for the digital transformation of audit activity. Identifying the direction of digitization of the above three categories can solve the problems of "who to audit"，"what to audit" and "how to audit" in the process of innovation and develop-

* 作者简介：高思凡，男，甘肃兰州人，中国海洋大学管理学院博士研究生，主要研究方向是审计信息化。

ment of audit activity. Specifically, in terms of audit subject, the traditional auditors will gradually evolve into a human-computer symbiotic hybrid intelligent audit system. In terms of audit object, the depth and breadth of traditional IT audit will be further extended to cover the potential security, ethical and privacy risks of emerging technologies, resulting in an emerging technology risk audit. In terms of audit approach, risk-based audit approach will gradually be replaced by data analysis-based audit approach which is more efficient and effective.

Key words：emerging technology；audit activity；digital transformation；audit subject；audit object；audit approach

一、引　　言

新兴技术（emerging technology）是指全新的、相对快速发展的技术，其特点是出现阶段具有不确定性和模糊性，但对未来社会经济领域具有相当大的潜在影响（Rotolo et al.，1998）。移动互联网、物联网、大数据、云计算、机器人流程自动化、人工智能、区块链等新兴技术对宏观经济、政治、社会以及微观企业组织带来了革命性变化，审计是一项同时涉及宏观和微观层面并确保其中受托责任全面有效履行的特殊的经济监督活动，如何利用技术促进审计活动创新发展一直是审计研究的重要话题。2018 年，习近平总书记在中央审计委员会第一次会议中指出，要坚持科技强审，加强信息化建设。近年来，审计职业界也强烈意识到新兴技术给审计活动带来的挑战和机遇（Fotoh and Lorentzon，2021）。与丰富的实践相比，我国对审计活动数字化转型的理论探索仍处于起步阶段，系统研究数字经济时代审计活动数字化转型的方向，不仅将进一步推动审计理论体系的完善，还将有助于推动数字审计实践的顺利运行。审计活动可以理解为审计主体利用审计手段能动地作用于审计客体的过程，审计要素是审计活动中最基本的单元，包括审计主体、审计客体以及审计方法等。现有文献往往限定于讨论审计活动中某单一要素的数字化转型及其影响，缺乏整合视角下的综合分析，本文则将立足于一个统一的分析框架，以审计主体、审计客体和审计方法三大审计要素作为支撑点，以期为审计活动的数字化转型构建一个较为完整的理论架构和实践指向。

二、概念辨析与文献回顾

（一）概念辨析

1. 审计主体、审计客体与审计方法

根据马克思主义实践观，按照"一般→具体"的技术路线可以推演出审计的社会实践活动论：实践即主观见之于客观的活动，而审计活动也并非自然界本身就存在，首先是由审计人员参与的社会实践活动。依照实践哲学，实践的核心构成要素包括实践主体、实践客体以及实践手段等，由此可推演出审计活动的核心要素包括审计主体、审计客体以及审计方法等。在一般审计活动中，通过对其核心要素的理解，至少可以推断出下列内容：(1) 该项审计活动"谁来审计"或"由谁审"；(2) 该项审计活动"审计什么"以及"审计谁"；(3) 该项审计活动"如何审计"。概括来说，审计主体是指执行审计活动的一方，对其分析可以理解审计活动"谁来审计"的问题；审计客体即审计对象，是审计活动的内容和范围的抽象，其中，审计内容是审计客体的内涵，对其分析可以理解"审计什么"的问题，而审计范围是审计客体的外延，对其分析可以理解"审计谁"的问题，本文只讨论内涵的审计客体；审计方法强调审计活动的实施过程，是收集审计证据、形成审计结论的一系列程序的集合，对其分析可以理解"如何审计"的问题。

2. 数字化与审计活动数字化转型

关于数字化，至今为止尚未有非常明确、严格的定义。秦荣生（2020）认为，数字化就是将许多复杂多变的信息转变为可以度量的数字、数据，再以这些数字、数据建立起适当的数字化模型，把它们转变为一系列二进制代码 0 和 1，引入计算机内部，进行快速处理，得出结论和结果。张庆龙等（2020）认为，数字化是一种趋势，是运用数字技术将生活中的信息转化为数字、数据的过程。本文将数字化类比信息化，概括来说，信息化即传统信息通信技术（information and communications technology，ICT）的应用致使应用对象或领域发生转变的过程，数字化则突出近年"大智移云物区"等新兴技术的应用，审计活动数字化是新兴技术与传统审计活动融合发展的过程。

（二）文献回顾

1. 关于审计主体数字化转型的研究

新兴技术在深刻改变世界的同时，也逐渐模糊了人机界限，对人的主体地位形成强烈冲击（孙伟平，2020），相关研究正是聚焦于探索新兴技术对审计人员的影响，有关新兴技术究竟是助力审计人员还是取代审计人员的讨论正愈发深化与广泛，学者们对此问题大都明确或隐晦地表达了自己的看法。部分学者认为，新兴技术能够针对审计人员的局限性提供更好的解决方案。例如，秦荣生（2020）指出，大数据和云计算有利于辅助审计人员更好地实施持续审计及总体审计；李和瓦萨里伊（Li and Vasarhelyi，2018）开发了名为 LUCA 的认知助手模型，可为审计人员信息检索和风险评估提供交互决策支持；黄和瓦萨里伊（Huang and Vasarhelyi，2019）认为，机器人流程自动化（robotic process automation，RPA）令审计人员从重复和判断程度低的审计任务中解脱；杨春雷和郑石桥（2021）指出，物联网增加的核实、追踪及信息功能有助于审计人员更有效率、效果地获取审计证据。部分学者则认为，新兴技术将更多地替代审计人员。例如，伊萨等（Issa et al.，2016）认为，人工智能可自动制订审计计划，自我纠正错误，不断改进审计流程，进而替代审计人员完成审计任务；毕秀玲和陈帅（2019）设计出能够实现审计全过程自动化的"审计智能＋"，并将其视为一个能够独立工作的"审计人员"。当然，部分学者也强调，新兴技术难以彻底替代审计人员，例如，尽管阿列斯和格雷（Alles and Gray，2020）

认为，审计主体自动化的趋势不可逆转，他们基于信任视角构建了审计主体由审计人员向新兴技术演变的框架，但阿列斯（Alles，2020）同时明确：鉴于新兴技术的固有风险和审计人员的存在价值，审计人员的角色仍应有所保留，并提出"去再造化"（de-engineering）的概念。

2. 关于审计客体数字化转型的研究

美国学者考夫曼（Kaufman）于 1961 年出版的有关电子数据处理审计的著作《电子数据处理和审计》可视为 IT 审计的萌芽，时至今日，信息技术或信息系统仍是重要的审计客体，新兴技术的快速发展将带来更复杂的风险，审计客体数字化转型的相关研究主要聚焦于两方面。一方面，主要剖析新兴技术与审计活动融合过程中出现的新挑战。例如，刘星等（2016）从大数据审计的角度讨论了大数据分析技术带来的新困难；慕诺克等（Munoko et al.，2020）从人工智能审计的维度探讨了人工智能审计的伦理风险。另一方面，主要探究审计在控制新兴技术风险中所发挥的作用。例如，阿佩尔鲍姆和尼赫默（Appelbaum and Nehmer，2020）探讨了有关基于云的区块链会计系统的相关风险，并提出了相应的审计思路；谢尔顿（Sheldon，2021）系统剖析了区块链系统中预言机的相关风险，并在此基础上匹配了相应的具体审计目标。部分行业自律性组织或国家机构正持续关注新兴技术风险审计，并试图为其提供正式或非正式指引，例如，国际内部审计师协会（IIA）曾发布《IIA 人工智能审计框架》，对人工智能审计的目标和程序做了框架性规定（IIA，2017）；英国信息专员办公室（ICO）曾颁布人工智能审计框架的咨询指南草案，并持续关注数据保护方面的审计实践（ICO，2020）；国际内部审计师协会 2020 年修订了"三道防线模型"（three lines of defense model），在新模型中，内部审计履行第三线职责，应当针对新兴技术风险治理和控制的适当性及有效性开展独立于第一、第二线的客观确认和咨询，出具审计意见和整改建议（IIA，2020）。

3. 关于审计方法数字化转型的研究

为了适应社会环境的发展变迁，审计方法经历了从账项导向、制度导向到风险导向的历史演进。数字化时代，新兴技术将在审计方法转型中发挥愈加重要的作用，故而学者们或从宏观层面探讨新兴技术对审计方法的影响（王错，2011；鲁清仿和梁子慧，2015；徐瑾，2009；郑伟等，2016；陈伟和 Wally，2016）；或从微观层面设计新兴技术影响审计方法的具体路径（Sun，2019；Zhang，2019；Dai and Vasarhelyi，2016；Cho et al.，2019），以数字化、数据式为特征的新审计模式正呼之欲出，并出现类似"数据式审计"（石爱中和孙俭，2005）、"电子数据审计"（裴育和郑石桥，2016）、"大数据审计"（刘国城和王会金，2017）等诸多概念，本文将之统称为数据式审计。然而，对于数据式审计是否遵循风险导向方法，学者们之间却存在不同的看法，具体分析如下。

部分学者认为，新兴技术的发展将局部修改和完善现阶段的风险导向审计方法，这一种观点认为，数据式审计是风险导向审计方法的自然延伸，其理念仍然遵循"风险导向"。例如，王错（2011）强调，数据式审计是风险导向审计方法的新发展，目的是要弥补风险导向审计在适应信息系统发展方面的不足；鲁清仿和梁子慧（2015）指出，大数据驱动下，风险评估程序将遵循"数据密集型科学范式"的思想，进一步，审计程序将拓展到大数据分析。部分学者进一步探索了各项新兴技术在风险导向审计方法中的具体应用。例如，孙（Sun, 2019）认为，深度学习因具有文本理解、语音识别、视觉识别及结构化数据处理等功能，将在风险导向审计方法的各阶段发挥信息识别和决策支持的作用；张（Zhang, 2019）探讨了智能流程自动化（intelligent process automation, IPA）在风险导向审计方法下的具体应用。这些研究均表明，新兴技术驱动下，现阶段风险导向审计方法中的风险评估、控制测试、实质性测试等审计程序的质量和效率将大大提高。

部分学者则立足于数据视角，从数据处理流程的维度入手对数据式审计展开了探讨，这一种观点则暗含了数据式审计将完全颠覆现有风险导向审计方法的假设。例如，徐瑾（2009）指出，数据式审计的流程应该分为数据采集、数据转换、数据清理、数据分析四个阶段；而郑伟等（2016）认为，还应该包括数据存储阶段；陈伟和沃利（2016）将大数据审计的原理划分为数据来源、数据集成、数据存储与管理、数据分析与结果展示、数据可视化分析五部分；戴和瓦萨里伊（Dai and Vasarhelyi, 2016）预言了第四次工业革命对审计的影响，指出未来审计活动主要依赖于反映现实世界经济活动的镜像世界以及各种数据之间的数据分析；周等（Cho et al., 2019）设计了一个能够自动、持续鉴证业务活动的数据生态系统（data ecosystem）。这些观点都强调以数据采集为起点，通过多维数据验证发现审计线索，展现了审计活动由"数据分析"驱动的理念。

4. 文献评述

审计活动的数字化转型已引起了学术界的广泛关注。关于审计主体数字化转型，现有文献多从技术应用角度粗略地勾勒新兴技术对审计人员的影响，鲜有学者深入剖析数字化时代新兴技术与审计人员的关系。关于审计客体数字化转型，一方面，现有文献广泛地讨论了各项新兴技术的风险与审计在其风险治理中的贡献，但针对新兴技术风险仍缺乏整合、统一的审计逻辑；另一方面，相关概念的认识尚未统一，易造成混淆，例如，"人工智能审计"一词语焉不详且有歧义，在不同语境下的含义可能大相径庭，有学者将其理解为"利用人工智能进行审计"，有学者则将其理解为"对人工智能技术进行审计"，事实上，国际框架显然将"人工智能审计"指向第二种理解。关于审计方法数字化转型，现有文献多从静态均衡分析出发，静止、孤立地考察审计方法的转型结果，且尚未明确数据式审计究竟是否遵循"风险导向"。综合来说，尽管目前学术界已经积累了一定数量的文献，但针对审计活动数字化转型的理论研究仍略显不足，鲜有学者基于整合视角构建相对综合的理论框架，有鉴于此，本文整体将立足于审计社会实践活动论，本文其余部分将分别基于共生理论、生命周期理论、演化经济学理论，从审计主体、审计客体、审计方法三个维度系统探讨审计活动数字化转型的方向，以期对构建审计活动数字化转型的理论框架有所裨益。

三、审计主体的数字化转型：人机共生混合智能审计系统

一直以来，学术界和实务界都基本默认审计主体为审计人员，然而，在新兴技术的

持续驱动下，人类开始进入人工智能时代。与以往技术革命淘汰生产资料不同，数字化革命开始淘汰人这一生产力，大量审计人员因此可能面临被新兴技术替代的风险，例如，弗雷和奥斯本（Frey and Osborne，2017）认为，未来新兴技术替代会计和审计人员的可能性高达94%，有鉴于此，学术界和实务界有必要直面审计主体"数字穷人"或"机器代人"的倾向及其引发的一系列重要议题，明确审计主体数字化的转型之路。本文认为，新兴技术不可能完全取代审计人员，未来的发展应是人机共生驱动审计活动。

（一）新兴技术的替代效应与审计人员的存在价值

数字化时代，新兴技术可以模仿审计人员的认知能力和行动能力。认知能力层面，大数据分析技术一方面可以从文本、音频、图像、视频等非结构化数据中识别并提取关键信息，弥补人工取证的局限性，替代审计人员从纷繁芜杂的数据"海洋"中发现审计风险点；另一方面能够利用载有被审计方经济活动时空局部信息的数据，对时空外部的未知信息进行相对精确的量化测量，进而达到基于历史数据预测未来数据以及基于局部数据推测其他数据的效果，承担部分审计职业判断的功能。行动能力层面，机器人流程自动化的本质是在一个或多个不相关的软件系统中预配置的软件实例，根据业务规则和预定义的活动编排自动完成一系列流程、活动、事务和任务（IEEE，2017）。机器人流程自动化可以通过创建一个程序机器人，模仿审计人员的操作，进而提升审计效率，保障审计质量。人工智能本质上就是利用机器模拟、延伸和拓展人类智能的技术或应用系统，通过算法对数据进行采集、加工、处理和挖掘，并可以反复试错和改错来吸取经验，进而形成有价值的信息流和知识模型。机器人流程自动化和人工智能可以实现不同类型审计任务的自动化，具体来说，机器人流程自动化能够自动化具有结构化数据输入、单一结果输出、基于明确规则的审计任务；人工智能则能够自动化具有非结构化数据输入、多个结果输出、基于推理流程的审计任务（Zhang，2019）。

正如前述，新兴技术对审计人员的替代已成为审计职业的"应有之义"，但笔者认为，由于以下三方面原因，审计人员的存在价值不容漠视，"机器完全替代人"不太可能。首先，审计是国家治理及监督体系中重要的制度安排，以人工智能算法为代表的新兴技术存在归责性困境问题：算法"黑箱"现象所带来的不确定性风险不能完全消除，对审计失误进行问责时将陷入两难境地，即难以区分失误究竟源于新兴技术还是审计人员。因此，新兴技术无法取代审计人员在实现审计目标过程中的责任主体地位，否则将缺失对审计责任人问责工作开展的基础。其次，新兴技术在审计中的应用需要审计人员控制，新兴技术的工作结果也需要审计人员来辨识、解读和利用，例如，大数据可能对专业判断、决策分析和预测带来噪声污染或噪声干扰，因此，在审计流程中保留审计人员的角色进行统筹协调以应付异常情况很有必要。最后，一方面，审计人员的职业道德约束、职业判断能力、职业谨慎态度和职业怀疑精神将发挥重要作用，这些能力有助于在特定的审计环境下探寻特定审计线索，有利于综合全面、动态有效地完成各项审计任务；另一方面，审计活动作为一门科学的同时也是一门艺术，开展审计活动既要遵循体现其规律的原则和程序，也要注重灵活性和创造性，这需要审计人员充分发挥其主观能动性。

（二）审计主体数字化转型的方向前瞻

从事实角度来看，新兴技术对审计人员存在一定程度的替代效应，但审计人员存在固有价值，新兴技术无法完全替代审计人员；从伦理角度来看，也不应让新兴技术替代审计人员的必要体力和重要智慧的运用，否则将是对审计职业的自我毁灭，因此，应系统地看待新兴技术对审计人员的影响，唯有做到历史主义方法与辩证分析方法相结合，才能做出正确的价值判断，进而科学地前瞻新兴技术与审计人员的关系。审计主体的数字化转型大致可划分为三个阶段。第一，新兴技术应用前期。正如马克思和恩格斯强调"自由时间不被直接生产劳动所吸引，而是用于娱乐和休息，从而为自由活动和发展开辟广阔天地"①。在该阶段，各项技术处于萌芽阶段，并呈现出碎片化的特征，新兴技术可以执行部分例行性、重复性的审计任务，进而提高审计效率并改善审计质量，新兴技术与审计人员的互补作用较为明显。第二，新兴技术应用中期。正如马克思强调，"在机器日益完善、改进或为生产效率更高的机器所替换的地方，机器又把一批又一批的工人排挤出去"②。在该阶段，新兴技术能够通过与人、自然环境的交互学习出色完成对数据的发现、理解、推理、决策等特定认知任务，这实质上挤压了审计人员的价值，新兴技术对审计人员的替代作用将不断增加。第三，新兴技术应用成熟期。正如马克思强调，"生产者也改变着，炼出新的品质……造成新的交往方式"。在该阶段，各项新兴技术将高度整合，充分发挥各自的优势，新兴技术可以在没有审计人员干预的情况下独立行动以及自主决策，并能够创造性地适应各种异常情况，但鉴于审计人员相对于新兴技术不可替代的存在价值，审计人员不会消失，最终新兴技术和审计人员将处于一个相对均衡的状态，这个均衡状态即审计效率最高、审计风险最小的状态。

（三）基于共生理论的人机共生混合智能审计系统

未来新兴技术和审计人员将处于一个相对均衡的状态，不同于简单的替代或互补关系，共生关系更符合二者理想状态的塑造。共生概念起源于生物学，强调不同种属按某种物质联系生活在一起，形成共同生存、协同进化或者相互抑制的关系（Ahmadjian，1986），共生理论强调系统演化应遵循资源共享、互利共赢的原则，以最终实现连续性互惠共生的状态（张永缜，2009）。因此，通过构建审计人员和新兴技术共同进化、协同发展的混合智能审计系统，合理界定二者的职能范围，能够充分发挥二者的功能，将促使审计流程达到更加有序的状态，最终实现 1 + 1 > 2 的共生效应。

人机共生混合智能审计系统（见图 1）的精髓在于实现新兴技术与审计人员的分工协

---

① 《马克思恩格斯全集》（第 8 卷），人民出版社 2009 年版，第 203 页。
② 《马克思恩格斯全集》（第 6 卷），人民出版社 1961 年版，第 203 页。

作与价值创造，审计流程可以分解为一系列相互联系的独立审计任务，可以将审计任务分成程序性体力任务、程序性认知任务、非程序性体力任务与非程序性认知任务四类，程序性审计任务的解决方案具有明确的客观标准，几乎不需要审计职业判断，而非程序任务的解决方案的特征呈现复杂性和多变性，需要运用高水平的审计职业判断。一般来说，审计任务的程序性越高，越易适用于新兴技术，但新兴技术的持续驱动将不断拓展其所覆盖的审计任务的范围。新兴技术侧重于实现从审计数据采集、预处理、分析到可视化的全过程自动化，继而渗透进被审计方经济活动的全流程，持续化、全面化监控被审计方的经济交易、业务及事项；审计人员侧重于负责统筹兼顾、运营反馈、非预期情况处理及在必要的时候对输出的审计结论进行评估，以保障整个混合智能审计系统的安全性、稳定性和可靠性。人机共生混合智能审计系统的运行过程可概念化为一个"感知—思考—响应"循环闭环。在该循环中，"感知""思考""响应"每一部分适用于审计流程的不同方面："感知"部分包括能够自动采集审计大数据的智能硬件设备，如物联网、无人机等，但若利用新兴技术难以探寻到审计证据，则需考虑由审计人员人工收集；"思考"部分既包括大数据分析、人工智能以及智能合约（smart contract）组成的技术集合，也包括审计人员的职业判断，该部分主要负责对所采集的数据进行推断、分析和挖掘，通过自动或人工执行审计程序，以判断被审计方的经济活动的相关认定与既定标准的符合程度；"响应"部分可由机器人流程自动化或审计人员负责执行具体行动，如指引工作流、启动应用编程界面（API）等。

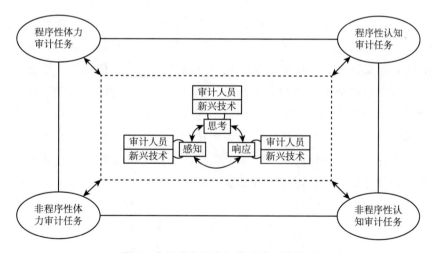

图1　人机共生混合智能审计系统概括

四、审计客体的数字化转型：新兴技术风险审计

数字化时代，新兴技术因具备虚拟化、集成化、网络化等特征，改变了组织获取、转换、传递产品和服务的过程，这虽然进一步降低了披露受托经济责任的成本，但也加大了不能履行受托责任的风险，由于受托责任成本的降低，人们之间的信任程度也随之

降低，为此需要更多的责任约束。审计通过提供真实信息，增强信息使用者的信任程度，产生"不在场可信任"或"消除不信任感"的需要，本质上是一种以提供可靠信息为主要手段的信任机制（袁小勇，2010），作为一种增信服务，审计活动可以通过不断创新审计客体的形式、层次及种类进而不断降低需求方的信任风险以此谋求审计职业可持续发展。通过监督、揭示、鉴证新兴技术的潜在风险，审计活动客观上能够发挥治理新兴技术风险的职能，最终增加社会公众对新兴技术的信任程度，因此，在逻辑上，传统审计活动应拓展其审计客体以充分发挥其在新兴技术风险治理中的独特贡献。

（一）新兴技术的潜在风险与审计的贡献

IT 审计除了需要验证信息资源（数据）的完整性及真实性外，还需要核实信息系统是否安全、是否合乎规范，其运行是否有效、可靠，其他审计客体还包含软件、硬件、网络环境、运行能力、内部控制等。新兴技术兴起前，被审计方通过部署防火墙、安全网关，采用访问控制技术等边界防护措施来实现网段隔离，将各项信息技术的风险控制在一定程度，审计方则通过构建 IT 审计框架或模型以充分应对上述风险，并对传统信息技术的安全性、真实性、完整性、有效性进行"鉴证"（谢岳山，2009）。不断演变的新兴技术将带来一系列的潜在风险，大致可划分为以下三种。首先是安全风险，新兴技术存在逻辑的不确定性、应用的不稳定性、组件的脆弱性等风险技术属性，可能产生人类预料不到的结果，继而引发技术故障和安全事故风险；其次是伦理风险，新兴技术既可视为人类智能的延伸，亦可视为人类价值系统的拓展，在其发展过程中，可能发生诸如归责性困境、算法歧视、算法厌恶等伦理负效应；最后是隐私风险，新兴技术不仅不可避免地涉及个人或组织信息的合理使用问题，其发展也让侵犯隐私的行为更为便利。上述风险将直接影响人类与新兴技术交互经验中对新兴技术的信任程度，社会公众必须信任新兴技术所带来的安全及利益远大于伤害和成本，才有可能进一步发展新兴技术，但传统 IT 审计的框架或模型显然难以完全覆盖上述风险，传统 IT 审计的深度、广度理应进一步延伸为涵盖安全、伦理及隐私风险的新兴技术风险审计。新兴技术风险审计能够在以下五个方面发挥关键且独特的贡献：第一，审计主体可以将相关新兴技术纳入风险评价项目并列入审计计划之中，以充分评估新兴技术的风险；第二，对于仍在探索应用新兴技术的组织，审计主体可以从初始阶段积极参与新兴技术的落地计划，为新兴技术的进一步实施提供建议和看法，但是，需要强调的是，审计主体在此过程中应当保证客观性和独立性，不应该也不负责执行新兴技术应用的流程、政策或程序；第三，对于已经正式应用新兴技术的组织，审计主体可以针对新兴技术所运用的模型及模型所依赖的数据，提供安全性、可靠性、有效性、持续性等鉴证性服务；第四，审计主体能够合理保证新兴技术所涉及的隐私、伦理等问题是否被妥善处理；第五，审计主体可以采用系统性的科学方法评估和改善与新兴技术有关的风险管理、控制和治理程序的有效性。

（二）基于生命周期理论的新兴技术风险审计框架

正如前文所述，诸如《IIA 人工智能审计框架》等正式或非正式指引已经发布或即将发布，然而，上述框架虽然面面俱到却缺乏整合、统一的审计逻辑，难以将丰富且复杂的审计客体串联为一个整体，形成整合的审计框架，为此笔者拟探讨一种行之有效且具有科学性、系统性的审计框架，即基于生命周期理论的审计框架，该框架旨在针对新兴技术项目生命周期中的每一阶段开展审计，最终确认整个新兴技术项目的安全性、可靠性及有效性。

以人工智能项目的审计为例，人工智能项目的生命周期可大致划分为五个阶段，即，阶段一，定义问题；阶段二，数据采集及预处理；阶段三，模型开发和验证；阶段四，模型实施、部署及执行；阶段五，模型监控。其中，阶段一强调将抽象问题转换为概念性的问题；阶段二强调获取数据，开展探索性的数据分析并清洗数据；阶段三强调模型方案的确定，旨在探索不同的模型并挑选合适的模型，然后对选中的模型进行微调，使之更加完善；阶段四强调将模型高效且正确地部署于客观世界；阶段五强调时刻关注模型以保证其朝着积极的方向运行。需要说明的是，模型在整个人工智能项目生命周期中处于核心地位，人工智能正是凭借自身非线性、高维、大样本、复杂的模型才能不断逼近客观世界。

在基于生命周期理论的新兴技术风险审计框架下，审计主体应当采用端对端的方法关注整个人工智能项目的生命周期。在阶段一，审计主体应当验证抽象问题转换为概念问题的科学性和合理性；在阶段二，审计主体既应当测试数据管理的有关控制措施，以确保其符合相关要求，还应当验证旨在减轻数据偏见或歧视风险的相关方法或程序的有效性；在阶段三，审计主体应当测试有关模型风险管理的控制措施，确保模型是否得到完整的开发和验证以及是否完全符合已定义的相关问题；在阶段四，审计主体应当对有关模型实施、部署及执行的相关控制进行测试；在阶段五，审计主体应当着眼于人工智能项目信息系统的相关控制措施，重点关注整个生命周期中模型可能引发的安全、伦理和隐私风险，在此基础上，审计主体应当对模型监控的有效性予以测试，如果，人工智能模型会持续更新，那么，审计主体应当继续围绕数据采集与预处理，模型更新、验证、实施、执行，以及与监控相关的控制措施进行全面测试。利用上述框架，审计主体将聚焦于人工智能项目的三大要素，即模型、数据和信息系统，其中，模型是核心，而模型、数据与信息系统三者紧密相连成为一个有机体，审计主体能够以一个整体的视角对人工智能项目开展审计。当然，需要明确的是，基于生命周期理论的新兴技术风险审计框架可以广泛运用于包括人工智能项目在内的各项新兴技术，其核心理念和基本思路具有普遍适用性。

五、审计方法的数字化转型：数据分析导向审计方法

数字化时代，数据式审计是否应当遵循"风险导向"的战略定位值得深思，演化经济学强调以动态、演化的视角观察、理解经济变迁及技术变迁，其被广泛应用于解释技术创新及制度变迁等领域，并已成为分析和描述复杂经济现象的重要视角和手段（贾根

良，2004），审计方法从账项导向、制度导向演变至风险导向，本身就是一种渐变性而非颠覆性的创新过程，这与演化经济学作为过程经济学、动态经济学的本质相契合。基于演化经济学的视角，未来审计方法的数字化转型可划分为两个阶段，即过渡阶段的风险导向数据式审计和最终阶段的数据分析导向数据式审计。在过渡阶段，审计方法难以突破"风险导向"的理念，在新兴技术的持续驱动下，取而代之的将是最终阶段的"数据分析导向"的理念。

（一）过渡阶段：风险导向的数据式审计

新兴技术兴起前，受制于数据存储及处理能力的局限性，基于风险评估基础分配审计资源的风险导向审计方法能够在可容忍的审计风险下，达到尽可能高的审计效率，优化审计资源配置并节约审计成本，在一定时间和范围内保证了审计职业的生存与发展。大数据、云计算等新兴技术为审计活动提供了更广泛的数据覆盖、更有利的数据传输、更精准的数据分析和更及时的数据处理，审计数据的分析方式遂由传统的验证性分析逐渐转向探索性分析：多维分析和数据挖掘技术能够对数据进行多角度、深层次分析，继而可以发现隐藏在细节数据中更具价值的洞见，精准找到审计重点和疑点，这大大延伸并拓展了传统审计中分析性程序的功能。审计主体通过数据采集、数据预处理、数据分析、数据可视化等过程，能够为传统风险导向审计方法下的各个审计阶段提供审计线索，进而起到辅助审计人员判断、方便审计方延伸取证的作用（见图2）。

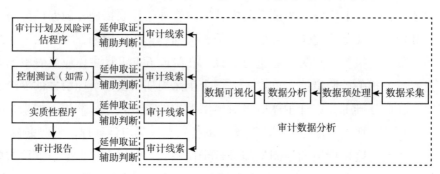

图2　风险导向数据式审计的过程

（1）在审计计划及风险评估阶段，通过数据式审计，审计主体可以根据被审计方财务、业务、战略管理、供应链管理、产品或服务质量等方面的审计资料展开自动分析，查找异常，进而初步预测业务风险、重要性、可接受审计风险、固有风险以及控制风险的水平等。

（2）在控制测试阶段，通过数据式审计，审计主体可以根据被审计方内部控制政策文件、各种会议记录文件等资料，自动判断是否存在内控偏差，进而再次评估控制风险、开展控制测试等。

（3）在实质性程序阶段，通过数据式审计，审计主体可以根据交易凭证、公司高层电子邮件、无人机拍摄的固定资产、存货资料等资料，并重点根据风险评估和控制测试阶段发现的线索在细节测试、实质性分析方面向审计人员提供建议，同时能够评估已收集的审计证据、开展其他审计程序。

（4）在审计报告阶段，通过数据式审计，审计主体可以汇总前期获得的审计证据，进一步进行分析性复核，最终形成总体审计结论。

需要强调的是，过渡阶段的新兴技术尚未完全成熟，审计大数据难以覆盖全部的审计事项，电子数据的固有局限性（如无形、易失、易改等不稳定特征）令数据质量难以保证，数据采集、预处理、分析、可视化阶段会出现新的审计风险，这些风险暂时难以消除，因此，过渡阶段的数据式审计仍应基于"风险导向"。

（二）最终阶段：数据分析导向的数据式审计

郑石桥（2020）指出，在电子数据审计环境下，无论是结果导向还是问题导向，电子数据审计的取证流程都分为总体分析、具体分析和细节测试三个阶段。未来新兴技术有望高度成熟，一方面，被审计方发生经济活动的时间、地点、数量、过程等多维度信息最终可以转换为0，1二进制代码，审计主体能够自如地予以提取、存储、转换，进而全方位掌握被审计方的具体情况，全面审计、详细审计将重现，最终取代以"风险"为着力点的抽样审计；另一方面，审计主体收集与评价审计证据的成本大大降低，长期以来，倒逼审计方重点配置审计资源、形成风险导向审计方法的成本压力将不复存在，事实上，测试、抽样、风险评估、重要性确定等审计手段仅是审计主体面对审计成本和审计质量内在矛盾时无奈的权衡之举，未来将难有存在的必要性。有鉴于此，未来数据式审计的审计理念将突破"风险导向"，逐渐演变为"数据分析导向"，进而形成数据分析导向数据式审计，其强调以数据分析为核心获取和评价审计证据，通过对数据的采集、预处理、挖掘来识别具备重要性、异常性、风险性特征的例外事项，进而根据初步审计结果视情况选择延伸审计程序，最终汇总审计证据、得到审计结论。数据分析导向审计方法的基本流程可划分为四个阶段（见图3），即审计计划阶段、数据分析阶段、延伸取证阶段、审计报告阶段。

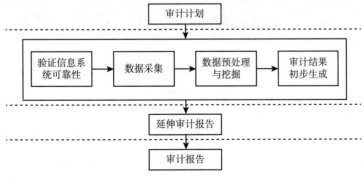

图3　数据分析导向数据式审计的过程

（1）审计计划阶段。审前计划的主要任务包括：明确数据分析导向数据式审计的总体目标，了解被审计方信息系统的基本情况，理解被审计方相关数据输入、处理、输出的全流程等。鉴于审计计划阶段可能需做大量的数据采集审前工作，因此，审计人员有必要向被审计方提出审计数据要求说明书，明确数据采集的相关要求和注意事项，例如，数据采集所需的数据系统、数据库、数据表的名称、数据采集的具体方式、数据交付期限与方式等，从而为制订审计计划奠定坚实的基础。

（2）数据分析阶段。数据分析阶段包括验证信息系统可靠性、数据采集、数据预处理与挖掘、审计重点生成四个步骤。信息系统的安全性、可靠性直接关系到审计数据的质量，继而将直接影响审计结果的可靠性，因此，对信息系统可靠性的验证环节至关重要。审计主体要根据实际情况对信息系统的硬件、软件、运行控制、安全防范、网络环境等方面进行测试检查，确保为后续阶段提供真实、完整、可靠的审计数据。在验证信息系统可靠性的基础上，数据采集是对被审计方信息系统需要的相关数据进行收集的过程；数据预处理是将所采集的数据转换为满足数据挖掘需要的数据形式的过程；数据挖掘是指从不同层次、不同角度对数据进行分析的过程；而审计结果初步生成是指在前述步骤的基础上，根据数据挖掘结果发现并评价具备异常性、风险性、重要性特征的例外事项，初步评价具体审计目标实现程度，即被审计方各项经济活动及其内外部环境的认定与既定标准符合程度，进而直接得到各审计事项的初步审计结果。

（3）延伸取证阶段。针对数据分析阶段所得到的初步审计结果，审计主体应当视情况选择是否需要进一步实施延伸审计程序，某些初步审计结果可能需要审计主体进一步调查、收集、评价相关证据，例如，针对公允价值计量、资产减值测试等涉及复杂会计估计的审计必须进一步延伸取证，以进一步确认审计事实并调整初步审计结果，从而得到阶段性审计结论。需要说明的是，阶段性审计结论是初步审计结果的调整结果，难以自动根据所有具体审计目标的实现程度来推断总体，无法判断是否满足总体审计目标，因此，仍需审计主体最后合理评估总体审计目标是否实现。

（4）审计报告阶段。经过前述审计步骤，一方面，审计主体通过数据分析阶段能够实时监控被审计方的情况，渗透其经济活动的全链条进而掌握审计重点；另一方面，审计主体通过延伸审计程序，能够在不同时间点向审计需求方提供更加及时、灵活的阶段性审计结论。最后审计主体将汇总之前阶段所获得的所有证据，合理判断是否实现了总体审计目标，最终形成总体审计结论。

六、结束语

在新兴技术的持续驱动下，数字化时代审计的创新发展将面临诸多变革和不确定性，审计活动如何进行数字化转型将成为需迫切破解的关键问题，学术界和实务界应高度重视新兴技术对审计活动带来的全方位影响，适应新兴技术发展对审计主体、审计客体以及审计方法的改变，积极迎接新的机遇和挑战。现阶段关于审计活动数字化转型的实践成果遥遥领先于理论研究，尚有大量的问题亟待解决，笔者抛砖引玉，探讨了未来审计活动数字化转型的方向，初步构建了审计活动数字化转型的理论框架，相关理论价值和结论可以概括如下。（1）系统剖析了新兴技术与审计人员之间的人机关系，科学地前瞻了审计主体数字化转型的方向，基于共生理论构建了人机共生混合智能审计系统，既充分发挥了新兴技术在提高审计活动效率、效果方面的作用，又强调了审计人员的存在价值。（2）基于信任动因分析传统 IT 审计深度、广度进一步拓展的重要性，梳理了审计活动在新兴技术安全、伦理和隐私等风险治理上发挥的贡献，基于生命周期理论的审计逻辑能够较好地整合现有的新兴技术审计框架。（3）从演化经济学的视角勾勒了审计方法演进的两个阶段，其中过渡阶段遵循"风险导向"，而最终阶段遵循"数据分析导向"。需要说明的是，一方面，笔者虽然描绘了未来审计活动数字化转型的框架，但并未对该框架下整个审计活动涉及的全部审计要素进行详细阐述，其他审计要素还包括审计动因、审计目标、审计标准等，未来需要在笔者所设计的框架的基础上，进一步具体讨论其他审计要素的数字化转型的方向；另一方面，因诸如国家审计、社会审计、内部审计等审计形式系出同门，彼此之间可以相互借鉴和影响，故而笔者探讨审计活动数字化转型时并未区分具体的审计形式，但不同的审计形式毕竟在其特有的环境下产生和发展，并无明显交融，因此，如何结合各自的特点构建个性化的审计活动数字化转型框架，可以作为后续研究的内容。

参考文献

[1] 毕秀玲，陈帅．科技新时代下的"审计智能+"建设 [J]．审计研究，2019（6）：13 – 21．

[2] 陈伟，Smieliauskas Wally．大数据环境下的电子数据审计：机遇、挑战与方法 [J]．计算机科学，2016，43（1）：8 – 13，34．

[3] 贾根良．理解演化经济学 [J]．中国社会科学，2004（2）：33 – 41．

[4] 刘国城，王会金．大数据审计平台构建研究 [J]．审计研究，2017（6）：36 – 41．

[5] 刘星，牛艳芳，唐志豪．关于推进大数据审计工作的几点思考 [J]．审计研究，2016（5）：3 – 7．

[6] 鲁清仿，梁子慧．大数据对风险导向审计影响的研究 [J]．河南师范大学学报（哲学社会科学版），2015，42（2）：55 – 58．

[7] 裴育，郑石桥．电子数据审计的技术属性和逻辑过程：一个理论分析框架 [J]．江苏社会科学，2016（6）：37 – 44．

[8] 秦荣生．大数据、云计算技术对审计的影响研究 [J]．审计研究，2014（6）：23 – 28．

[9] 秦荣生．数字化时代的财务创新发展 [J]．财务与会计，2020（1）：7 – 9．

[10] 石爱中，孙俭．初释数据式审计模式 [J]．审计研究，2005（4）：3 – 6．

[11] 孙伟平．人工智能与人的"新异化" [J]．中国社会科学，2020（12）：119 – 137，202 – 203．

[12] 王锴．基于风险导向的数据式审计模式探索 [J]．现代管理科学，2011（1）：86 – 88．

[13] 谢岳山．联网环境下信息系统审计的体系架构 [J]．审计研究，2009（5）：37 – 39．

[14] 徐瑾．基于信息化环境下数据式审计的特征与实施路径 [J]．审计与经济研究，2009（1）：50 – 55．

[15] 杨春雷，郑石桥．物联网对审计取证的影响：一个理论框架 [J]．财会通讯，2021（1）：12 – 14．

[16] 袁小勇．论审计的本质 [J]．中国注册会计师，2010（5）：33 – 39．

［17］张庆龙，邢春玉，芮柏松，崔楠．新一代内部审计：数字化与智能化［J］．审计研究，2020（5）：113 – 121.

［18］张永缜．共生：一个作为事实和价值相统一的哲学理念［J］．西安交通大学学报（社会科学版），2009（4）：68 – 72，90.

［19］郑石桥．大数据对审计取证的影响：一个理论框架［J］．财会通讯，2021（5）：3 – 7.

［20］郑伟，张立民，杨莉．试析大数据环境下的数据式审计模式［J］．审计研究，2016（4）：20 – 27.

［21］Ahmadjian V. Symbiosis. An Introduction to Biological Associations［R］. 1986.

［22］Alles M. G . Business Process "De-Engineering"：Establishing the Value of the Human Auditor in an Automated Audit System［J］. Journal of Emerging Technologies in Accounting, 2020, 17（1）：43 – 49.

［23］Alles M. G . , Gray G. L. Will the Medium Become the Message? A Framework for Understanding the Coming Automation of the Audit Process［J］. Journal of Information Systems, 2020, 34（2）：109 – 130.

［24］Appelbaum D. , Nehmer R. A. Auditing Cloud-based Blockchain Accounting Systems［J］. Journal of Information Systems, 2020, 34（2）：5 – 21.

［25］Cho S. , Vasarhelyi M. A. , Zhang C. The Forthcoming Data Ecosystem for Business Measurement and Assurance［J］. Journal of Emerging Technologies in Accounting, 2019, 16（2）：69 – 88.

［26］Dai J. , Vasarhelyi M. A. Imagineering Audit 4. 0［J］. Journal of Emerging Technologies in Accounting, 2016, 13（1）：1 – 15.

［27］Fotoh L. E. , Lorentzon J. I. The Impact of Digitalisation on Future Audits［J］. Journal of Emerging Technologies in Accounting, 2021.

［28］Frey C. B. , Osborne M. A. The Future of Employment：How Susceptible are Jobs to Computerisation?［J］. Technological Forecasting and Social Change, 2017, 114：254 – 280.

［29］Huang F. , Vasarhelyi M. Applying Robotic Process Automation（RPA）in Auditing：A Framework［J］. International Journal of Accounting Information Systems, 2019, 35：100433.

［30］IEEE Corporate Advisory Group. IEEE Guide for Terms and Concepts in Intelligent Process Automation［M］. IEEE, New York City, 2017.

［31］Information Commissioner's Office（ICO）. Guidance on the AI Auditing Framework［Z］. 2020.

［32］Issa H. , Sun T. , Vasarhelyi M. A. Research Ideas for Artificial Intelligence in Auditing：The Formalization of Audit and Workforce Supplementation［J］. Journal of Emerging Technologies in Accounting, 2016, 13（2）：1 – 20.

［33］Kaufman F. Electronic Data Processing and Auditing［M］. Ronald Press Co. , 1961.

［34］Li Q. , Vasarhelyi M. Developing a Cognitive Assistant for the Audit Plan Brainstorming Session［J］. The International Journal of Digital Accounting Research, 2018, 18（24）：119 – 140.

［35］Munoko I. , Brown-Liburd H. L. , Vasarhelyi M. The Ethical Implications of Using Artificial Intelligence in Auditing［J］. Journal of Business Ethics, 2020：1 – 26.

［36］Rotolo D. , Hicks D. , Martin B. R. What is an emerging technology?［J］. Research Policy, 2015, 44（10）：1827 – 1843.

［37］Sheldon M. D. Auditing the Blockchain Oracle Problem［J/OL］. Journal of Information Systems, 2021.

［38］Sun T. Applying Deep Learning to Audit Procedures：An Illustrative Framework［J］. Accounting Horizons, 2019, 33（3）：89 – 109.

［39］ The Institute of Internal Auditors（IIA）. The Three Lines of Defense in Effective Risk Management and Control ［Z］. 2020.

［40］ The Institute of Internal Auditors（IIA）. The IIA's Artificial Intelligence Auditing Framework ［Z］. 2017.

［41］ Zhang C. Intelligent Process Automation in Audit ［J］. Journal of Emerging Technologies in Accounting, 2019, 16（2）: 69 – 88.

股权性质会影响财务审计重要性阀值吗？[*]

摘　要　重要性阀值影响审计效率和审计质量，是财务审计的核心要素。本文基于现代风险导向审计理论，以2016～2018年披露年报和内部控制信息的沪深两市A股上市公司为研究样本，试图探究股权性质对财务审计重要性阀值的影响。研究通过实证分析得出股权性质与财务审计重要性水平的关系。结果表明，国有股与财务审计重要性阀值显著正相关，国有股规模越大，财务审计重要性阀值越高。本文的研究拓展了重要性阀值的相关研究；研究结论在一定程度上对审计人员更好地做好重要性判断、在实务工作中恰当运用审计重要性水平有一定的指导作用，对监督部门完善相关制度、提升监管质量有一定的参考价值。

关键词　财务审计重要性阀值　国有股　股权性质　现代风险导向审计　审计风险

Does the Nature of Equity Affect the Threshold of Financial Audit Materiality?

Zhou Tong

School of Government Audit, Nanjing Audit University

Abstract：The materiality threshold, a core of financial audit, affects audit efficiency and audit quality. This article is based on modern risk-oriented audit theory. Disclosed annual reports and internal control information of A-share listed companies in Shanghai and Shenzhen stock mar-

---

　*　基金项目：教育部重大招标项目"更好地发挥审计在党和国家监督体系中的作用研究"（19JZD27），教育部后期资助项目"审计基本理论研究"（19JHQ066）。

　**　作者简介：周彤，女，江苏仪征人，南京审计大学政府审计学院硕士研究生，主要研究方向是财务审计。

kets from 2016 to 2018 are taken as research sample. This study reveals the relationship between the nature of equity and the materiality threshold through empirical analysis. The results show that state-owned shares are significantly positively correlated with the matcriality threshold of financial auditing, and the larger the scale of state-owned shares are, the higher the materiality threshold is. The research expands research on the materiality threshold. To a certain extent, the research conclusions have a certain guiding role for auditors to better judge the materiality threshold and appropriately use the audit materiality threshold in practical work. And also these conclusions have certain reference value for the supervision department on improving relevant systems and improving the quality of supervision.

Key words：Threshold of financial audit materiality；State-owned shares；Nature of equity；Modern risk-oriented audit；Audit risk

一、引　言

重要性也叫重大性、实质性，是会计和审计理论与实践中的基础性概念。重要性阀值是财务审计中的一个重要概念，它的应用贯穿于整个审计过程的始终，对于科学地制订审计计划、确定样本规模、审计范围和形成审计意见都有重要影响。

尽管我国在审计制度的建设方面已经取得了长足的发展，而我国的现代风险导向审计还处于摸着石头过河的初级阶段。已有的关于审计重要性阀值的研究大多都集中在理论问题的讨论上，以及其在会计和实践中的运用，较少有基于经验数据的深入研究，开展针对审计重要性阀值实务运用的研究很有必要。国外有不少文献探究了财务审计重要性阀值的影响因素，发现事务所规模、客户公司的规模、审计费用等对重要性阀值的影响，但是，未发现有文献对股权性质是否影响重要性阀值进行探究。

本文基于现代风险导向审计理论，以 2016～2018 年披露年报和内部控制信息的沪深两市 A 股上市公司为研究样本，研究股权性质对财务审计重要性阀值的影响。结果表明，国有股与财务审计重要性阀值呈显著正相关，国有股规模越大，财务审计重要性阀值越高。从理论价值来说，本文的研究拓展了重要性阀值的相关研究；从实践价值来说，本文的研究结论在一定程度上对审计人员更好地做好重要性判断、在实务工作中恰当运用审计重要性阀值有一定的指导作用，对监督部门完善相关制度、提升监管质量有一定的参考价值。

二、文献综述

（一）财务审计重要性阀值的影响因素

审计重要性这一概念首次广泛引起学界注意是在 20 世纪 70 年代，学者们围绕审计重要性展开的相关课题进行了深入浅出的研究，其中就包括针对财务审计重要性阈值的影响因素的研究。海内外学者的研究方式纷繁复杂，结论较为丰富，归纳起来，影响因素大致可以分为以下八类。

（1）特定项目规模占净利润的百分比。弗里什科夫（Frishkoff，1963）采用档案研究法，运用多重判别分析，发现两个重要影响因子分别是净利润和公司规模（净资产账面净值），并对重要性阈值做出了"模糊的"估计，为净利润的 25%。通过问卷调查和判断捕捉实验室实验，研究结果证明，影响重要性阈值的重要因素之一是被审计单位的特定项目的规模相对于当年净利润的比例（Messier，1983；Moriarity and Barron，1976；Boatsman and Roberyson，1974；Woolsey，1973），而其他的量化规模指标，如净资产或总资产的百分比则起着次要的作用。丘宁（Chewning，1989）的研究进一步证实了这个观点。但卡朋特和迪史密斯（Carpenter and Dirsmith，1992）认为，上述影响因素只有有限的解释能力。

（2）审计人员自身业务经验。克罗格斯塔德等（Krogstad et al.，1984）实验发现，在形成重要性判断方面，相对于经验丰富的审计人员，经验不足的个人倾向设定更高的重要性阈值，并且，从业人员具有更强的一致性、共识和自我洞察力。阿卜杜勒·穆罕默德和赖特（Abdolmohammadi and Wright，1987）的研究结论恰恰相反，在作出财务披露决定时，有经验的审计师比学生表现出更高的重要性阈值。卡朋特和迪史密斯（Carpenter and Dirsmith，1992）的研究进一步证实了"审计师的经验会影响审计重要性阈值的设置"这一观点。王丽（2009）认为，在审计实务中，审计人员需要对确定重要性阈值进行职业判断。

（3）审计师个人特征。埃斯蒂斯（Estes，1988）研究发现，审计师的性别和其在会计师事务所中的职务也会影响对审计重要性阈值的判断。

（4）会计师事务所规模。梅西尔（Messier，1983）研究指出，非"八大"合伙人比"八大"合伙人设定的重要性阈值更低。布洛克迪克等（Blokdijk et al.，2003）研究发现，"五大"事务所的审计师比非"五大"的审计师更保守。然而，也有研究对上述结论提出了质疑，科斯蒂根和西蒙（Costigan and Simon，1995）认为，"八大"事务所与"非八大"事务所在重要性的判断上没有差异。王霞、徐晓东（2009）对审计重要性水平、事务所规模和审计已经进行了研究，认为"大所"在对超过重要性水平的错误产生反映更加敏感。莫里斯和尼古拉斯（Morris and Nicolas，1988）指出，会计师事务所对于重要性的判断共识是不同的，更结构化的事务所表现出更大的共识。

（5）客户特征及内部控制。与重要性相关的决策对客户的重要性、客户偏好和客户压力非常敏感（Libby and Kinney，2000；Beeler and Hunton，2002；Nelson et al.，2002）。Blokdijk et al.，2003）的研究发现重要性阈值越高，客户规模越大，客户的内部控制越可靠，客户越有利可图，客户的业务越不复杂。吴布培（Ng TB-P，2007）发现，审计师在判断财务审计重要性阈值时，会考虑错报或漏报对客户的影响，尤其是当该错报或漏报会对客户产生重大影响之时。赖秋萍（2008）认为，客户的实际需求和其内部控制情况是影响审计重要性阈值的重要因素之一。阿西托等（Acito A. et al., 2009）发现差错的数量以及重要性和性质是否严重也会影响到审计师对重要性阈值的判断。

（6）相关审计法律法规的约束。赖秋萍（2008）认为，相关审计法律法规的约束会对审计重要性阈值的确定造成影响。

（7）非财务数据。格林和成（Green and Cheng, 2019）研究发现，一旦设定了非财务绩效指标的差异，战略图的存在会导致审计师做出不同的重要性判断，与高战略相关性的非财务绩效指标相比，低战略相关性的非财务绩效指标错报被赋予更低的重要性。帕蒂洛和西贝尔（Pattilo and Siebel, 1974）研究认为，相比财务数据，非财务数据可能会对审计重要性阈值的确定产生更大的影响。

（8）审计风险及审计证据。张峰（2014）认为，审计重要性应当与审计成本、审计风险挂钩。邹新京和陈晓刚（2014）研究发现，审计重要性阈值与审计风险之间相互影响又相互依存，审计重要性阈值的确需要考虑审计目标和审计证据的影响。

（二）文献述评

通过梳理国内外文献发现，为了评估重要性，审计人员往往会评估审计项目与基准金额之间差异的准确性。对于财务信息，这一基准金额通常参考财务数据进行定量确定，最常见的是净利润的百分比（Eilifsen and Messier, 2015；IFAC, 2009；2013）。然后，审计师在做出全面评估之前，会考虑其他定性因素的影响（Ng TB - P, 2007；Ng TB - P and Tan, 2003, 2007）。并且，定性因素对审计师对于财务重要性的判断和非财务重要性的判断有不同的影响（Moroney and Trotman, 2016）。然而，总体来说，未发现有文献直接对股权性质是否影响重要性阈值进行探究。本文聚焦股权性质，试图以国有股规模作为研究解释变量，基于风险导向理论，以我国上市公司为样本，探究股权性质对财务审计重要性阈值的影响，以期丰富审计重要性阈值的研究。

三、理论分析与研究假设

作为有限责任公司或是股份有限公司的股东，股权是他们拥有的参与公司经营管理和从公司获得经济收益的一种综合性权利的表现。按照投资人的属性，股权性质可以分为国家股、国有法人股、社会法人股、自然人股。国家股和国有法人股的性质均属国家所有，统称国有股。为了方便研究，其他股权统称为非国有股。在创建公司时，股东们投入公司的投资份额被称作股权。股东投资份额的大小决定了他们拥有的股权比例，这不仅仅直接影响股东在公司的控制权和话语权，还决定着股东分红的比例。根据现代风险导向审计理论，股权对重要性阈值的影响可以追根溯源到股权性质及其营造的企业环境对企业风险的影响，进而会影响被审计单位的财务信息错弊风险，最后影响重要性阈值的判断，其基本路径如图1所示，这也是本文的研究框架。

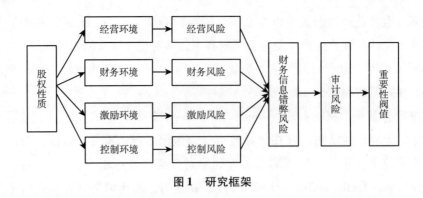

图 1　研究框架

（一）股权性质对风险的影响

根据现代风险导向审计理论，风险指影响企业实现其战略目标的不确定性。风险可以按照引起风险的因素与企业的关系分为内部风险和外部风险两种，而外部风险主要有社会文化风险、市场风险、政治风险、技术风险、法律风险和合规风险，内部风险包括战略风险、运营风险和财务风险。

股权性质对经营风险的影响，其实质是股权性质对经营环境的影响的表现。一般来说，经营风险产生于企业实现目标和战略产生不利影响的重大情况、事项、环境和行动，或来自不恰当的目标和战略。当被审计单位的目标和战略无法为企业带来利好的情况下，相较于其他类型的股权环境，在国有股的股权环境下，被审计单位通常能够更迅速地对经营风险做出应对措施。国有控股上市公司一般都是资产规模很大的企业集团，占据较大市场份额，且不少具有垄断性质，因此，有较高的进入壁垒。较高的垄断程度和进入壁垒使得国有控股上市公司在市场竞争中处于有利地位。同时，国有控股企业在市场竞争中往往还会寻求政府的保护，因此，即使在总体经济形势不景气的时候，也可能独善其身。

不同的股权性质营造出了不同的财务环境，并对被审计单位造成不同程度的财务风险。一般来说，财务风险是指在生产经营期间受到内外部环境的影响或者不稳定因素所带来的干扰，企业的预期收益因此出现了明显偏差，财务收益与预期收益因为财务风险的差距较大。财务风险是客观存在的，可降低，不可消除，主要表现在全面预算、资金活动、财务报告等三个方面。与其他企业相比，以国有股为主的国有企业具有更完善的预算编制制度，避免企业盲目发展和企业资源浪费；它们倾向于稳健的筹资决策，厌恶投资决策失误，通常具有更严格的营运资金活动管控，避免资金被挪用、侵占；基于"声誉理论"，已经建立起品牌效应的国有企业往往会避免遭受声誉损失，所以，它们会避免违反会计制度，降低财务风险，重视财务报告的透明公开性，有效利用财务报告提升企业管理。此外，国有企业在筹资时会得到政府的天然关照，从而筹资更加容易且筹资成本可能更低，这些也会缓解其财务风险。

根据实际控制人的股权性质，可以将我国上市企业划分为国有上市公司和非国有上市公司。非国有上市公司的控制人利益与公司利益高度相关，类似家族企业，实际控制人有可能过分追求个人利益最大化,造成恶意操纵财务信息的行为,大大损害了中小股东等其他利益相关者的利益。而国有上市公司虽然也以盈利为目标,但同时兼具政策特点,类比国有五大行,它们不仅仅是商业银行,更需要满足社会公共目的、承担社会公共责任。很多国有企业都承担着一定的战略目标,包括调节税收、降低失业率、促进经济发展和维护社会稳定等,此时,企业的目标不仅仅表现为其自身价值最大化。当国有控股上市公司并不一味地以公司利润最大化或个人经济利益最大化为动机,那么,自然对于会计盈余等信息也就不会给予超乎寻常的关注。并且,由于国有企业通常负担较多的社会责任和政治成本,它们常常受到来自政府、社会、媒体及各级国有资本监管机构的监督,财务报告造假难度增加。因此,国有上市公司对财务信息的操纵可能性相对较低,财务错报的概率自然也较低。

另外,在激励制度安排中,非国有企业可能将财务绩效和管理层报酬更加紧密地结合起来,基于财务绩效的激励密度较高,而国有企业由于相关部门的监管等原因,即便将财务绩效和管理层报酬结合起来,二者的相关性也会低于非国有企业。正是由于财务绩效与管理层报酬的关联密度不同,财务绩效对管理层报酬的影响力度也不同,所以,管理层操纵财务绩效以获取自我利益的动力也不同。

控制环境决定了企业的基调,提供了基本规则和构架,它会影响企业员工的控制意识,是内部控制有效性的前提和保障,是风险评估、控制活动、信息与沟通以及内部监控等其他控制要素的基础。一般来说,控制环境的构成因素具体分为以下七个方面:诚信和职业道德价值观;员工的胜任能力;管理层的经营管理的理念、方式和风格;组织结构;权责分配;人力资源政策及实务;董事会和审计委员会的设置。这些方面都会影响被审计单位的内部控制风险。所谓内部控制风险,是指影响内部控制有效性和目标实现或导致内部控制失效的不确定性。相较于非国有企业,国有企业在控制环境方面也有自己的特征。通常来说,国有企业更加偏向于制度管理,以制度为基础进行企业管理是国有企业管理的常态,而非国有企业管理中,不少实际控制人是采取人治的方式来管理企业。国有企业和非国有企业在管理模式上的差异直接形成了企业内部控制的高层基调,对内部控制的各个方面都会形成显著影响,最终影响内部控制的效率效果。

(二) 风险对重要性阈值的影响

经营风险、财务风险、激励风险和控制风险都会影响财务信息错弊风险,通过审计风险,最终反映在重要性阈值上。《独立审计准则第9号——内部控制与审计风险》将审计风险定义为"会计报表存在重大错误或漏报,而注册会计师审计后发表不恰当审计意见的可能性"。受限于审计程序固有的内在局限性,出于成本效益原则的考量,在审计中一般对于证据的获取都是采取抽样的方法,因此会产生抽样风险还有非抽样风险。为了将审计风险尽可能降低到可接受的水平,审计人员需要在审计准备阶段实施一定的审计程序,那么就需要充分思考探索审计风险和重要性的相关性。如果财务审计重要性阈值越低,那么工作量就会越大,比较小的差错也都能发现,发生错报的风险也会减小,审计风险自然会降低。反之,财务审计重要性阈值比较高时,只能发现比较大的差错,错报风险随之上升,审计风险自然也会增加。那么显然财务审计重要性阀值与审计风险是反向变动的。

现代风险导向审计秉承"战略观"的思想，其工作重点就是以企业战略分析为基础，在充分分析和评估企业所处的宏观环境和微观环境的基础上，确定被审计单位的整体风险的大小。在传统风险导向审计理论的基础之上，现代风险导向审计理论扩展了评价审计风险的观念，延伸了评价审计风险的范围。

现代审计思维方式的发展深受新理论的影响，早在 20 世纪 90 年代初期，以此为依据制定的审计流程框架被实务界推广运用在各行各业的审计工作中。得益于现代风险导向审计的理论，国际审计和鉴证准则委员会（IAASB）在 2003 年对审计风险准则进行了修改，修改后的准则定义了新的审计风险（AR）模型，即"审计风险 = 重大错报风险 × 检查风险"。在这个模型中，重大错报风险（MMR）被分为两个层次，第一就是整体的报表层次，第二就是比较具体的认定层次。在确定财务报表层次的重要性阀值时，审计人员首先需要考虑被审计单位的环境、审计目标及审计风险等情况，然后选择一个恰当的基准（如资产总额、销售收入、净利润等），再根据其经验判断选择相应的百分比，两者的乘积便为重要性阀值。交易类别、账户余额、披露认定层次的重大错报风险由固有风险（IR）和控制风险（CR）两部分构成，即"重大错报风险 = 固有风险 × 控制风险"。而检查风险（DR）独立于固有风险和控制风险，检查风险的水平负相关于审计程序的有效性，换言之，检查风险的大小只与审计人员的工作有关联性。由新的审计风险模型可知，检查风险的水平和重要性阀值共同决定了审计人员需要实施的实质性测试的性质、时间和范围以及所需收集证据的数量，并直接影响最终的审计风险。在最终审计风险一定的条件下，重大错报风险越低，即设定的重要性阀值越低，检查风险更高，即审计人员需要收集的证据更多，对应的重要性阀值更低。

根据现代风险导向审计理论，审计师在整个审计流程中应以风险为导向，全方位识别和评估审计风险，尤其是企业的持续经营能力与经营计划等风险因素，并根据风险分析和评价的结果确定制定审计计划。在全面识别风险和控制的基础上，确定检查风险和重要性阀值，然后按照风险评估结果合理配置审计资源，开展审计工作。总体来说，国有控股上市公司的错弊风险比非国有控股上市公司低，审计师可以适当提高检查风险的重要性阀值，既可以控制审计风险，又可以降低投入的审计成本。

本文从理论逻辑上分析了股权性质对财务审计重要性阀值的影响，基于上述分析，本文提出如下假设：

H1：国有股与财务审计重要性阀值显著正相关，国有股规模越大，重要性阀值越高。

四、研究设计

（一）变量设计与模型构建

1. 被解释变量

lnmt 为重要性阀值的自然对数。重要性阀值是重要性的定量表达，在审计实务中主要表现为金额，它来源于审计人员的专业判断。计算重要性阀值需要先选择一个判断基础（如税前利润或总资产），再结合企业基本情况选择相应的百分比。本文选用上市公司内部控制重大缺陷定量评价指标临界值的百分比分别与其对应的基准指标相乘，并取其中的最小值作为财务审计重要性阀值，再取自然对数。具体的重要性阀值计算标准取自迪博（DIB）数据库披露的内控评价缺陷认定标准中的财务报告内部控制定量重大缺陷评价指标临界值。

选择财务报告内部控制定量重大缺陷评价指标作为财务审计重要性阀值的衡量指标具有合理性，其原因是，在确定内部控制缺陷认定标准时，很多上市公司采用的基准正是重要性阀值，将缺陷等级与重要性阀值关联起来，以重要性阀值为基础来划分内部控制缺陷等级。例如，2015 年，中国人民银行发布了金融行业标准《商业银行内部控制评价指南》，其中"内部控制缺陷认定标准"规定，"重大缺陷指一个或多个控制缺陷的组合，可能导致企业严重偏离控制目标"，重大缺陷的定量标准为"财物损失按照损失金额占当年年度集团营业收入的比例≥1%；财务报告错报，按照错报金额占当年年末集团资产总额的比例≥0.25%；财务错报金额占当年度利润总额的比例≥5%"；参照平安银行股份有限公司公布的 2018 年度内部控制评价报告，平安银行财务报告内部控制缺陷评价的定性标准规定，"重大缺陷是指可能产生或者已经造成重大金额财务报告的错报；重要缺陷是指可能产生或者已经造成较大金额财务报告的错报；一般缺陷为可能产生或者已经造成较小金额财务报告的错报"；北京银行内部控制缺陷认定标准规定，"重大缺陷指一项内控缺陷单独或连同其他缺陷具备合理可能性导致不能及时防止或发现并纠正财务报告中的重大错报，误报金额已经接近甚至超过重要性水平及其他导致本行财产、声誉发生重大损失的控制缺陷"。

2. 解释变量

lnstate 为公司发行国有股股数的自然对数，表示国有股的规模。国有股一般指国有股权，而国有股权是指经国家授权为股东的投资主体取得的收入，以及因投资国有资产而在公司内形成的相应股份（资本出资比例），以及表决权，查询公司账册和处置股份的权力。国有股权的大小是由在公司中国有股份（出资比例）的多少决定的。此处为了方便模型回归产生可观察的系数，解释变量与被解释变量一同选用绝对数的自然对数。

3. 控制变量

本文参考现有研究，在回归模型中加入了以下控制变量。伦诺克斯（Lennox，2000）、李春涛等（2006）研究认为，公司的游说能力与其规模呈正相关，公司规模越大，公司的游说能力越强，其对于会计师事务所重要性判断的影响越大，因此，本文加入公司规模（size）作为控制变量。王霞等（2005）认为，当被审计单位的财务报表存在重大错报时，审计人员往往能够将其公允地反映在当前年度的审计意见中，并且错误性质越严重、错报金额越大，被审计单位越会被出具非清洁的审计意见。同时，业界普遍认为，规模越大的会计师事务所越专业，相较规模较小的事务所而言，独立性被外界因素干扰的可能较小。因此，本文加入了上期会计师事务所规模（lbigfirm）和上期审计意见（*lopinion*）这两个虚拟变量：当审计人员是 2019 年中注协公布的"十大"成员时，*lbigfirm* 取值为 1，否则为 0；当上市公司上年度年报被出具非标准审计意见时，*lopinion* 取值为 1，否则为 0。本文还加入了独立董事人数占董事会成员人数的比例（*indep*）、前三大高管薪酬之和的自然对数（$\ln t_3$）、第一大股东股权占比（*top*1）作为控制变量。财务杠杆（*lev*）的大小也被认为是影响被审计单位是否会进行财务重述的重要因素（Burns et al.，2008）。尚洪涛等（2013）研究表明，盈利能力（*roa* 和 *roe*）的大小也是被审计单位是否被要求进行财务重述的决定性条件。本文还控制了年度（*year*）和行业（*ind*）。

上述变量设计，归纳起来如表 1 所示。

表1　　　　　　　　　　　　　　　变量定义

类型	名称	定义
被解释变量	ln*mt*	重要性阀值的自然对数
解释变量	ln*state*	国有股股数的自然对数
控制变量	ln*size*	总资产的自然对数
	lbigfirm	上期会计师事务所规模，当审计师是中注协公布的"十大"成员时，取值为 1，否则为 0
	lopinion	上期审计意见，当上市公司上年度年报被出具非标准审计意见时，取值为 1，否则为 0
	indep	独立董事人数占董事会成员人数的比例
	$\ln t_3$	前三大高管薪酬之和的自然对数
	*top*1	第一大股东股权占比
	lev	资产负债率
	roa	资产收益率
	roe	净资产收益率
	year	年份
	ind	公司所属行业

为验证前面提出的假说，我们设计了如下的回归模型：

$$\ln mt = \alpha_0 + \alpha_1 \ln state + \alpha_2 size + \alpha_3 lbigfirm + \alpha_4 lopinion + \alpha_5 indep + \alpha_6 \ln t_3$$
$$+ \alpha_7 top1 + \alpha_8 lev + \alpha_9 roa + \alpha_{10} roe + \varepsilon \tag{1}$$

（二）样本选择与数据来源

本文主要研究国有股规模对重要性阀值的影响，选取 2016～2018 年我国沪深两市 A 股 8808 个上市公司作为研究样本，并对样本进行如下处理。（1）剔除被 ST 或者 *ST 的企业。有研究发现，为了避免退市，被特别处理或退市预警的企业普遍会进行盈余管理，并且这些企业的财务状况往往不同于持续经营的公司,不具有广泛代表性,所以予以剔除。(2)剔除当年上市的企业。有研究发现,企业会为了迎合企业上市条件的需要而进行盈余管理,这样会对财务信息的真实公允性产生一定的影响,出于严谨性的考量予以剔除。(3)剔除金融类的上市企业。金融行业的经营范围特殊,其公司资产总量、利润等和其他行业相比具有独特性。同时,事务所对于金融行业的重要性阀值判断与其他公司不一致,所以,予以剔除。(4)剔除缺乏上一年度审计意见及相关控制变量数据不全的企业。(5)剔除无法计算重要性阀值的企业。

经过以上的剔除筛选之后,共获得5457个年度观测值。审计意见数据与企业财务数据来源于国泰安CSMAR数据库,企业重要性阀值数据来源于迪博(DIB)数据库和手工整理。本文使用的统计软件为Stata15.1和Excel。

五、统计分析

(一)描述性统计

表2展示了全部变量的描述性统计特征。从该表中可以看出,大部分变量的标准差都较小,少部分变量具有波动性。重要性阀值和国有股规模的计算都是取对数,被解释变量 lnmt 平均值为16.795,标准差为1.525,表明大多数公司的重要性阀值平均在 $e^{16.795}$ 左右,但分布较为分散,重要性阀值大小差异较大,进一步表明重要性阀值需要根据企业环境来确定。解释变量 lnstate 有970个观测值,其均值为17.991,标准差为2.163,说明在这些公司中,国有股股份规模平均在 $e^{17.991}$ 左右,但分布较为分散,国有股股份规模大小参差不齐。本文公司规模用总资产的自然对数表述,平均值为22.453,标准差为1.274,说明在这些样本中,公司规模平均在 $e^{22.453}$ 左右,分布较为分散,但相较于重要性阀值和国有股规模而言,分布较为平均,差异较小。

表2   描述性统计

变量	观测值	均值	标准差	最小值	最大值
lnmt	5457	16.795	1.525	10.893	24.239
lnstate	970	17.991	2.163	3.178	23.356
lnsize	5457	22.453	1.274	18.393	28.253
lbigfirm	5457	0.578	0.494	0	1
lopinion	5457	0.017	0.128	0	1
indep	5457	0.376	0.057	0	0.8
lnt_3	5450	14.498	0.677	12.142	17.595
top1	5457	34.047	14.450	4.080	89.090

续表

变量	观测值	均值	标准差	最小值	最大值
lev	5457	0.418	0.199	0.017	1.687
roa	5457	0.042	0.065	−1.629	0.384
roe	5456	0.075	0.330	−21.998	1.384

当上期审计师是 2019 年中注协公布的"十大"成员时，*lbigfirm* 取值为 1，否则为 0。表 2 显示，*lbigfirm* 均值为 0.578，说明在样本中有 57.8% 的公司委托了"十大"来审计上期年报。当上市公司上年度年报被出具非标准审计意见时，*lopinion* 取值为 1，否则为 0。上表显示，*lopinion* 的均值为 0.017，说明所选样本中仅有 1.7% 的公司上期年报被出具了被标准审计意见。由表 2 可知，独立董事人数占董事会成员人数的比例平均值为 0.376，符合"上市公司董事会成员中应当至少 1/3 为独立董事"的要求，但个别企业该比例不合理，最低的为 0。前三大高管薪酬之和的规模是取自然对数来计算，其平均值为 14.498，标准差为 0.677，表明大多数公司的前三大高管薪酬之和平均在 $e^{14.498}$ 左右，且分布较为集中，薪酬差异较小。第一大股东股权占比均值是 34.047，该水平较为合理，但标准差为 14.450，表明各公司第一大股东股权占比差异极大，个别公司该比值不合理，最大为 89.090，存在一股独大的风险。*lev* 的均值为 0.418，说明在平均水平上，样本公司的资产负债率比较合理，但个别企业存在异样，高达 1.687，这说明有些企业的经营状况很差。*roa* 和 *roe* 的均值分别为 0.042 和 0.075，标准差为 0.065 和 0.330，说明所选取的样本盈利能力分布较为平均。

（二）相关系数分析

表 3 报告了各变量之间的 Pearson 相关系数。根据表 3，上市公司重要性阀值（ln*mt*）与国有股规模（ln*state*）的相关系数为 0.320，且在 1% 的水平上显著，呈显著正相关。同时，重要性阀值与多数控制变量都具有相关性，说明本文选择的控制变量较恰当。解释变量与控制变量及控制变量之间都不具有相关性，这说明这些变量之间不具有较严重的共线性。

表 3   **Pearson 相关系数**

变量	ln*mt*	ln*state*	ln*size*	*lbigfirm*	*lopinion*	*indep*	lnt_3	*top1*	*lev*	*roa*	*roe*
ln*mt*	1.000										
ln*state*	0.320***	1.000									
ln*size*	0.688***	0.497	1.000								
lbigfirm	0.119***	0.032	0.122	1.000							
lopinion	−0.058***	0.067	0.004	−0.058	1.000						

续表

变量	ln*mt*	ln*state*	ln*size*	l*bigfirm*	l*opinion*	*indep*	ln*t₃*	*top*1	*lev*	*roa*	*roe*
indep	0.009	0.008	0.151	0.004	0.008	1.000					
ln*t₃*	0.376 ***	0.077	0.364	0.141	−0.083	0.080	1.000				
*top*1	0.149 ***	0.273	0.252	0.095	−0.052	0.070	0.020	1.000			
lev	0.308 ***	0.183	0.511	0.001	0.033	0.072	0.115	0.080	1.000		
roa	0.130 ***	−0.028	−0.107	0.011	−0.172	−0.007	0.139	0.089	−0.430	1.000	
roe	0.068 ***	0.014	0.036	0.014	−0.230	0.017	0.127	0.112	−0.175	0.812	1.000

注：*** 表示检验在 1% 水平上显著。

（三）回归分析

表 4 报告了模型的回归结果。结果显示，代表国有股规模的测试变量 ln*state* 的回归参数是 0.121，且在 1% 的水平上统计显著，代表重要性阀值与国有股规模呈显著正相关，这与本文提出的假设相一致，即，当上市公司发行的国有股股份规模越大，该公司设定的重要性阀值也就越大。众所周知，重要性阀值越小，代表其越稳健，该回归结果从一定程度上可以说明我国上市公司的国有股股份的发行使得上市公司在设置财务审计重要性阀值更为宽松。从控制变量来看，代表公司规模的变量 ln*size* 回归参数是 0.791，且在 1% 的水平上统计显著，这说明在样本公司中，规模越大的上市公司的重要性阀值越大，换言之，公司越大，导致重要性阀值设置较为宽松。结果还显示前三大高管薪酬之和（ln*t₃*）在 5% 的水平上显著正相关。上期会计师事务所规模、上期审计意见、独立董事规模、第一大股东股权占比、盈利能力以及资产负债率都与上市公司重要性阀值的关系不显著。

表 4   回归结果

变量	*β*	t 值
ln*state*	0.121 ***	2.74
ln*size*	0.791 ***	5.64
l*bigfirm*	−0.178	−1.27
l*opinion*	0.297	1.24
indep	−0.041	−0.05
ln*t₃*	0.235 **	2.58
*top*1	−0.005	−0.67
lev	0.017	0.03
roa	−1.327	−0.29

续表

变量	β	t 值
roe	0.297	0.90
Constant	−6.449 **	−2.28
year	控制	
ind	控制	
观测值	969	
R^2	0.230	

注：***、** 分别表示检验在 1%、5% 水平上统计显著。

（四）稳健性检验

出于统一解释变量与被解释变量计算口径的考虑，本文参照重要性阀值的对数运算方法，选用国有股股数的自然对数（lnstate）来衡量国有股规模。为了消除国有股规模度量方式对结论的影响，本文再选用国有股占公司发行总股数的比例（*r state*）作为国有股规模的定量指标，再次进行回归分析，回归结果如表 5 所示。

表 5　　　　　　　　　　　　　　稳健性检验结果

变量	β	t 值
r state	0.570 ***	3.14
lnsize	0.921 ***	15.00
lbigfirm	0.008	0.12
lopinion	−0.049	−0.51
indep	−0.007	−0.02
lnt_3	0.198 ***	5.05
*top*1	−0.002	−0.62
lev	−0.078	−0.39
roa	−7.427 ***	−3.30
roe	−0.169 ***	−3.67
Constant	−6.777 ***	−4.95
year	控制	
ind	控制	
观测值	5449	
R^2	0.195	

注：*** 表示检验在 1% 水平上显著。

表 5 显示，模型中 *r state* 系数为 0.570，在 1% 的水平上显著，假设仍然得到验证。同时，检验还增强了公司规模、前三大高管薪酬之和、盈利能力等控制变量的显著性。该稳健性检验的回归结果与上述结论一致，结论具有一定的稳定性。

六、结 论

财务审计重要性阀值是贯通审计全过程的核心要素，对审计效率和审计质量产生重要影响。然而，也有许多因素影响审计人员对财务审计重要性阀值的判断。本文基于现代风险导向审计理论，以 2016 ~ 2018 年披露年报和内部控制信息的沪深两市 A 股上市公司为研究对象，探究股权性质对重要性阀值的影响。通过基本的统计分析及建立模型进行回归分析，本文发现，当发行的国有股规模越大时，上市公司越倾向于设置较高的重要性阀值，这说明国有股发行得越多，财务审计重要性阀值越高。

本文的研究拓展了重要性阀值的相关研究；研究结论在一定程度上对审计人员更好地做好重要性判断、在实务工作中恰当运用审计重要性阀值有一定的指导作用，对监督部门完善相关制度、提升监管质量有一定的参考价值。

参考文献

[1] 赖秋萍. 确定审计项目重要性水平考虑的因素 [J]. 中国乡镇企业会计，2008 (10)：166 – 167.

[2] 李春涛，宋敏，黄曼丽. 审计意见的决定因素：来自中国上市公司的证据 [J]. 中国会计评论，2006 (2)：345 – 362.

[3] 王丽. 浅析审计重要性阀值判断 [J]. 财会月刊：会计版（上），2009 (12)：48 – 49.

[4] 王霞，徐晓东. 审计重要性阀值、事务所规模与审计意见 [J]. 财经研究，2009 (1)：37 – 48.

[5] 王霞，张为国. 财务重述与独立审计质量 [J]. 审计研究，2005 (3)：56 – 61.

[6] 张峰. 审计重要性水平的影响因素研究 [J]. 特区经济，2014 (7)：227 – 229.

[7] 邹新京，陈晓刚. 审计重要性水平运用初探 [J]. 中国注册会计师，2014 (5)：91 – 93.

[8] Abdolmohammadi M. , Wright A. An Examination of the Effects of Experience and Task Complexity on Audit Judgments [J]. Accounting Review, 1987 (1)：1 – 13.

[9] Acito A. A. , Burks J. J. , Johnson W. B. Materiality Decisions and the Correction of Accounting Errors [J]. The Accounting Review, 2009, 84 (3)：659 – 688.

[10] Blokdijk H. , F. Drieenhuizen, D. A. Simunic and M. T. Stein. Factors Affecting Auditors' Assessments of Materiality [J]. Auditing：A Journal of Practice & Theory, 2003, 22 (2)：297 – 307.

[11] Boatsman J. R. , Robertson J. C. Policy-capturing on Selected Materiality Judgments [J]. Accounting Review, 1974 (4)：342 – 352.

[12] Carpenter B. W. , M. W. Dirsmith. Early Debt Extinguishment Transactions and Auditor Materiality Judgments：A Bounded Rationality Perspective [J]. Accounting, Organizations and Society, 1992, 17 (8)：709 – 740.

［13］Chewning G. , Pany K. , Wheeler S. Auditor Reporting Decisions Involving Accounting Principle Chan-
ges: Some Evidence on Materiality Thresholds ［J］. Journal of Accounting Research, 1989, 27 (1):
78 – 96.

［14］Costigan M. I. , Simon D. T. Auditors' Materiality Judgement and Consistency Modifications: Further Evi-
dence from SFAS No. 96 ［J］. Advances in Accounting, 1995 (13): 207 – 222.

［15］Eilifsen A. , W. Messier. Materiality Guidance of the Major Public Accounting Firms ［J］. Auditing: A
Journal of Practice & Theory, 2005, 34 (2): 3 – 26.

［16］Estes R. , Reames D. D. Effects of Personal Characteristics on Materiality Decisions: A Multivariate analy-
sis ［J］. Accounting and Business Research, 1988, 18 (72): 291 – 296.

［17］Frishkoff P. An Empirical Investigation of the Concept of Materiality in Accounting, in Empirical Research
in Accounting: Selected Studies ［J］. Supplement to Journal of Accountancy, 1970 (10): 109 – 118.

［18］Green W. J, Cheng M. M. Materiality Judgments in an Integrated Reporting Setting: The Effect of Strategic
Relevance and Strategy Map ［J］. Accounting, Organizations and Society, 2019, 73: 1 – 14.

［19］International Federation of Accountants (IFAC) . Assurance Engagements other than Audits or Reviews of
Historical Financial Information. In International Standard on Assurance Engagements 3000 (ISAE 3000)
［R］, 2013, New York, NY: IFAC.

［20］International Federation of Accountants (IFAC) . Materiality in Planning and Performing an Audit. In In-
ternational Standard on Auditing 320 (ISA 320) ［R］, 2009, New York, NY: IFAC.

［21］Jesse D. Beeler, James E. Hunton. Contingent Economic Rents: Insidious Threats to Audit Independence
［J］. Advances in Accounting Behavioral Research, 2002, 5 (2): 21 – 50.

［22］Krogstad J. L. , Ettenson R. T. , Shanteau J. Context and Experience in Auditors' Materiality Judgments
［J］. Auditing: a Journal of Practice and Theory, 1984 (3): 54 – 73.

［23］Lennox C. Do Companies Successfully Engage in Opinion-shopping? Evidence from the UK ［J］. Journal
of Accounting and Economics, 2000, 29 (3): 321 – 337.

［24］Libby R. , Kinney W. R. J. Does Mandated Audit Communication Reduce Opportunistic Corrections to
Manage Earnings to Forecast? ［J］. The Accounting Review, 2000, 75 (4): 383 – 404.

［25］Messier W. F. The Effect of Experience and Firm Type on Materiality Disclosure Judgments ［J］. Journal
of Accounting Research, 1983 (3): 611 – 618.

［26］Moriarty S. , Barron F. H. Modeling the Materiality Judgments of Audit Partners ［J］. Journal of Account-
ing Research, 1976 (3): 320 – 341.

［27］Moroney R. , Trotman K. T. Differences in Auditors' Materiality Assessments When Auditing Financial and
Sustainability Reports ［J］. Contemporary Accounting Research, 2016, 33 (2): 551 – 575.

［28］Morris M. H. , W. D. Nichols. Consistency Exceptions: Materiality Judgments and Audit Firm Structure
［J］. The Accounting Review, 1988, LXIII (2), 237 – 254.

［29］Nelson M. , J. Elliott, R. Tarpley. Evidence from Auditors about Managers' and Auditors' Earnings Man-
agement Decisions ［J］. The Accounting Review, 2002, 77 (Supplement): 175 – 202.

［30］Ng, TB-P, Tan H-T. Effects of Authoritative Guidance Availability and Audit Committee Effectiveness on
Auditors' Judgments in an Auditor-client Negotiation Context ［J］. The Accounting Review, 2003, 78
(3): 801 – 818.

[31] Ng, TB-P, Tan H-T. Effects of Qualitative Factor Salience, Expressed Client Concern, and Qualitative Materiality Thresholds on Auditors' Audit Adjustment Decisions [J]. Contemporary Accounting Research, 2007, 24 (4): 1171 – 1192.

[32] Ng, TB-P. Auditors' Decisions on Audit Differences that Affect Significant Earnings Thresholds [J]. Auditing: A Journal of Practice & Theory, 2007, 26: 71 – 89.

[33] Patillo J. W. , Siebel J. D. Factors Affecting the Materiality Judgment [J]. The CPA Journal, 1974, 44 (7): 39 – 44.

[34] Woolsey S. M. Materiality Survey [J]. Journal of Accountancy, 1973 (9): 91 – 92.

股权制衡会影响财务审计重要性阀值吗?[*]

钱程鸣[**]

摘 要 基于股权制衡理论,选取沪深两市 A 股上市公司 2016～2018 年的相关数据作为研究样本,探求股权制衡对财务审计重要性阀值的影响。结果显示,股权制衡与重要性阀值呈正相关,股权制衡程度越高,重要性阀值越高。这个结果对完善股权结构以及监管部门完善相关制度及提升监管质量具有参考价值。

关键词 股权制衡 公司治理 财务风险 经营风险 财务审计重要性阀值

Do Equity Checks and Balances Affect the Financial Audit Materiality Threshold?

Qian Chengming

School of Government Audit, Nanjing Audit University

Abstract: Based on the theory of balance of ownership, the 2016 – 2018 data of A-share listed companies in Shanghai and Shenzhen stock exchanges were taken as research samples to explore the influence of balance of ownership on the threshold of importance of financial audit. The results show that the equity balance is positively correlated with the importance threshold, and the higher the degree of equity balance is, the higher the importance threshold is. This result has reference value for the improvement of equity structure, the improvement of relevant regulations and the improvement of supervision quality.

Key words: equity balance; corporate governance; financial risk; operational risks; finan-

---

* 基金项目:教育部重大招标项目"更好地发挥审计在党和国家监督体系中的作用研究"(19JZD027),教育部后期资助项目"审计基本理论研究"(19JHQ066)。

** 作者简介:钱程鸣,男,江苏无锡人,南京审计大学 2019 级审计专硕研究生,主要研究方向是财务审计。

cial audit materiality threshold

一、引　言

随着社会经济的发展及业务复杂程度的提高，人们对审计工作的要求也与日俱增。财务审计重要性阀值是影响审计效率和审计质量的重要因素，确定一个合理的财务审计重要性阀值更是审计工作的核心，它能对审计工作的质量和效率产生直接影响。财务审计重要性阀值是指注册会计师根据财务报表预期使用者所能接受的错报的限额，或相对应的比例而确定的一个具体的数值。它是审计重要性的数量表示。对于审计重要性阀值的判断直接关系到审计计划的编制、审计工作的展开、审计意见的类型以及可能造成的审计风险。因此，审计重要性阀值是审计业务中的关键问题之一。

随着时代的发展，股权制衡作为一种公司治理机制显得愈发引人关注。学者们从不同的角度研究了股权制衡程度可能影响企业的方面，主要包括公司治理、企业经营业绩、现金股利分配、公司创新投入、盈余管理、企业资产减值准备计提等。而股权制衡是否会对财务审计重要性阀值产生影响却没有相关的研究。由于我国上市公司特殊的股权结构，更加显现股权制衡对财务审计重要性阀值的影响也是值得探究的。

鉴于以上因素，本文基于股权制衡理论，通过对 2016 ~ 2018 年我国沪深两市 A 股上市公司的有关数据进行归纳整理，根据股权制衡可能会影响企业公司决策进而对企业经营风险与财务风险产生影响的思路，探究股权制衡对财务审计重要性阀值的影响。研究发现，股权制衡与重要性阀值呈正相关，这个结果对完善股权结构以及监管部门完善相关制度及提升监管质量具有参考价值。

二、文献综述

（一）股权制衡的经济后果

股权制衡理论是国外学者在研究最优股权结构的过程中所产生的一种学说。有关研究发现，若想解决公司治理中的委托代理问题，较为均衡的股权结构可以起到一定的帮助作用。帕加诺和罗尔（Pagano and Roell，1998）等认为，若想对大股东和管理层之间的共谋行为加以控制和减少，股权制衡中的权益效应和折中效应会起到一定的帮助作用。从 20 世纪 90 年代以来，关于股权制衡度与企业经营管理活动的相关性一直以来都受到学术界的关注。近几年，我国对股权制衡的研究越来越多，且越来越深入。总体来说，关于股权制衡对企业所产生的各种影响，大致体现在以下五个方面。

（1）对企业治理的影响。帕加诺和罗尔（Pagano and Roell，1998）发现，股权制衡可以在一定程度上加强对控股股东日常经营决策过程中的监督，从而防止明显不合理投资行为的发生，增强高管薪酬业绩敏感性。莫里和帕布斯特（Maury and Pajuste，2005）

发现，股东之间拥有更平等的投票权数对公司绩效有积极影响，其原因在于如果没有其余股东制约，第一大股东将会更容易获得私人收益，此外，相较于第一大股东与第二大股东具有同一性质的公司，大股东具有不同性质的公司更能够有效改善公司治理。

（2）对公司创新能力的影响。巴塔吉翁（Battaggion，2001）发现，在股权制衡度较高的公司中，公司董事会的股东们更愿意增加公司在创新方面的投入，从而增强公司的科技创新能力。特里博（Tribo，2007）研究认为，当企业拥有一个较为制衡的股权结构时，其公司股东之间更容易产生一种相互监督和制约的模式，这会导致公司的总体战略决策和发展方向更偏向于投资创新研发项目。因此，股权制衡度较高的企业其科技创新能力也较高。王玢（2018）研究发现，股权制衡有助于增强公司在创新方面的投入，当上市公司股权结构相对平衡时，公司在制定战略政策前会充分考虑多方意见。这不仅有利于资本资源的合理配置，也有利于公司大股东充分行使监督管理权，同时也可以抑制大股东的盲目投资和扩张，使更多的资本资源可以投入创新研发项目中，提高公司的竞争优势。

（3）对企业经营效率效果的影响。戈麦斯和里维坦（Gomes and Livdan，2004）认为，股权制衡可以从两个方面促进企业投资效率：第一，公司存在多个大股东意味着有更大比例的股东参与公司治理，不会由个人采取决定，在一定程度上降低了投资失败的可能性；第二，在多个大股东形成制衡的情况下，每个大股东均受到其他大股东的有效监督，单个大股东难以私下采取行动实现对控制权私有收益的追求，这样大股东主导的非效率投资行为得到抑制。孙禹（2019）考察了国有股权集中度、股权制衡度跟企业绩效之间可能存在的关系，结果显示，股权制衡度与国有企业的绩效之间正相关。秦亚飞、高洪和田国双（2019）研究发现，当股权制衡度较低时，大股东为了谋取私利往往会选择侵害其他股东利益，在影响企业声誉的同时阻碍了企业的正常经营，从而导致企业财务绩效的下降，反之，当企业股权制衡度相对较高时，大股东行为会得到一定约束，此外，外商投资能够显著增强股权制衡度对企业财务绩效的影响作用。

（4）对盈余管理活动的影响。袁仁森、周兵（2018）将有关上市公司作为研究对象，发现股权制衡度越低，企业越有可能进行盈余管理活动。耿振涛（2019）研究股权制衡是否会影响企业盈余操纵，结果表明，我国上市公司股权制衡对盈余操纵有抑制作用，上市公司股权结构越合理，盈余操纵活动会有一定程度的减少。

（5）对企业资产减值计提的影响。李秉祥、祝珊和张涛涛（2019）研究发现，大股东持股比例与资产减值计提之间的关系呈"N"型，大股东之间制衡程度越高，资产减值的计提比例越高，中小股东对大股东制衡程度与资产减值计提同样呈正相关。

（二）财务审计重要性阀值的影响因素

自 20 世纪 70 年代起，国外学者就已经对财务审计重要阀值展开了深入的研究，且研究结果颇为丰富。但我国有关研究重要性的文献较少，且多为规范性研究，大多偏向于重要性在会计以及审计实践中的理论应用。国内外不少的文献研究财务审计重要性阀值的影响因素,总体来说,影响因素大致分为以下四类。

(1)外界压力的影响。托德·德(Todd De,2005)通过对160名审计师以实验研究的方法来探求不同的责任压力强度对注册会计师重要性水平判断的影响,研究发现,在较高的责任压力水平下的审计师比在较低的压力水平下的审计师提供了更为保守的重要性判断,判断的可变性较小,结果还表明,问责强度与任务所花费的时间、解释长度和对重要性质量因素的考虑呈正相关。

(2)审计人员的影响。王英姿(2002)通过分析不同企业的年度财务报表,针对不同企业发生的相似的两个业务类型,分析比较两个业务类型的审计意见类型的异同,发现注册会计师在确定重要性阀值方面存在较大的差异,这些差异严重影响了财务审计质量。埃斯蒂斯(Estes,1988)研究发现,审计师在确定财务审计重要性阀值时主要依靠其审计经验,特别是相似情况下财务审计重要性阀值判断的经验,同时,审计师的性别和其在会计师事务所中的职务也会影响对财务审计重要性阀值的判断。

(3)事务所的影响。王霞、徐晓东(2009)研究发现,规模不同的事务所对财务审计重要性阀值的判断标准也是不同的。一般而言,规模大的事务所对超过重要性阀值的错误更加敏感,更容易出具非标意见。梅西耶(Messier,1983)的研究结论表明,事务所规模的大小会对注册会计师判断重要性阀值的过程产生一定的影响。布罗迪克(Blok-diik,2003)的研究发现,"五大"会计师事务所采用的财务审计重要性阀值要低于其他的会计师事务所。

(4)被审计单位的影响。赖秋萍(2008)研究发现,被审计单位的实际需求和企业内部控制将会影响审计师对财务审计重要性阀值的确定。丘宁(Chewning,1989)发现,影响审计师对财务审计重要性阀值判断的主要因素是被审计单位的具体会计科目占利润的百分比。

由上述文献可知,股权制衡作为一种治理机制,可以帮助企业提高经营效率效果,增强企业竞争力,有利于公司价值的提高。财务审计重要性阀值的确定关乎于编制审计计划、审计风险的防范以及审计的成败,是注册会计师执行审计工作的重点,其重要性阀值的确定受到多种因素的影响。然而,目前,尚未发现有文献直接研究股权制衡与财务审计重要性阀值的影响,本文拟致力于此。

三、理论框架

(一)总体框架

现代企业制度的核心是要建立一套合理完善的公司治理机制,对有关主体进行一定的约束和激励,合理协调分配各个不同的利益相关者之间的利益,增强企业综合竞争力,提高经营绩效。股权制衡作为公司治理的一个重要机制,对公司治理效率产生重要影响。股权制衡理论表明,当企业的经营权由不同的股东共同拥有时,他们彼此之间就会产生一种互相牵制的情况，使得没有一个人可以单独拥有企业控制权。这种股权结构既能保持股权相对集中的优势，又能有效地帮助非控股股东的利益不受控股股东的侵害。同时，由于股权制衡度的提高，使得非控股股东拥有更强的能力和权限去监督控股股东的行为，这有助于制约控股股东对企业利益的侵害。因此，较高的股权制衡结构有利于企业价值的维护。

公司决策是由企业有关组织做出的旨在增强企业实力、提高赢利水平的有关生产经营活动方面的决策。公司决策按照决策主体划分，有高层组织做出的战略决策、中层组织做出的管理决策和基层组织做出的作业决策。从广义上讲，这三类决策都可以被称为企业决策。但从狭义上讲，只有由董事会最高管理层做出的战略决策才能被称为企业决策。由此可见，股权制衡将会对公司决策产生重要的影响。

公司决策的本质不仅是实现企业的目标，更要在实现目标的同时兼顾好企业内外部环境的统筹协调。因此，提高企业对内外部环境的适应性是企业决策的首要任务，是企业生存和发展的基础，是实现企业利润目标的关键前提。企业决策其实就是一个 PDCA 循环过程，是一个持续规划、实施、检查和处理的过程。在这一系列的循环过程中，还可以及时发现问题并对问题进行改正，能够将企业的经营绩效由低转高。因此，制定一个科学合理的公司决策能够将企业在生产经营过程中潜在的经营风险和财务风险加以防范控制，从而提升企业管理的效率效果。企业的经营风险、财务风险是审计师在衡量财务审计重要性阀值时的重要考虑因素。因此，总体来说，股权制衡可能会通过公司治理来影响公司决策，而公司决策则会影响经营风险和财务风险，二者进而影响审计人员对财务审计重要性阀值的判断。上述逻辑路径形成的研究框架如图 1 所示。

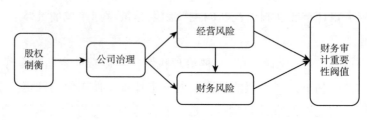

图 1　研究框架

（二）股权制衡与公司决策的关系

首先，股权制衡作为一种治理机制，在公司治理体系中具有相当重要的地位，是公司治理制度安排的基础。它可以优化公司董事会的结构，对股东的行为产生一定的影响，对管理层人员产生约束和激励的效果，还能够降低委托代理成本，更好地实现企业的价值。由于股权制衡可以有效地约束大股东的行为与权力，让他无法完全掌握对公司的所有经营决策，从而使得公司决策可以受到更多非控股股东的影响，更为广泛地考虑企业利益相关者的意见。这不但能使企业内部相互制衡，还能够提高公司经营绩效，进而更好地实现公司价值。

其次，公司的股权制衡度越高，公司非控股东所拥有的决策管理权力就越大，限制控股股东进行资本和利润掠夺的能力也就越强。因此，股权制衡也会对公司的决策机制产生一定的影响，董事会在制定一些关键决策时将会考虑更多人的意见。倘若公司存在一些盲目进取、风险投资等行为，股权制衡也能够将其进行有效控制和约束。此外，管理层还可以通过大股东的相互制衡，增加对创新研发的投资，并做出相关决策，以谋求企业的长远利益和长期发展。

最后，股权制衡能够很大程度地减少公司大股东以权谋私的情况，降低逆向选择和道德风险。当一个公司拥有越多的监督者时，公司的大股东利用职权达到以权谋私的目的的难度也就越大，在这种条件下，一个股东想要以权谋私所付出的成本往往会大于他所得到的收益。因此，大股东想要做出一些对自己有益的决策是比较困难的。此外，股权制衡还可以增强各大股东的工作积极性，让拥有股份的股东能真正参与到公司的经营决策中去，为了自己和公司各个股东的利益制定商讨出适合公司发展的经营策略和方针。在公司得到良好发展的同时也让自己的利益达到最大化，进而避免公司决策出现重大漏洞或极端状况。

（三）公司决策与企业财务风险和经营风险的关系

现代企业的生死或存亡、衰退或发展，在很大程度上都取决于企业如何应对风险。然而，企业风险的根本就是经营风险与财务风险。公司决策对经营风险与财务风险的影响是首位的，积极正确的公司决策会对企业的日常经营活动产生各方面的积极影响，可以帮助有效规避企业相关治理风险，降低企业的财务风险。

首先，公司的决策会影响企业的经营风险。企业之所以会产生经营风险，是由于企业决策者的决策失误以及企业管理层的经营不当。这将会对公司的盈利水平产生不利的影响并且会严重阻碍企业的发展前进步伐。企业董事会和管理层在做出公司决策的过程中包含了大量前提准备，包括对企业资产状况的评估、资金流量的分布、行业前景的预测、工作人员的安排等，企业管理层是企业精神与企业文化的象征与代表，他们的决定意味着企业是否能够沿着正确的方向发展。管理层对行业状态的预判，对市场情况把握的程度，都会影响企业决策的方向。如果企业管理层没有对行业进行深入的了解，不知晓企业经营过程中会面临的种种风险，错误地决定产品开发的方向，前期资源分配探索和产业结构规划的协调程度将大大降低，将会导致企业经营惨淡。反之，如果企业前期就做好了一系列的准备工作，统筹规划，做出正确的公司决策，那么就可以降低企业的经营风险，保持科学、有序的经营规划。

其次，公司决策也会对企业财务风险造成一定影响。当企业财务风险较高时，会降低有关投资者的信心，使得融资、筹资的困难程度提升，从而导致企业有蒙受损失的风险。如果公司的决策过程不科学、不规范，企业财务风险的隐患就会因此而增加。尤其是在一些大型的并购、合资项目中，项目的预期论证结果与实际投资效果可能会存在较大的偏差。公司决策是一个选择的过程，丰富的经验是其成功的基础，任何凭直觉、拍脑袋、以个人意志所进行的决策只能使企业陷入财务困境之中。不论哪个企业，其决策的过程都不能只靠某个领袖人物独断专行、凭经验决断。所以，企业要避免财务风险，首先要构建一个富有创新意识、积极进取、掌握现代科学知识的有较高专业素养的决策层。同时，高风险与高收益往往是并存的。管理层在制定公司决策的过程中，要将风险与收益之间的关系进行深入地研究探讨。在经过深思熟虑、权衡利弊之后，再把握时机、发挥优势，从而有效地防范和化解企业的财务风险，提升企业的综合实力和竞争优势。

同时，企业的经营风险在一定程度上还可能会影响财务风险。当企业经营风险较高时，说明企业在日常经营管理活动中存在许多问题，企业内部管理制度也不够完善，这会导致财务管理工作执行力低进而使得企业有了财务风险的隐患。再者，如果企业经营管理效果不佳，内外部问题较多时，其信誉与市场价值也会受到影响。由于经营风险较高，企业的生产经营与投资活动的失败率也会增加。这会使得企业想通过正常的银行借款，向外融资以筹措资金都会变得比较艰难。这时企业为了满足正常的生产销售和研发活动，势必会采取一些非正常办法来获取资金，例如，会采用民间非法集资、不良贷款、抵押重要资产等方式。在这种情况下，企业财务结构将会变得更为糟糕，而且不当的融资方式会降低企业偿债能力，损害企业的信誉和资质，从而使得企业由于资金紧缺原因进一步加剧财务风险。

（四）企业财务风险和经营风险如何影响财务审计重要性阀值

财务审计重要性阀值的重要性不仅体现在现代审计理论中，它还贯穿于审计实务工作中的方方面面。确定一个恰当的财务审计重要性阀值是成功完成审计工作的前提，是审计工作得以顺利展开的基础。然而，影响注册会计师判断财务审计重要性阀值的因素有很多，包括事务所规模的大小、被审计单位所处的行业、审计人员的职业素养、行业内执行业务的标准等。其中，企业的财务风险和经营风险是审计师要重点关注的因素。一般而言，相对于经营风险与财务风险较大的企业，审计师对风险较小的企业进行审计工作时，想要获取的财务信息以及相关资料的阻力也会较小。这使得审计人员只要花费较少的时间和成本就可以获取更为真实可靠的审计证据，让他们可以将精力更多地花费在分析证据和出具报表的过程中。此外，由于企业风险较小，经营状况良好，企业不需要为了掩盖财务问题而弄虚作假，稳健有效的内部控制也会在一定程度上避免舞弊事件的发生，这使得被审计单位存在财务问题舞弊问题的可能性较小。由此，注册会计师可以确定一个相对较高的财务审计重要性阀值。

当企业具有较高的经营风险时，说明公司的管理人员在制定决策和运营管理的过程中，出现了一定程度上的失误。而不正确的决策和管理模式，将会使得企业发展偏离预定的轨道，朝着错误的方向前进。这就难以达到企业预期的目标和经营业绩，各种风险也会相应增加。这时候面对注册会计师所开展的审计工作，为了避免出具非标的审计意见，企业难免会有掩盖事实，虚增业绩的情况发生。同时，当企业具有较高的经营风险时，表明了企业缺乏一个合理有效的内部控制制度，这使得企业日常的经营管理无法在一个安全平稳的环境中运行。这难免会导致企业内部运行问题甚至是舞弊情况的增加。对审计工作人员来说，面对一个经营风险较大，且内部控制运行效果不佳的企业，审计人员往往会确定一个较低的财务审计重要性阈值作为审计工作的标准，并且花费更多的时间和精力去获取数量足够且真实可信的审计证据来出具审计报告。

首先，当企业具有较大的财务风险时，这表明企业在财务方面会存在很多的问题，例如，投资决策不科学、融资方式不当、不良资产过多、现金流量短缺，这些问题会导致公司的偿债能力降低，预期收益下降，进而加剧企业的风险。其次，企业财务风险较大，反映了企业财务人员可能存在专业能力较低、风险意识淡薄等问题。倘若财务人员无法及时采取措施来应对问题，这将会对企业发展造成极大的隐患。最后，当企业财务风险较大时，被审计单位为了粉饰财务报表，难免会存在虚增收入与利润，少报费用与成本的可能性，甚至还会出现串通舞弊或编制虚假财务报表的情况出现。这就需要审计工作人员获取更多的审计证据，进行更多的审计工作来发现问题。所以，审计师为了出具合理可靠的审计报告，就需要确定一个较低水平的财务审计重要性阈值。

根据以上分析，可以认为，股权制衡作为与企业日常经营活动息息相关的一种治理机制，对财务审计重要性阈值会产生重要影响。因此，本文提出以下假设：

H1：当其他条件一定时，股权制衡与重要性阈值呈正相关，股权制衡程度越高，审计师所制定的重要性阈值越高。

四、研究设计

（一）变量设计

1. 被解释变量

财务审计重要性阈值（*MT*）作为被解释变量，选择内部控制重大缺陷认定标准中的相关数据来计量财务审计重要性阈值。主要理由是，通常我们所理解的内控审计，其本质是财务报告内部控制审计。这些内部控制缺陷认定标准基本上都是基于财务审计重要性阈值将内部控制缺陷分为三类，分别是重大缺陷、重要缺陷和一般缺陷。例如，中国农业银行股份有限公司内部控制评价报告表明，"本行内部控制缺陷认定的定量标准是指就缺陷所导致的严重程度进行量化，并与财务报表审计重要性水平进行比较，根据其严重程度来决定缺陷的等级"；北京银行内部控制缺陷认定标准规定，"重大缺陷指一项内控缺陷单独或连同其他缺陷具备合理可能性导致不能及时防止或发现并纠正财务报告中的重大错报，误报金额已经接近甚至超过重要性水平及其他导致本行财产、声誉发生重大损失的控制缺陷""重要缺陷指一项内控缺陷单独或连同其他缺陷具备合理可能性导致不能及时防止或发现并纠正财务报告中虽然未达到和超过重要性水平、但仍应引起董事会和管理层重视的错报或误报金额已接近或达到重要性水平的5%～50%的控制缺陷及其他导致本行财产、声誉可能发生较大损失的控制缺陷""一般缺陷指未造成或造成财务报告较小的误报，误报金额低于重要性水平的5%及未造成本行财产、声誉损失或造成损失较小的控制缺陷"。

本文对财务审计重要性阀值的具体计算方法是，将样本公司的资产总计、所有者权益合计、营业收入以及利润总额这四个基准指标对应比例相乘得到四个重要性水平绝对值，比较四个数值的大小并选取其中的最小值，再对最小值取对数合理平滑数据，最后得出的对数作为财务审计的重要性阀值。

2. 解释变量

本文参考耿振涛（2019）等的研究结果，以第二至第十大股东持股比例之和与第一大股东持股比例的比值来反映股权制衡的程度。其计算方法如公式（1）所示。

$$股权制衡(OCN) = 第二至第十大股东持股比例之和/第一大股东持股比例 \quad (1)$$

3. 控制变量

综合已有的研究成果，本文在模型中纳入了若干控制变量。

巴奥和陈（Bao and Chen，1998）研究发现，如果企业具有较高的资产负债率、较低的总资产报酬率以及经营不善等问题，审计师更容易出具非标的审计意见。这说明注册会计师在对财务审计重要性阀值进行判定的过程中，会考虑企业的财务状况和经营业绩的影响。

詹森和法玛（Jensen and Fama，1983）研究认为，要想企业董事会可以对高级管理人员进行有效监督的话，采取董事长与总经理两职分离的制度是更为有效的办法。假如董事长和总经理这两个职位由一人担任，难免会有由于缺乏监管而产生舞弊情况的可能。此时，审计人员为了出具真实可靠的审计报告，很可能会设立一个较低的财务审计重要性阀值。

高希和姆恩（Ghosh and Moon，2005）发现，成长型公司更有可能在审计工作过程中产生操纵性的行为，从而会对注册会计师确定财务审计重要性阀值的判断产生影响，故选择企业增长率（Growth）作为控制变量。

王霞、徐晓东（2009）认为，规模不同的事务所对财务审计重要性阀值的判断标准也是不同的。一般而言，规模较大的事务所会更加重视超过重要性阀值的错误，并且出于对相关风险的考虑，更可能出具更为严格的审计意见以体现其谨慎性。因此，会计师事务所规模（Big4）应当作为本文的控制变量。

张峰（2014）研究认为，公司规模（Size）也会成为注册会计师衡量审计重要性阀值的考虑因素之一。一般来说，数额大小相同的错报，对于规模大小不同的两家公司来说，其影响和意义是不同的。对比规模较小的企业，规模大的企业可容忍错报的金额显然更高。此外，当企业达到一定规模时，重要性的绝对数额都是随着被审计单位的规模增大而增加。

综上所述，本文选取资产负债率（Lev）、资产规模（Size）、总资产报酬率（Roa）、发展能力（Growth）、两职分离（Dual）、会计师事务所规模（Big4）作为控制变量。并将有关的行业与年份作为虚拟变量。

上述变量设计归集如表 1 所示。

表 1   **各变量性质名称、描述符号及定义说明**

变量性质	变量名称	描述符号	定义、公式及说明
被解释变量	财务审计的重要性阀值	MT	内部控制重大缺陷定量指标临界值的最小值/资产总计
解释变量	股权制衡度	DR	第二至第十大股东持股比例之和与第一大股东持股比例的比值
控制变量	资产负债率	Lev	负债总额/资产总额
	资产规模	Size	年末总资产的自然对数
	总资产报酬率	Roa	净利润/资产平均总额
	发展能力	Growth	（营业收入本年本期金额－营业收入上年同期金额）/营业收入上年同期金额，这里采用的报表类型为 A
	会计师事务所类型	Big4	若为样本公司执行审计的会计师事务所是国内"四大"，则取值为 1，否则为 0
	两职分离	Dual	若董事长与总经理兼职取 1，否则取 0
	行业	Industry	行业虚拟变量
	年度	Year	年度虚拟变量

（二）模型设计

为检验假设，本文建立以下 OLS 模型：

$$MT = \alpha_0 + \alpha_1 DR + \alpha_2 Lev + \alpha_3 Size + \alpha_4 Roa + \alpha_5 Growth + \alpha_6 Big4$$
$$+ \alpha_7 Dual + \alpha_8 Industry + \alpha_9 Year + \varepsilon \tag{2}$$

（三）样本选择与数据来源

本文研究股权制衡对财务审计重要性阀值的影响，以 2016～2018 年沪深两市 A 股上市公司的财务数据为初始研究样本，并对所获取的样本进行如下筛选：（1）剔除金融类企业；（2）剔除存在数据缺失现象的公司；（3）剔除 ST 或 ＊ST 类公司样本。在经过上述条件的筛选之后，还剩余 4806 个观测值。样本公司的财务审计重要性阀值来源于迪博（DIB）数据库，其他上市公司数据均是从国泰君安 CSMAR 数据库经过整理得出。

<h1 style="text-align:center">五、统计分析</h1>

（一）描述性统计

全样本的描述性统计结果如表 2 所示，包括样本企业的审计重要性阀值、股权制衡度、资产负债率、总资产报酬率、资产规模、发展能力、两职分离、会计师事务所类型。

表 2 　　　　　　　　　　　　　　　描述性统计分析结果

变量	Obs	平均值	标准差	最小值	最大值
MT	4806	16.779	1.494	6.262	24.239
DR	4806	1.015	0.857	0.019	7.056
Lev	4806	0.416	0.199	0.017	1.687
Roa	4806	0.047	0.062	−0.965	0.469
Size	4806	22.310	1.329	17.574	29.540
Growth	4806	0.398	3.013	−0.982	96.024
Big4	4806	0.047	0.212	0	1
Dual	4806	0.277	0.447	0	1

由表 2 可以看出，重要性阀值（MT）最大值为 24.239，最小值为 6.262，平均值为 16.779，标准差为 1.494，最大值和最小值相差甚远，数据具有较大的波动性。股权制衡度（DR）最大值为 7.056，最小值为 0.019，平均值为 1.015，标准差为 0.857。这表明上市公司股权制衡程度也有一定的差距，但普遍程度较低。第一大股东占比非常大，数据波动性较大。资产负债率（Lev）的最大值为 1.687，最小值为 0.017。虽然最大值与最小值相差不大，但可以发现有些上市公司慢慢呈现出资不抵债的趋势。再从平均数为 0.416 来看，样本公司的资产负债情况总体还在可接受范围中并趋于平稳状态。再看企业的成长性（$Growth$），最大值为 96.024，最小值为 −0.982，差距十分明显，说明有一些上市公司的营业收入水平同往年同期相比较高的成长性。但从平均数为 0.398 来看，有少数公司的成长性出现了严重下跌的情况，但样本公司的成长性总体还是处于较高水平的。

（二）相关性分析

表 3 展示了所有变量之间的相关系数。由表 3 可以看出，财务审计重要性阀值与股权制衡的相关性系数为 −0.0069，但并不显著，这是由于相关性分析的结果是两个变量的简单相关，没有考虑其他的控制变量。然而，回归不同，回归的结果是综合所有进入回归方程的自变量对因变量的结果而成的，在回归当中所观察到的相关，是在控制了其他进入回归方程的变量之后的相关性，更加符合现实世界的实际状况。其他各变量之间的相

关系数也未有超过 0.5 的，说明整体上并不存在多重共线性问题。

表3   变量的 Pearson 相关性分析结果

变量	MT	DR	Lev	Roa	Size	Growth	Big4	Dual
MT	1.0000							
DR	− 0.0069	1.0000						
Lev	0.3060 ***	− 0.0822 ***	1.0000					
Roa	− 0.1473 ***	− 0.0100	− 0.2981 ***	1.0000				
Size	0.0477 ***	− 0.0432 *	0.1076 ***	− 0.0214	1.0000			
Growth	− 0.0303 ***	0.0204	0.0466 ***	0.0451 ***	0.0188	1.0000		
Big4	0.1979 ***	− 0.0400 **	0.1048 ***	0.0438 ***	0.0155	0.0324 **	1.0000	
Dual	− 0.0681 ***	0.0217	− 0.0904 ***	0.0272 *	− 0.0239 *	0.0129	− 0.0406 ***	1.0000

注：***、**和*分别表示在1%、5%和10%水平上显著。

（三）回归分析

为探求财务审计重要性阀值与股权制衡之间的关系，本文对上述 OLS 模型进行了回归分析。具体分析结果如表4所示，股权制衡（DR）与财务审计重要性阀值（MT）的回归系数为0.192，在1%的水平上显著，表明股权制衡度与财务审计重要性阀值是显著正相关的，这与本文提出的假设相一致，股权制衡程度越高，审计师所制定的重要性阀值越高。这从一定程度上说明了股权制衡度较高的企业，有利于降低公司大股东为谋取私利而采取舞弊行为的可能性。同时，大股东的独断专制得到有效抑制，还能够在一定程度上避免其盲目投资扩张行为和重大决策失误的发生，有效地强化了各大股东之间的监督能力，有助于企业合理制定公司战略决策、优化资金资源配置以及监督管理各项业务。加强企业生产经营的安全性和平稳性，对维护企业价值起到了积极的作用。因此，相对于股权制衡度较低的企业，注册会计师可以制定一个较高的财务审计重要性阀值。

表4   股权制衡与财务审计重要性阀值回归分析结果

变量	β	t 值
DR	0.192 ***	3.12
Lev	0.770 ***	3.25
Roa	3.465 ***	8.19
Size	0.004	0.49
Growth	0.007	1.24
Big4	0.043	0.26
Dual	− 0.055	− 1.16

续表

变量	β	t 值
IND	控制	控制
Year	控制	控制
Constant	15.849	72.83
样本量	4806	

注：*** 表示在1%水平上显著。

（四）稳健性检验

为了检验上述结论是否真实可靠，本文拟采用替换解释变量的方法来进行稳健性检验。将第二至第五大股东持股比例和与第一大股东持股比例的比值作为解释变量，对各数据进行回归分析。回归结果如表5所示，所得结论与前文基本一致。由此可见，本文的研究结论具有较高的准确性。

表5   稳健性检验回归结果

变量	β	t 值
DR	0.163**	2.10
Lev	0.746***	3.15
Roa	3.461***	8.16
Size	0.004	0.50
Growth	0.007	1.29
Big4	0.055	0.32
Dual	−0.055	−1.13
IND	控制	控制
Year	控制	控制
Constant	15.924	73.77
样本量	4086	

注：*** 、** 分别表示在1%、5%水平上显著。

六、结论与启示

本文以股权制衡理论为基础，将沪深两市A股上市公司2016～2018年有关数据进行归纳整理，以探究股权制衡与财务审计重要性阈值之间的关系。研究发现，当其他条件一定时，股权制衡与重要性阈值呈正相关，股权制衡程度越高，审计师所制定的重要性阈值越高。

对于股权制衡度较高的企业而言，由于第一大股东以及其他主要控股股东被其他非控股股东监督制衡，其经营决策的效率效果会相对较高，企业内部控制运行情况也会较为良好，企业的财务风险与经营风险也会相对较小。因此，注册会计师可以制定一个相对较为宽松的审计重要性阈值。而对于股权制衡度较低的企业，控股股东拥有较大的权力，难以受到有效的监督和约束，这就很容易导致谋私利与舞弊情况的出现，使得企业产生较大的经营风险与财务风险。因此，审计师可以制定一个相对较高的审计重要性阈值。

本文的研究结论具有一定的现实意义，这个结果对完善股权结构以及监管部门完善相关制度及提升监管质量具有参考价值。

参考文献

[1] 陈艳丽，毛斯丽，王碧月．股利平稳性、股权制衡与制造业企业价值 [J]．财会月刊，2019 (13)：46-52.

[2] 邓颖．浅谈如何控制企业的经营风险和财务风险 [J]．商讯，2019 (32)：27-28.

[3] 耿振涛．股权制衡与盈余操纵选择及其产业差异比较 [J]．经营与管理，2019 (6)：50-57.

[4] 赖秋萍．确定审计项目重要性水平考虑的因素 [J]．中国乡镇企业会计，2008 (10)：166-167.

[5] 李秉祥，祝珊，张涛涛．公司股权特征对其资产减值准备计提政策的影响研究——以制造业上市公司为例 [J]．生产力研究，2019 (6)：10-15, 53, 161.

[6] 李春涛，宋敏，黄曼丽．审计意见的决定因素：来自中国上市公司的证据 [J]．中国会计评论，2006 (2)：345-362.

[7] 李慧聪．股权制衡度、研发经费投入与创新产出——基于面板门限模型的实证分析 [J]．中国市场，2019 (33)：12-13, 28.

[8] 刘莹华．国有上市公司股权制衡与代理成本的关系研究 [J]．会计金融，2019 (1)：55-64.

[9] 毛敏．重要性判断、审计经验与绩效考察 [J]．中央财经大学学报，2009 (12)：91-96.

[10] 秦亚飞，高洪显，田国双．外商投资、股权结构与企业财务绩效 [J]．财会通讯，2019 (15)：108-111.

[11] 孙禹．国有股权集中制度、股权制衡制度与企业绩效 [J]．现代经济信息，2019 (20)：112.

[12] 王玢．股权特征、成本粘性与公司创新投入 [J]．财会通讯，2018 (21)：94-99, 129.

[13] 王霞，徐晓东．审计重要性水平、事务所规模与审计意见 [J]．财经研究，2009, 35 (1)：37-48.

[14] 王朋才．基建审计重要性水平的确定 [J]．财会通讯，2012 (10)：85-86.

[15] 王英姿．审计职业判断差异研究——一项关于上市公司 2000 年年报的案例分析 [J]．审计研究，2002 (2)：27-31.

[16] 杨忠容．股权制衡、产权性质对高管薪酬业绩敏感性的影响——基于我国 A 股上市公司的实证研究 [J]．生产力研究，2018 (12)：123-126.

[17] 于鹏．公司特征、国际四大与审计意见 [J]．审计研究，2007 (2)：53-60.

[18] 袁仁淼，周兵．企业竞争战略、股权制衡度与盈余管理分析 [J]．广州大学学报，2018 (11)：

42 - 47.

[19] 张峰. 审计重要性水平的影响因素研究 [J]. 特区经济, 2014 (7): 227 - 229.

[20] Bao B. , Chen G. Audit Qualification Prediction Using Accounting and Market Variables: The Case of Chinese Listed Companies [R]. Working Paper, 1998.

[21] Battaggion M. R. , Tajoli L. Ownership Structure, Innovation Process and Competitive Performance: the Case of Italy [J]. CESPRI Working Paper No. 120, Milano.

[22] Chewning G. , K. Pany, S. Wheeler. Auditor Reporting Decisions Involving Accounting Principle Changes: Some Evidence on Materiality Thresholds [J]. Journal of Accounting Research, 1989, 27 (1): 78 - 96.

[23] Estes R. , Reames D. D. Effects of Personal Characteristics on Materiality Decisions: A Multivariate Analysis [J]. Accounting and Business Research, 1988, 18 (72): 291 - 296.

[24] Fama E. , Jensen M. Separation of Ownership and Control [J]. Journal of Law and Economics, 1983 (2): 301 - 325.

[25] Ghosh A. , D. Moon. Auditor Tenure and Perceptions of Audit Quality [J]. The Accounting Review, 2005, 80: 585 - 612.

[26] Gomes J. , Livdan D. Optimal Diversification: Reconciling Theory and Evidence [J]. The Journal of Finance, 2004, 59 (2): 507 - 535.

[27] H. Blokdijk, F. Drieenhuizen, D. A. Simunic et al. Factors Affecting Auditors' Assessments of Planning Materiality [J]. Auditing: A Journal of Practice & Theory, 2003, 22 (2): 297 - 307.

[28] Maury B. , Pajuste A. Multiple Large Shareholders and Firm Value [J]. Journal of Banking & Finance, 2001, 29: 1813 - 1834.

[29] Messier W. F. The Effect of Experience and Firm Type on Materiality/Disclosure Judgments [J]. Journal of Accounting Research, 1983: 611 - 618.

[30] Pagano M. , Roell A. The Choice of Stock Ownership Structure: Agency Costs, Monitoring, and the Decision to Go Public [J]. The Quarterly Journal of Economics, 1998, 113: 187 - 225.

[31] Todd DeZoort, Paul Harrison, Mark Taylor. Accountability and Auditors' Materiality Judgments: The Effects of Differential Pressure Strength on Conservatism, Variability, and Effort [J]. Accounting, Organizations and Society, 2005, 31 (4): 1 - 18.

[32] Tribo J. A. , Berrone P. , Surroca J. Do the Type and Number of Block Holders Influence R&D Investments New Evidence from Spain [J]. Corporate Governance: An International Review, 2007 (5).

签字审计师特征会影响财务审计重要性阀值吗?[*]

袁 博[**]

摘 要 财务审计重要性阀值是影响审计效率和审计质量的重要因素。本文基于风险偏好理论、审计职业判断理论,从理论上探究审计师特征对于财务审计重要性阀值的影响,采用我国上市公司的数据以及审计师的个人信息进行实证检验。研究发现,审计师是否为合伙人和执业时间这两个特征对财务审计重要性阀值有显著影响。这个结果为审计机构的人力资源配置以及监管部门的监督重点提供了实证依据。

关键词 财务审计重要性阀值 审计师性别 审计师学历 审计师职位 审计师执业时间

Do Signature Auditor Characteristics Affect the Financial Audit Materiality Threshold?

Yuan Bo

School of Government Audit, Nanjing Audit University

Abstract:Financial audit materiality threshold is an important factor affecting audit efficiency and audit quality. Based on risk preference theory and audit professional judgment theory, this paper theoretically explore the impact of auditor characteristics on the threshold of financial audit materiality, the data of Chinese listed companies and personal information of auditors were used for empirical test. The study finds that the characteristics of whether the auditor is a partner and

---

* 基金项目:教育部重大招标项目"更好地发挥审计在党和国家监督体系中的作用研究"(19JZD027),教育部后期资助项目"审计基本理论研究"(19JHQ066)。

** 作者简介:袁博,男,江苏南通人,南京审计大学政府审计学院硕士研究生,主要研究方向是财务审计。

practice time have significant influence on the threshold of financial audit materiality. This result provides an empirical basis for the human resource allocation of audit institutions and the supervision focus of regulatory departments.

Key words：financial audit materiality threshold；auditor gender；auditor education；auditor position；auditor practice time

一、引　言

近年来，随着我国不断曝出的上市公司财务报告造假以及审计机构的丑闻，使得人们逐渐降低了对审计机构与审计师们的信任。造成这一切的重要原因之一是审计师们所做审计项目的审计质量正不断下降，因此，审计质量成为审计行业的关键问题。

影响财务审计质量的因素很多，财务审计重要性阀值就是影响审计质量的重要因素之一。财务审计重要性阀值是签字审计师在具体情况下对于所审计项目可容忍错报金额的判断，其影响着审计的整个过程，而合理的财务审计重要性阀值有助于提高签字审计师的审计质量，规避审计风险。财务审计重要性阀值的决策受到很多因素的影响，签字审计师特征是一个重要的方面。由于财务审计重要性阀值是签字审计师对于审计项目所做出的判断，而每一个审计师都有其不同的成长经历，这也造就了审计师独一无二的个人特征，也影响着他们在审计财务报表时的风格与判断。因此，当我们深入研究财务审计重要性阀值的影响因素时，就必然绕不开对于签字审计师个人特征的研究。

国内外的学者对于审计师个人特征与财务审计重要性阀值已有了一定的研究。但是，国外学者大多研究的是不同审计师对于财务审计重要性阀值判断的一致性与共识方面，而且由于审计师做出的审计判断是基于一定环境之下，而国外环境在文化、社会与经济条件方面与国内相比大不一样，这就使得国外的一些结论可能在国内并不适用。同样，虽然国内对于此也有了初步的研究，但是，国内学者对于审计师特征与财务审计重要性阀值的影响大多只是从理论角度出发且多为规范性研究，并没有经验数据检验。

鉴于以上因素，本文聚焦签字审计师的个人特征对财务审计重要性阀值的影响，基于风险偏好理论以及审计职业判断理论，从理论上探究审计师特征对于财务审计重要性阀值的影响，并以上市公司为样本进行实证检验。研究发现：（1）当签字审计师为审计机构合伙人时选择的重要性阀值越低；（2）当签字审计师的执业时间越长，其选择的重要性阀值越高。这些发现为审计机构的人力资源配置以及监管部门的监督重点提供了实证依据。

二、文献回顾

（一）财务审计重要性阀值的影响因素

不少文献研究财务审计重要性阀值的影响因素方面，影响因素大致分为以下四类。

（1）审计机构规模的影响。王霞和徐晓东（2009）发现不同规模的审计机构对重要性阀值的执行标准不同，规模大的审计机构相较于规模小的审计机构对超过重要性阀值的错报更加敏感。梅西尔（Messier，1983）的研究结论表明，事务所的大小影响着审计师对于重要性阀值的判断。

（2）问责压力强度的影响。德佐特等（DeZoort et al.，2006）研究不同的问责压力对审计师做出重要性阀值判断的影响，发现较高的压力会导致审计师对于重要性阀值判断趋于保守，同时会强调更多的定性重要性因素。大卫和西纳森（David and Sinason，2000）认为，问责制度将会使得审计师降低重要性阀值，降低发表不恰当审计意见的风险。

（3）差错对客户企业的影响程度。纳格和坦（Ng and Tan，2007）发现，审计师在判断财务审计重要性阀值时，会考虑差错对客户的影响，尤其是当该差错会对客户产生重大影响之时。阿西托等（Acito et al.，2009）发现，差错的数量以及重要性和性质是否严重，是影响审计师判断重要性阀值的重要因素。

（4）行业准则与监督的影响。王朋才（2012）的研究发现，行业监督越严格，审计师在确定重要性阀值时会越谨慎。唐纳德等（Donald et al.，1976）发现，如果行业准则的规定比较模糊，审计师就会趋于企业意愿，相反若是会计与审计准则更加规范化，那么审计师在判断重要性阀值时将会更加谨慎。

（二）审计师个人特征对财务审计重要性阀值的影响

从国内外的研究来看，在考虑重要性问题时，多数文献并没有考虑到不同审计师之间的差异。但是，财务审计重要性阀值是由签字审计师基于审计项目的相关情况所做出的判断，审计师的不同必然会对财务审计重要性阀值的判断产生影响。因此，审计师的个人特征也是财务审计重要性阀值的重要影响因素之一。有少量文献研究了这个问题。

卡彭特和迪史密斯（Carpenter and Dirsmith，1992）认为，重要性阀值的判断受到会计师事务所的资质以及审计师的经验的影响，并发现会计师事务所的文化会对有经验的审计师产生更大的影响，同时，经验越丰富的审计师做出的重要性阀值的判断越会趋于一致性。梅西尔（Messier，1983）在研究审计经验、事务所类型和财务变量对审计重要性阀值判断的共识方面、自我洞察力以及稳定性方面的影响时发现，审计经验会影响重要性阀值判断的共识。埃斯蒂斯和里姆斯（Estes and Reames，1988）通过实验研究发现，审计师在确定重要性阀值时，其个人的审计经验、个人的性别、个人的职务会影响其对于重要性阀值的判断。赖秋萍（2008）认为，审计重要性阀值的确定受到被审计单位的实际情况、审计师自身的经验与态度、相关法律法规这三个方面的影响。王磊等（2009）认为，审计重要性阀值的判断与审计师的个人能力、经验与判断有关。

上述文献显示，国外的学者对于审计师个人特征对财务审计重要性阀值的影响已有了一定的研究，但是，这些研究更多关注不同审计师对于财务审计重要性阀值判断的一致性与共识方面。并且，由于审计师的审计判断均是需要处于一定的环境中，不同的环境会产生不同的判断，同时也与审计师所处的文化、社会与经济条件基础相关联，因此，了解在不同环境下审计师特征对于财务审计重要性阀值的影响将会为该项研究提供更丰富的依据。虽然，国内对这些问题也有初步的研究，但是，国内学者对于审计师特征与财务审计重要性阀值的影响主要是从理论角度出发且多为规范性研究，并没有经验数据检验。

因此，本文将聚焦于签字审计师的个人特征，基于风险偏好理论与审计职业判断理论，探究在我国社会环境下审计师特征对于财务审计重要性阀值的影响，以上市公司为样本进行实证检验，为我国关于财务审计重要性阀值的研究提供一定的参考。

三、理论分析与研究假设

风险偏好是指行为主体在面对未知风险之时将会产生的一种心理状态，这是行为主体对于风险的态度与倾向，也代表着对于风险的容忍程度（李怀祖，1993）。决策者会在做出决策时因为自己个人的风险偏好而做出不同的决策，而不同的风险偏好会对决策人在做出决策时产生显著影响。通常将风险偏好分为风险厌恶类型、风险中性类型和风险喜好类型，也就代表着决策者是厌恶风险，不在乎风险或是喜好风险，也代表了其的风险承受能力。而不同的决策者特征就会在决策者做出判断时影响其风险偏好，进而影响最终决策，决策者特征就包括性别、学历、职位及任期。已有研究表明，在性别方面，男性决策者更加激进，进行决策时风险偏好程度越高，更愿意去冒风险，而相比之下，女性更为厌恶风险（Faccio et al. , 2011）。在学历方面，高学历的决策者对风险认识更加全面，同时也更能承受风险，因此，更趋于风险喜好，而低学历的决策者就更倾向于规避风险（Barker and Mueller，2002）。在职位方面，决策者的职位越高，收入与财富越高，更倾向于风险规避，更厌恶风险，而低职位的决策者就更倾向于冒险（Abdel，2007）。在任期方面，决策者的任期越长，其自身能力越强，越为喜好风险，而任期短的决策者就倾向于规避风险（Gibbon and Murphy，1992）。

审计职业判断是指审计人员根据其专业知识及工作经验，通过识别和比较对审计事项和自身行为所作的估计、断定或选择（张继勋，2002）。审计人员会因为不同的内在因素与外在因素而做出不同的审计职业判断。孟凡斌（2015）认为，审计师的审计职业判断会受到其背景因素的影响，包括年龄、职称、性别、学历等。因此，不同的背景特征就会对签字审计师进行职业判断时产生一定的影响。已有研究表明，在性别方面，男性审计师在做出审计判断时会比女性审计师更加高估自身的判断（Srinidhi et al. , 2011）。在学历方面，当审计师的学历越高，其关于审计与会计方面的知识越多，对于审计工作的了解也越深，从而做出审计判断时也更加准确（Lichtenstein and Fischof，1977）。在职位方面，相较于普通审计师，审计师为合伙人时做出的审计职业判断更加的保守（Miller，1992）。在任期方面，有经验的审计师会对业务流程更加熟悉，做出的审计职业判断也具有更高的稳定性（张继勋和付宏琳，2008）。

因此，同理可得，当签字审计师拥有不同的背景特征时，也同样会对他们在设定财务审计重要性阀值时产生不同的风险偏好影响及审计职业判断影响。本文就将基于风险偏好理论及审计职业判断理论，以签字审计师的性别、学历、是否合伙人及执业时间的长短作为其不同的个人特征，来探究对财务审计重要性阀值的影响。研究框架如图 1 所示。

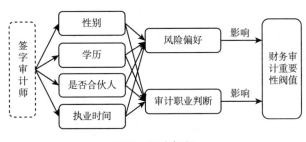

图 1　研究框架

（一）签字审计师性别对财务审计重要性阀值的影响

在已有的关于性别差异的文献中，我们可以看到，男性与女性在信息接收与处理方面，以及处理事情的思维逻辑方式上都有着显著的不同。法乔等（Faccio et al.，2011）的研究指出，男性决策者更加激进，进行决策时风险偏好程度越高，更愿意去冒风险，而相比之下，女性更为厌恶风险。斯利尼迪等（Srinidhi et al.，2011）发现，男性审计师在做出审计判断时会比女性审计师更高估自己的判断。由此我们也可以做出推论，签字审计师个人特征中的性别差异也同样会对其在主持审计项目时设定财务审计重要性阀值产生风险偏好影响以及审计职业判断影响。伊托宁和佩尼（Ittonen and Peni，2010）发现，在不同的审计环境中，相较于男性审计师而言，女性审计师更容易发现隐藏在财务报表中的错报，因此，这也会导致审计结果更加准确。同时，鉴于社会角色理论，男性相较于女性而言更容易激进，更容易去冒险，这样就有可能导致男性签字审计师相比于女性签字审计师而言选择更高的财务审计重要性阀值。同样，心理学研究表明，对比于男性，女性在与财务相关的问题上会显得更加的保守（Fellner and Maciejovsky，2007）。因此，在审计项目过程中，我们可以推断，由于女性审计师对于与财务相关的数据更加保守、更加稳重，不愿意去冒高风险，她们相较于男性审计师而言更愿意去搜集更多的证据以确保结论的可靠性，所以，会设置更低的财务审计重要性阀值以降低审计风险。因此，在审计师做出判断设定审计项目的审计重要性阀值时，相比较于男性签字审计师，女性签字审计师更有可能设定更低的财务审计重要性阀值以避免审计风险与审计错报的产生。由此提出假设：

H1：签字审计师是女性时，设定的财务审计重要性阀值越低。

（二）签字审计师学历对财务审计重要性阀值的影响

审计师所获得的教育程度影响着其知识储备，进而影响其对风险偏好及风险对应的审计职业判断。一般来说，高学历的决策者对风险认识更加全面，同时也更能承受风险，因此，更趋于风险喜好，而低学历的决策者就更倾向于规避风险（Barker and Mueller，2002）。由此我们可以推论，随着自身学历水平的不断提升，审计从业人员获得的理论教育以及得到的实践也越来越多，那么，在审计工作中也就具备了更多的发现错报的能力，也更能承受风险。班特尔（Bantel，1993）发现一个人的受教育水平反映了其认知能力以及专业能力水平，高学历的人更能接收到新思想，更能对新的变化产生适应，更能全面地获得相关的信息。同样，当审计师的学历越高，其关于审计与会计方面的知识越多，对于审计工作的了解也越深，从而在审计项目实践中对于如何做出审计决策的考虑也更加全面，从而做出审计判断时也更加准确（Lichtenstein and Fischhoff，1977）。因此，在签字审计师设定审计项目的审计重要性阀值时，相较于低学历的签字审计师，高学历的签字审计师可以视为是风险喜好类型，同时能够更准确地做出审计职业判断。而且，由于对审计项目有充分的了解与把握，对可能出现的审计风险更加沉着以及具有更强的承受能力，高学历的签字审计师更有可能会设置相对较高的财务审计重要性阀值。由此提出假设：

H2：签字审计师的学历越高，设定的财务审计重要性阀值越高。

（三）签字审计师是否为合伙人对财务审计重要性阀值的影响

审计机构内部的职位是以金字塔形式呈现，而审计师要想晋升高位，就必须取决于他的工作能力以及工作经验。已有文献表明，决策者的职位越高，收入与财富越高，更倾向于风险规避，更厌恶风险，而低职位的决策者就更倾向于冒险（Abdel，2007）。同理，随着审计师在审计机构中地位的提高，其收入与财富越高，所承担的责任与压力也随之提升，而一旦出现审计失误，其也将会面临着来自监管机关的严厉处罚，以及自身名誉的损失，乃至给所处审计机构的声誉造成极大的损失。因此，当审计师为审计机构合伙人身份时，将会极大地提高对于审计责任风险的关注，也会具有更强的保护声誉的意识，更不愿意去实施一些冒险的行为。审计师为合伙人时做出的判断也比其他普通的审计师更加保守（Miller，1992）。因此，与一般的非合伙人相比较，当审计师为合伙人时，他会更因为注重事务所的声誉及保护自身的名誉而采取更加谨慎的态度，去收集更多的资料才做出自身的判断。相比而言，在做审计项目时，合伙人职位的审计师会要求比普通审计师更多的原始底稿记录（Trotman et al.，2009）。因此，在签字审计师做出判断确定审计项目的重要性阀值时，相较于非合伙人职位的签字审计师，是合伙人的审计师可以视为是风险厌恶类型，其更有可能设定更低的重要性阀值以降低可能出现的审计风险。但是也会有不同的情况出现，张兆国等（2014）的研究发现，签字审计师为合伙人时可能会出现为了事务所和个人利益而牺牲审计质量的情况，这就可能会导致较高财务审计重要性阀值的出现。由此提出竞争性假设：

H3a：签字审计师是合伙人时，设定的财务审计重要性阀值越低。

H3b：签字审计师是合伙人时，设定的财务审计重要性阀值越高。

（四）签字审计师执业时间的长短对财务审计重要性阀值的影响

在审计行业中，审计师需要依靠其工作能力与工作经验才能有所提升。已有文献表明，决策者的任期越长，其自身能力越强，越为喜好风险，而任期短的决策者就倾向于规避风险（Gibbon and Murphy，1992）。同理可得，审计师的执业时间越长，其在实践与积累经验的过程中，所形成的对于专业知识技能的提升，对所遇到的错报的记忆，对自身判断能力的认知，都会对其在日后的审计项目过程中产生相当的影响，而这一切都能使审计师更能承受风险。利比和弗雷德里克（Libby and Frederick，1990）提出，过往的培训和审计经历能够使得审计师更容易发现审计中存在的问题，能够更广泛地发现与此相关的其他问题并及时采取相关的审计策略。叶琼燕（2011）等研究也表明，审计师的执业时间越长，审计经验也就越丰富，因此，出现审计失败风险的可能性就越小。张继勋和付宏琳（2008）研究发现，有经验的审计师对于具体审计情况更为熟悉，所做出的审计职业判断也更具有稳定性。因此，相比于执业时间短的审计师，执业时间越长的审计师判断审计错报的准确性也就越高，更容易发现审计中存在的舞弊方式与手段，更容易发现被审计单位中的虚假错报，也更能承担风险。由此可以推断得出，相较于执业时间短的审计师，执业时间越长的审计师可以视为是风险喜好类型，其所做出的审计职业判断更为准确，其更有可能选择较高的财务审计重要性阀值。由此提出假设：

H4：签字审计师的执业时间越长，设定的财务审计重要性阀值越高。

四、研究设计

（一）变量设计

1. 被解释变量

财务审计重要性阀值（*MT*）。本文选择内部控制审计中的内部控制重大缺陷认定标准中的相关数据来计量财务审计重要性阀值，主要理由是，目前的内部控制审计，事实上是财务报告内部控制审计，这些内部控制缺陷认定标准基本上都是基于财务审计重要性阀值将内部控制缺陷分为重大缺陷、重要缺陷和一般缺陷。例如，中国农业银行股份有限公司内部控制评价报告指出，"本行内部控制缺陷认定的定量标准是指就缺陷所导致的严重程度进行量化，并与财务报表审计重要性水平进行比较，根据其严重程度来决定缺陷的等级"；北京银行内部控制缺陷认定标准规定，"重大缺陷指一项内控缺陷单独或连同其他缺陷具备合理可能性导致不能及时防止或发现并纠正财务报告中的重大错报、误报金额已经接近甚至超过重要性水平及其他导致本行财产、声誉发生重大损失的控制缺陷""重要缺陷指一项内控缺陷单独或连同其他缺陷具备合理可能性导致不能及时防止或发现并纠正财务报告中虽然未达到和超过重要性水平、但仍应引起董事会和管理层重视的错报，或误报金额已接近或达到重要性水平的5%～50%的控制缺陷及其他导致本行财产、声誉可能发生较大损失的控制缺陷""一般缺陷指未造成或造成财务报告较小的误报，误报金额低于重要性水平的 5% 及未造成本行财产、声誉损失或造成损失较小的控制缺陷"。

由于内部控制重大缺陷定量认定标准的绝对数一般是将一个百分比与其对应的基准指标相乘，而百分比又是一个区间，所以，一个企业就会得到多个财务审计重要性阀值的绝对值，取其中的最小值、平均值和最大值。

目前，从内部控制认定标准披露来看，作为内部控制缺陷重大认定标准的基准指标有多种类型，主要有资产总额、企业营业收入、企业利润总额、企业税后净利润，根据这些基准指标计算出来的财务审计重要性阀值绝对数就不具有可比性，因此，本文按各公司披露的内部控制缺陷认定标准的基准指标和比例，计算出内部控制缺陷认定标准的绝对数（分别计算最小值和最大值），然后，将这些绝对数除以总资产，得到一个比例，这个比例就消除了公司规模的影响，然后，根据最小值比例和最大值比例计算平均值比例。

2. 解释变量

本文借鉴吴伟荣等（2017）的研究成果，计量签字审计师的性别、学历、是否为合伙人、执业时间长短：（1）性别，本文定义在执行审计过程中，两位签字审计师中存在女性时取值为 1，否则为 0；（2）学历，本文定义在执行审计过程中，两位签字审计师中存在硕士学位及以上时取值为 1，否则为 0；（3）是否为合伙人，本文定义在执行审计过程中，两位签字审计师中存在合伙人取值为 1，否则为 0；（4）执业时间长短，本文定义在执行审计过程中，两位签字审计师中存在执业时间有比平均执业时间长的审计师时取 1，否则为 0。执业时间以签字审计师批准注册时间开始计算。

3. 控制变量

借鉴以往的研究结果，本文选择了一些控制变量。

王霞和徐晓东（2009）提出不同规模的事务所对重要性水平的执行标准是有差异的，规模大的事务所对超过重要性水平的错误更加敏感，同时，也提出重要性水平会影响审计师出具的审计意见类型，因此，选择事务所规模（Big10）和上一年度审计意见（Lop）作为控制变量，其中，事务所规模（Big10）为是否为国内十大，是取 1，否则为 0。以中注协 2019 年 5 月发布为准。上一年度审计意见（Lop）为公司上一年度审计意见，标准无保留意见取 0，否则取 1。陈丽英和陈琪（2016）发现，审计费用是影响重要性水平的重要因素。故选择审计费用（lnfee）作为控制变量。吴联生和谭力（2005）发现，上市公司的股权架构会影响审计师的判断，故选择股权性质（Soe）作为控制变量。公司为国有控股时取 1，否则为 0。高希和穆恩（Ghosh and Moon, 2005）发现，成长型公司在审计过程中的可操纵性大。故选择企业增长率（Growth）作为控制变量。于鹏（2007）发现，国际四大对于业绩差以及高风险的公司出具"非标"意见的可能性大，所以，选择资产收益率（Roa）、资产负债率（Lev）和资产流通性（Current）作为控制变量。

综上所述，变量设计如表 1 所示。

表1   变量设计

变量属性	变量名称	变量符号	变量定义
被解释变量	财务审计重要性阀值	*MT*	内部控制重大缺陷定量的平均值除以总资产
解释变量	性别	*Gender*	两位签字审计师中存在女性时取值为1，否则为0
	学历	*Education*	两位签字审计师中存在硕士学位及以上时取值为1，否则为0
	是否合伙人	*Partner*	两位签字审计师中存在合伙人时取值为1，否则为0
	执业时间	*Time*	两位签字审计师中存在执业时间有比平均执业时间长的审计师时取1，否则为0
控制变量	资产负债率	*Lev*	负债总额/资产总额
	事务所规模	*Big*10	事务所是否为国内十大，是取1，否则为0。以中注协2019年5月发布为准
	资产流通性	*Current*	流动资产/流动负债
	审计费用	ln*fee*	公司本年度的审计费用
	上一年度审计意见	*Lop*	公司上一年度的审计意见，标准无保留意见取0，否则为1
	资产收益率	*Roa*	息税前利润/资产总额
	企业增长率	*Growth*	（本年度营业收入－上年度营业收入）/本年度营业收入
	股权性质	*Soe*	公司为国有控股时取1，否则为0
	行业效应	*Industry*	公司所处行业分类
	年度效应	*Year*	所处年份

4. 模型构建

根据前文的研究假设及变量设计，本文构建以下模型：

$$MT = \beta_0 + \beta_1 Gender + \beta_2 Education + \beta_3 Partner + \beta_4 Time + \beta_5 Lev + \beta_6 Big10$$
$$+ \beta_7 Current + \beta_8 \ln fee + \beta_9 Lop + \beta_{10} Roa + \beta_{11} Growth + \beta_{12} Soe$$
$$+ \beta_{13} \sum Industry + \beta_{14} \sum Year + \varepsilon \tag{1}$$

（二）样本选择与数据来源

本文选取沪深A股2017年和2018年公司财务数据作为研究对象，并通过以下筛选最终得到样本：（1）剔除金融行业企业；（2）剔除ST和＊ST的企业；（3）剔除财务信息不完全的企业。本文所采用财务数据来自迪博（DIB）数据库和国泰安CSMAR数据库。签字审计师数据是根据国泰安CSMAR数据库中的审计师数据提供。

五、统计分析

(一) 描述性统计

变量的描述性统计如表 2 所示。数据显示，财务审计重要性阀值均值为 0.0102，标准差为 0.0094；在签字审计师的个人特征中，性别的均值为 0.5526，说明两名签字审计师中存在女性审计师的比例为 55.26%；学历的均值为 0.2444，说明两名签字审计师中存在硕士学位及以上的比例为 24.44%，表明在签字审计师中学历为本科及以下的人还是占据大多数；职位是否为合伙人的均值为 0.9558，说明两名签字审计师中存在合伙人的比例为 95.58%，表明绝大多数的签字审计师都是事务所的合伙人，非合伙人的审计师很少能担任签字审计师；签字审计师的执业时间长短的均值为 0.9455，说明两名签字审计师中存在比平均执业时间长的人员的比例为 94.55%，表明能担任签字审计师这一职责的审计师们的执业时间大多都比普通的审计师长，执业时间短的审计师很少能成为签字审计师。再考虑各个变量的最小值和最大值，表明这些变量均有一定的变动性。

表 2   描述性统计

变量名称	观测量	平均值	标准差	最小值	最大值
财务审计重要性阀值	1064	0.0102	0.0094	0.0002	0.0626
性别	1064	0.5526	0.4975	0	1
学历	1064	0.2444	0.4299	0	1
是否合伙人	1064	0.9558	0.2056	0	1
执业时间	1064	0.9455	0.2271	0	1
资产负债率	1064	0.4172	0.1993	0.0514	0.9648
事务所规模	1064	0.5752	0.4945	0	1
资产流通性	1064	2.2509	1.8325	0.1570	13.5067
审计费用	1064	1480936	2204383	220000	2.86e + 07
上一年度审计意见	1064	0.0094	0.0965	0	1
资产收益率	1064	0.0413	0.0796	- 1.3873	0.3235
企业增长率	1064	0.2309	0.5282	- 0.9818	7.7050
股权性质	1064	0.3289	0.4701	0	1

(二) 相关性分析

变量的相关性分析的结果如表 3 所示。性别与财务审计重要性阀值负相关但不显著，学历与财务审计重要性阀值负相关但不显著。是否合伙人与财务审计重要性阀值呈显著

表3

相关性分析

变量名称	财务审计重要性阈值	性别	学历	是否合伙人	执业时间	资产负债率	事务所规模	资产流通性	审计费用	上一年度审计意见	资产收益率	企业增长率	股权性质
财务审计重要性阈值	1.000												
性别	-0.017	1.000											
学历	-0.027	0.037	1.000										
是否合伙人	-0.072**	-0.065**	0.037	1.000									
执业时间	0.056*	0.042	0.079**	0.130***	1.000								
资产负债率	-0.127***	-0.079***	0.037	0.067**	0.050	1.000							
事务所规模	-0.006	0.049	0.020	-0.055*	0.011	0.048	1.000						
资产流通性	0.110***	0.108***	-0.006	-0.031	-0.016	-0.665***	0.018	1.000					
审计费用	-0.093***	0.054*	-0.051*	0.018	0.022	0.285***	0.122***	-0.166***	1.000				
上一年度审计意见	0.016	-0.050	0.013	0.021	0.023	0.133***	-0.074**	-0.077**	-0.009	1.000			
资产收益率	0.010	0.038	-0.025	-0.033	-0.046	-0.286***	0.025	0.175***	-0.024	-0.196***	1.000		
企业增长率	-0.012	0.002	-0.021	-0.049	-0.026	0.078**	-0.038	-0.087***	0.002	-0.048	0.125***	1.000	
股权性质	-0.163***	-0.010	0.095***	0.063**	0.027	0.255***	0.023	-0.214***	0.168***	0.036	-0.037	-0.023	1.000

注：变量定义见表1；***、**、*分别表示在1%、5%、10%的水平上统计显著。

负相关，说明签字审计师职位是合伙人时所设定的财务审计重要性阀值越低。签字审计师执业时间与财务审计重要性阀值呈显著正相关，说明签字审计师执业时间越长，所设定的财务审计重要性阀值越高，以上结果仍需我们采用回归分析来进一步验证。

（三）回归分析

为了检验签字审计师的性别、学历、是否合伙人及执业时间对财务审计重要性阀值的影响，本文使用模型进行了回归分析，分析结果如表4所示。

表4　　　　　　　　　　　　　　　　回归分析

变量名称	系数	t 值	P > t
性别	− 0.000283	− 0.86	0.389
学历	0.000146	0.42	0.671
是否合伙人	− 0.000955 **	− 2.04	0.041
执业时间	0.000931 **	2.46	0.014
资产负债率	0.000290	0.10	0.918
事务所规模	0.000141	0.20	0.839
资产流通性	0.000343	1.15	0.250
审计费用	− 2.31e − 10 ***	− 2.74	0.006
上一年度审计意见	0.000054	0.09	0.926
资产收益率	0.004225	1.34	0.182
企业增长率	0.000226	1.08	0.281
股权性质	− 0.001511 *	− 1.72	0.085
年份	控制		
行业	控制		
样本数	1064		
R^2	0.05		

注：*** 、** 、* 分别表示在 1%、5%、10%的水平上显著。

结果表明，签字审计师性别（Gender）与财务审计重要性阀值的相关性并不显著，说明假设 H1 并没有被验证。原因可能是因为签字审计师的性别虽然有差异，但是，他们在做出判断以设定财务审计重要性阀值时，理性的思维可能远远胜过感性思维，这会使得签字审计师并不会因为自身是男性而更加鲁莽和冒险，使得男性与女性之间的差异大大缩小。

签字审计师学历（Education）和财务审计重要性阀值的相关性并不显著，说明假设

H2 没有被证明。原因可能是虽然学历会对签字审计师的判断产生一定的影响，但是，审计师在后期的成长中会经历更多的学习与考试，而要想成为一名注册会计师，就必须要通过 CPA 考试，而 CPA 考试就使得各个学历之间的关于会计与审计基本知识的差距大大缩小，这就使得签字审计师并不会因为自身的学历高低影响到设定财务审计重要性阀值。

签字审计师职位是否为合伙人（*Partner*）与财务审计重要性阀值呈负相关关系，相关性显著，证明了假设 H3a，这说明当签字审计师为事务所合伙人时，其会设定更低的财务审计重要性阀值以避免出现风险。

签字审计师执业时间长短（*Time*）与财务审计重要性阀值呈正相关关系，相关性显著，这说明当签字审计师的执业时间越长时，其会选择更高的财务审计重要性阀值，证明了假设 H4。

（四）稳健性检验

为了能够进一步验证上述结论的稳健性，本文重新定义财务审计重要性阀值（*MT*）的取值方式，选取内部控制重大缺陷定量的最大值和最小值除以总资产作为财务审计重要性阀值（*MT*）的取值，结果如表5和表6所示。数据表明，签字审计师的职位是否为合伙人（*Partner*）与财务审计重要性阀值呈显著负相关，签字审计师执业时间的长短（*Time*）与财务审计重要性阀值呈显著正相关，而签字审计师的性别（*Gender*）与签字审计师的学历（*Education*）和财务审计重要性阀值之间无显著性关系，与前文中回归检验结果基本相一致，这说明研究结果是稳健的。

表5　　　　　　　　　　　　　　　稳健性检验（一）

变量名称	系数	t 值	P > t
性别	− 0. 000139	− 0. 39	0. 699
学历	0. 000187	0. 38	0. 702
是否合伙人	− 0. 001454*	− 1. 96	0. 050
执业时间	0. 001272**	2. 04	0. 042
资产负债率	0. 002136	0. 44	0. 660
事务所规模	− 0. 000101	− 0. 09	0. 928
资产流通性	0. 000508	0. 89	0. 375
审计费用	− 3. 03e − 10**	− 2. 35	0. 019
上一年度审计意见	0. 000680	0. 53	0. 597
资产收益率	0. 004803	1. 42	0. 155
企业增长率	− 0. 000227	− 0. 83	0. 404

续表

变量名称	系数	t 值	P > t
股权性质	− 0.002022	− 1.40	0.163
年份		控制	
行业		控制	
样本数		1064	
R²		0.04	

注：** 表示在 5% 的水平上显著。

表6　　　　　　　　　　　　　　稳健性检验（二）

变量名称	系数	t 值	P > t
性别	− 0.000486	− 1.13	0.257
学历	0.000015	0.05	0.962
是否合伙人	− 0.000798 **	− 2.04	0.041
执业时间	0.000859 **	2.31	0.021
资产负债率	− 0.002193	− 1.21	0.224
事务所规模	0.000422	0.79	0.428
资产流通性	0.000125	0.88	0.377
审计费用	− 1.48e − 10 **	− 2.13	0.033
上一年度审计意见	− 0.000454	− 0.56	0.573
资产收益率	0.002878	0.69	0.488
企业增长率	0.000645 **	2.23	0.026
股权性质	− 0.001034 *	− 1.73	0.084
年份		控制	
行业		控制	
样本数		1064	
R²		0.06	

注：**、* 分别表示在 5%、10% 的水平上显著。

六、结论与启示

财务审计重要性阀值是签字审计师在具体环境下对所审计项目的错报金额与项目的

判断，影响着审计的整个过程，适宜的财务审计重要性阀值有助于签字审计师提高审计质量、规避审计风险，而不适宜的重要性阀值导致的后果则恰恰相反。本文以风险偏好理论、审计职业判断理论为基础，探讨签字审计师的性别、学历、是否为合伙人、执业时间长短这四个个人特征对财务审计重要性阀值的影响。研究结果表明，签字审计师的个人特征对财务审计重要性阀值有着重要的影响，签字审计师的职位为合伙人时，会设定更低的财务审计重要性阀值，签字审计师的执业时间越长，会设定更高的财务审计重要性阀值，而签字审计师的性别与学历对财务审计重要性阀值的影响并不显著。

本文的研究结论具有一定的现实意义，为审计机构合理配置签字审计师人选和为证监会、中国注册会计师协会等监管部门完善制度及监管实务提供了理论证据。由于签字审计师的个人特征会影响到财务审计重要性阀值，所以，审计机构在为审计项目配置签字审计师人选时，应考虑审计师的个人特征及审计项目的具体情况，合理分配审计师资源。而证监会以及中国注册会计师监管部门应该加强对签字审计师的监督，制定相关的政策，引导审计机构建立合理健全的人力资源结构，促进审计行业的健康发展。

由于签字审计师个人特征所获取数据的局限性，故本文仅以所收集到的签字审计师的性别、学历、是否为合伙人及执业时间长短这四项反映签字审计师的个人特征来检验其对于财务审计重要性阀值的影响，但实际上签字审计师的个人特征还有其他很多，如签字审计师的行业专长、性格类型等都有可能影响到审计师的判断，从而影响其设定财务审计重要性阀值，而这就有待在今后的研究中进行进一步的讨论与探索。

参考文献

[1] 陈丽英，陈琪. 重要性判断、审计费用与财务重述 [J]. 中国注册会计师，2016 (8)：69 – 74.

[2] 赖秋萍. 确定审计项目重要性水平考虑的因素 [J]. 中国乡镇企业会计，2008 (10)：166 – 167.

[3] 李怀祖. 决策理论引导 [M]. 北京：机械工业出版社，1993：72 – 74.

[4] 孟凡斌. 会计职业判断影响因素分析 [J]. 财会通讯，2015 (7)：51 – 53，4.

[5] 王磊，张海晓，姜力琳. 如何确定审计重要性 [J]. 价值工程，2009，28 (7)：158 – 160.

[6] 王朋才. 基建审计重要性水平的确定 [J]. 财会通讯，2012 (10)：85 – 86.

[7] 王霞，徐晓东. 审计重要性水平、事务所规模与审计意见 [J]. 财经研究，2009，35 (1)：37 – 48.

[8] 吴联生，谭力. 审计师变更决策与审计意见改善 [J]. 审计研究，2005 (2)：34 – 40.

[9] 吴伟荣，李晶晶，包晓岚. 制度背景、审计师特征与审计质量研究 [J]. 科学决策，2017 (7)：68 – 84.

[10] 叶琼燕，于忠泊. 审计师个人特征与审计质量 [J]. 山西财经大学学报，2011，33 (2)：117 – 124.

[11] 于鹏. 公司特征、国际四大与审计意见 [J]. 审计研究，2007 (2)：53 – 60.

[12] 张继勋，付宏琳. 经验、任务性质与审计判断质量 [J]. 审计研究，2008 (3)：70 – 75.

[13] 张继勋. 审计判断研究 [M]. 大连：东北财经大学出版社. 2002：5 – 8.

[14] 张兆国，吴伟荣，陈雪芩. 签字注册会计师背景特征影响审计质量研究——来自中国上市公司经验证据 [J]. 中国软科学，2014 (11)：95 – 104.

［15］ Abdel A. R. An Empirical Analys is of CEO Risk Aversion and the Propensity to Smooth Earnings Volatility ［J］. Journal of Accounting, Auditing and Finance, 2007, 22 （5）: 201 – 235.

［16］ Acito A. A. , Burks J. J. , Johnson W. B. Materiality Decisions and the Correction of Accounting Errors ［J］. The Accounting Review, 2009, 84 （3）: 659 – 688.

［17］ Bantel K. A. Top Team, Environment, and Performance Effects on Strategic Planning Formality ［J］. Group and Organization Management, 1993 （18）: 436 – 458.

［18］ Barker V. L. , Mueller G. C. CEO Characteristics and Firm R&D Spending ［J］. Management Science, 2002, 48 （6）: 782 – 801.

［19］ Carpenter B. W. , M. W. Dirsmith. Early Debt Extinguishment Transactions and Auditor Materiality Judgments: A Bounded Rationality Perspective ［J］. Accounting, Organizations and Society, 1992, 17 （8）: 709 – 740.

［20］ David H. , Sinason. A Study of the Effects of Accountability and Engagement Risk on Auditor Materiality in Public Sector Audits ［J］. Journal of Public Budgeting, Accounting and Financial Management, 2000, 12 （1）: 1 – 21.

［21］ DeZoort T. , Harrison P. , Taylor M. Accountability and Auditors' Materiality Judgments: The Effects of Differential Pressure Strength on Conservatism, Variability, and Effort ［J］. Accounting, Organizations and Society, 2006, 31 （4）: 373 – 390.

［22］ Donald R. , Nichols, Kenneth H. Price, The Audi tor-Firm Conflict: An Analysis Using Concepts of Exchange Theory ［J］. Accounting Review, 1976 （4）: 335 – 346.

［23］ Estes R. , Reames D. D. Effects of Personal Characteristics on Materiality Decisions: A Multivariate Analysis ［J］. Accounting and Business Research, 1988, 18 （72）: 291 – 296.

［24］ Faccio M. , Marchica M. , Mura R. Large Shareholder Diversification and Corporate Risk-taking ［J］. Review of Financial Studies, 2011 （24）: 3601 – 3641.

［25］ Fellner G. , Maciejovsky B. Risk Attitude and Market Behavior: Evidence from Experimental Asset Markets ［J］. Journal of Economic Psychology, 2007, 28 （3）: 338 – 350.

［26］ Ghosh A. , D. Moon. Auditor Tenure and Perceptions of Audit Quality ［J］. The Accounting Review, 2005 （80）: 585 – 612.

［27］ Gibbon S. , Murphy K. Does Executive Compensation Affect Investment? ［J］. Journal of Applied Corporate Finance, 1992 （5）: 99 – 109.

［28］ Ittonen K. , Peni E. Auditor's Gender and Audit Fees ［J］. International Journal of Auditing, 2010 （16）: 1 – 18.

［29］ Libby R. , D. M. Frederick. Experience and the Ability to Explain Audit Findings ［J］. Journal of Accounting Research, 1990, 28 （2）: 348 – 367.

［30］ Lichtenstein S. , Fischhoff B. Do Those Who Know More also Know More about How Much They Know? ［J］. Organizational Behavior and Human Performance, 1977, 20 （2）: 159 – 183.

［31］ Messier W. F. The Effect of Experience and Firm-type on Materiality/Disclosure Judgments ［J］. Journal of Accounting Research, 1983 （2）: 611 – 618.

［32］ Miller T. Do We Need to Consider the Individual Auditor when Discussing Auditor Independence? ［J］. Accounting, Auditing and Accountability Journal, 1992, 5 （2）: 74 – 84.

[33] Ng T. P. , Tan H. T. Effects of Qualitiative Factor Salience, Expressed Client Concern and Qualitative Materiality Thresholds on Auditors' Audit Adjustment Decisions [J]. Contemporary Accounting Research, 2007, 24 (4): 1171 –1192.

[34] Srinidhi B. , Gul F. , Tsui J. Female Directors and Earnings Quality [J]. Contemporary Accounting Research, 2011, 28 (5): 1610 –1644.

[35] Trotman K. , Wright A. , Wright S. An Examination of the Effects of Auditor Rank on Prenegotiation Judgments [J]. Auditing: A Journal of Practice and Theory, 2009, 28 (1): 191 –203.